曾三传

《益阳红色基因文库》编纂委员会
中共益阳市委党史研究室 编

赖世鹤　田真　著

中国文史出版社

图书在版编目（CIP）数据

曾三传/赖世鹤，田真著.—北京：中国文史出版社，2021.4（2021.5重印）
ISBN978-7-5034-7047-9

Ⅰ.①曾… Ⅱ.①赖…②田… Ⅲ.①曾三—传记
Ⅳ.①K827=7

中国版本图书馆CIP数据核字（2021）第063619号

责任编辑：詹红旗　李晓薇

出版发行：中国文史出版社
社　　址：北京市海淀区西八里庄路69号　邮编:100142
电　　话：010-81136606　81136602　81136603（发行部）
传　　真：010-81136655
印　　装：北京温林源印刷有限公司
经　　销：全国新华书店
开　　本：710毫米×1000毫米　1/16
印　　张：20.5
字　　数：310千字
版　　式：2021年5月北京第1版
印　　次：2021年5月第1次印刷
定　　价：58.00元

益阳红色基因文库

主编　瞿　海

《益阳红色基因文库》编纂委员会

出 版 说 明

一、为了迎接中国共产党成立 100 周年，中共益阳市委决定编撰出版《益阳红色基因文库》（以下简称《文库》），全面、深入、系统地记录中共益阳组织和共产党人在中国共产党的领导下，团结带领益阳人民为争取民族独立、人民解放、国家富强和人民幸福，流血牺牲、艰苦奋斗、顽强拼搏的辉煌历程和革命精神，教育广大党员干部、人民群众，特别是青少年继承先辈遗志，坚定理想信念，筑牢“四个自信”，奋力走好新时代的长征路。

二、《文库》坚持党史姓党的政治原则，坚守党的人民立场，遵循党中央对重大党史问题的基本判断和重要结论，着眼益阳党史重大事件、重要人物及其重要思想，突出益阳党史进程中的时代、地域和背景特色，体现中共益阳党史的丰富内涵和重要地位。

三、《文库》坚持历史唯物主义的基本原理和实事求是的修史原则，在广泛征集党的各个历史时期益阳重大党史事件、重要党史人物资料的基础上，去粗取精，去伪存真，全面、准确、真实地反映中共益阳历史原貌。

四、《文库》分红色家谱和红色火种、红色洪流、红色印记、红色人物、红色故事六个部分编撰。

红色家谱分册记录市本级、赫山区、资阳区、安化县、桃江县、沅江市、南县从新民主主义革命到党的十一届三中全会的党的历史以及中国共产党益阳农垦历史。中国共产党益阳历史大事记（1919—2012 年）也录入其中。

红色火种主要记述益阳籍共产党人和进步人士在建党前期和大革命时期，为中共党团组织建设、革命武装力量建设、思想文化建设、农民协会和工会组织建设等方面所做的杰出贡献。

红色洪流主要记述新民主主义革命时期，中共益阳组织领导开展的如火如荼的工农运动，英勇不屈的地下斗争，轰轰烈烈的抗日救亡运动、爱国学生运动、妇女解放运动，摧枯拉朽的益阳解放斗争，再现益阳人民在中国共产党的领导下，浴血奋斗、气壮山河的历史画卷。

红色印记主要收录重大党史事件和重要党史人物的遗址、故居、墓葬、纪念场馆以及诗词、书信、家规家训等重要遗留，市外籍重要党史人物与益阳有关的重要遗留也予收录。

红色人物以合传和个人传记（年谱）的体式收录各个历史时期益阳革命英烈和重要党史人物。其中，个人传记（年谱）收录新民主主义革命时期益阳籍省级以上党组织主要负责人、红军高级将领、有重要影响和突出贡献的党史人物。

红色故事主要讲述益阳党史人物的感人事迹，再现革命先辈先烈矢志不渝、坚如磐石的理想信念，初心不改、视死如归的英雄气概，一往无前、舍我其谁的奋斗精神，突出教育启迪作用。

五、《文库》统一装帧款式，各区县（市）按照编撰要求，独立完成的著作修订等情况，分别在其著作的后记中体现；全体参与编撰的人员，均在其执笔的各分册中署名。

序一

裴　桐
（中央档案馆原常务副馆长、中国档案学会原理事长）

赖世鹤同志告诉我，《北京档案》将要发表他和田真撰写的曾三同志传略性文章，我闻后十分高兴。曾三同志是我们所敬仰的党内老同志，我国文秘档案界的老前辈。他对共产主义事业的执着追求、对党的档案事业的无限热爱，很值得我们大家学习。

《北京档案》一向注重利用刊物这个阵地开展强有力的思想政治工作，我相信，曾三同志的事迹一定会成为对广大档案工作人员进行革命传统教育、革命理想教育和职业道德教育的好教材。

1990年11月24日

序二

冯子直

（国家档案局原局长）

我是15年前与《曾三传》这本书发生联系的。1999年，赖世鹤、田真同志正在撰写《曾三传》新中国成立后部分。他们将原稿寄给我，征求我的意见。我当时除了给其提供了一些史料外，为其写了一篇简要的序言——《从历史中汲其营养——为〈曾三传〉新中国成立后部分的写成而作》，并将书稿推荐给中国档案报社，请他们帮助予以连载。应该感谢中国档案报社，他们从2001年1月4日起，连续刊登了传文，一直到4月12日登载完毕。

实际上，在此之前的10年，即1990年，赖世鹤、田真同志就已经撰写成《曾三传》新中国成立前部分，其时，《北京档案》正准备分期刊登。但是，十分不幸的是，就在此时，1990年11月28日晨，传主曾三同志因病逝世了。曾三同志也未能看到《北京档案》刊载他的这本传记。随即，在曾三同志逝世一个月以后，《北京档案》就从1991年1月开始，在刊物上连载了《曾三传》新中国成立前部分。这个新中国成立前部分的《曾三传》，是由曾三同志的亲密战友裴桐同志题写的书名，并写了序言（推荐词）指出：这本书所记载的“曾三同志的事迹，一定会成为对广大档案工作人员进行革命传统教育、革命理想教育和职业道德教育的好教材。”可惜当时我未能看到这个《曾三传》新中国成立前部分。

我在看到了《曾三传》新中国成立后部分以后，才设法找到10

年前《北京档案》刊登的《曾三传》新中国成立前部分。

读了《曾三传》全部，一个革命家的高大形象，一个我国社会主义档案事业开拓者的高大形象，就充分地展现在我们面前。

曾三同志是中国共产党的优秀党员，久经考验的忠诚的共产主义战士，无产阶级革命家，我党我军无线电通信事业的先驱，新中国档案事业的开拓者和杰出领导人，生前曾担任中共中央顾问委员会委员，中央纪律检查委员会委员，中央直属机关党委副书记，中共中央办公厅副主任。

曾三同志在他 85 年的革命生涯中，从 20 世纪 20 年代，他青年时代起，就追求真理，1922 年就在湖南益阳、长沙参加进步学生运动，1924 年加入社会主义青年团，1925 年加入中国共产党，曾经担任湘区农委秘书，1927 年担任湘区区委秘书。大革命失败后，1930 年 5 月，到上海中央特科学习无线电通信技术。1931 年被派往江西中央苏区革命根据地，由他做报务员，实现了中央红军与在上海的党中央第一次无线电通信联系。从此，在毛泽东、朱德等同志的领导下，与其他同志一起，开始创建中国工农红军的无线电通信事业，先后任苏区中央局电台政委、台长，并兼任红军通讯学校政委。参加了第二、三、四、五次反“围剿”和红军二万五千里长征。1936 年，西安事变发生后，跟随周恩来等同志赴西安，任红军联络处电台台长。1938 年，赴新疆，任西路军新兵营政治教员、政治处副主任。1940 年 3 月，到西安做秘密情报工作。返回延安后，先后任敌区工作委员会秘书处处长等职务，担任过中央办公厅机要科政治协理员，1945 年任党中央秘书处处长，当选为党的七大代表和中直机关党委副书记。

1946 年，国民党军队大举进攻我解放区，在陕北保卫战中，根据党中央指示，曾三同志受命负责党中央档案的安全转移，东渡黄河到晋绥，负责整理、保管档案。1948 年 5 月，又带着大批党中央核心机密档案，由山西到河北平山西柏坡，1949 年又带着中央档案进驻北平，从而胜利地完成党中央档案的安全转移任务，为保存党的珍贵历史档案资料立下显著的功勋。同时，他在西柏坡时还参加了具有历史意义的党的七届二中全会的记录工作。

新中国成立后，曾三同志曾任中央办公厅秘书处处长、中央秘书局局长、中央办公厅副主任，国家档案局第一任局长、中央档案馆馆长，第一届全国人民代表大会代表和党的八大代表。从新中国成立初到“文革”前，曾三同志致力于党和国家社会主义档案事业的开创、建设和发展。他提出了关于我国档案事业管理体制、基本原则和工作方针任务的意见，主持制定了一系列适合中国国情的档案工作、规章制度，创办了我国第一个档案干部专业班、档案工作刊物和档案科研机构，积极倡导建立各级各类档案馆。在曾三同志的领导下，一个自上而下的全国档案工作组织系统、门类齐全的档案馆网络初具规模，使档案工作在社会主义革命和建设中发挥了重要作用。

曾三同志从1958—1959年就担任全国地方志小组组长。20世纪80年代，又担任中国地方志指导小组组长名誉会长等职务，在坚持马列主义毛泽东思想为指导，继承民族优秀文化传统，组织编纂全国新的社会主义地方志方面，做了大量开拓性的工作。

曾三同志的一生，是革命的一生，是为共产主义事业奋斗的一生。我们要学习曾三同志的革命精神和优秀品质，为建设中国特色的社会主义努力奋斗，为建设发展中国特色的社会主义档案事业而努力！

赖世鹤、田真同志都是长期在中央办公厅秘书局工作的、长期受曾三同志言传身教的工作人员。他们在曾三同志生前，曾多次采访他，曾三同志给他们如实地介绍了大量的历史回忆和史料，他们都作了详细的记录。他们撰写的《曾三传》，以质朴、白描的笔法，如实地记录了曾三同志一生革命活动的许多重大事件和经历。在上卷，如实地记录了曾三同志在民主革命时期各个历史阶段，所从事的主要革命活动；在下卷，全面地记录了曾三同志在新中国成立后，社会主义革命和建设时期各个历史阶段，主要创建、建设和发展党和国家档案事业，主持社会主义新地方志编纂工作活动的史实，从而给人们、特别是广大档案工作者，提供了一个接受革命传统教育、革命理论教育、职业道德教育的好教材，供他们学习。

我是 1954 年 12 月中旬调到国家档案局工作的，刚一到局上班，曾三同志就来看望新调来的同志，他问：你们在忙什么？我们回答说：国家档案局的成立，全国各地的档案工作者都很高兴，来了不少信件，我们忙着复信。他说，办信、复文是必要的，但是，你们应该考虑的问题是，国家档案局成立以后主要应该抓什么、抓什么事情。后来，我在 20 世纪 50 年代末 60 年代前期，在将近 10 年的时间内曾在曾三同志身边工作，担任他的业务秘书。“文革”后，80 年代初期，又帮他做了一些秘书性质的工作。在这样长的时间里，他给了我许多帮助和教育，从学习、读书到工作，他都给我许多具体指点和帮助，对于我的健康成长，做好工作，起到了很重要的作用。这期间，我也帮他做了一些事情。如我帮助他起草了一些在会议上的讲话，撰写了《回忆周总理领导我们建设档案事业》的文章，并在 1980 年 1 月 7 日《人民日报》上予以全文整版刊登。帮他起草了 1980 年 8 月在“文革”后第一次全国档案工作会议上的讲话《关于在全国档案工作中贯彻党的十一届三中全会上的几点意见》等，还参与了帮他编纂《曾三档案工作文集》等项工作。1990 年 11 月 28 日曾三同志逝世后，我曾撰写了七八篇文章怀念曾三同志，其中有一首词，回忆了曾三同志革命的一生：

岳麓学潮，申江电波，苏区“反剿”联络。
踏遍雪山草地，饮马延河。
受命护档晋绥，西柏坡，记录一页。
随领袖，入幽燕，迎来新中国。
无线通信先驱，传信息，协助中央决策。
“二机”（指他在中办分管的机要局、机要交通局）、“双档案”（指国家档案局、中央档案馆），夙夜呕心沥血。
立足档案战线，勇开拓、创立新业。难忘怀，一片丹心耀日月。

2014年11月8日是国家档案局成立60周年。12月12日，原来在国家档案局工作过的一些同志在一起召开座谈会，纪念这个节日。纪念国家档案局成立60周年，人们自然地把目光投向了第一位国家档案局局长曾三同志。我在座谈会上的发言中，曾提了几点建议：首先，建议大家都来认真地学习《曾三档案工作文集》，从中汲取历史经验。其次，建议中国档案学会成立一个研究曾三档案实践和理论的学术委员会，专门研究曾三同志主持全国档案事业的实践和理论。第三，建议国家档案局将赖世鹤、田真同志等写的原由《北京档案》刊登的《曾三传》新中国成立前部分和由《中国档案报》刊登的《曾三传》新中国成立后部分予以合并，付梓出版。

结果，国家档案局杨冬权局长接受了我们的建议，同意交由中国文史出版社出版，并且由杨冬权局长为曾老的传记撰写了序言。这是应该深表谢意的。

2015年5月7日

沉痛附言：冯子直同志从1954年开始就在曾三身边工作，近40年来，他们之间有着深厚、珍贵的不可替代的情谊。冯子直一直把曾三看作是他的恩师、是他的好领导。他非常崇敬曾三高尚的无产阶级革命情操和对新中国档案的卓越贡献。所以他非常关心《曾三传》的出版，早在2001年在《中国档案报》连载时，他都是每篇认真修改，在《后记》中我也谈了一些这方面的例子。这次国家档案局在他的建议下同意出书时，他又一篇篇仔细审阅，病重时也不间断，他爱人张如玉说：“他一坐，就是七八个小时，吃饭要叫几次才离开。”为了某个事件的日期准确，他翻箱倒柜找资料核实。他怕我找不到他修改的是哪几页，还在修改的那几页上贴上标签，这都需要坐着干才行。他写的序言，也是握着钢笔，一笔一画写成的。而这时他已经病了一段时间了，大夫几次准备让他再住院，可是，我问他时，他却笑笑说：

“没有事（并把事字拉长了音），只是脚上的小毛病。”当他病情突然严重住院时，还把稿子带到医院里去了。他的儿子冯黎对谢丽荣（中国老教授协会档案与文秘专业委员会副主任兼秘书长——编者）说：他爸爸在弥留的状态下还不断地说：“书稿、书稿。”他问谢丽荣：“你知道是什么书稿吗？”谢丽荣告诉他，就是《曾三传》。

非常不幸的是，新中国成立前部分在《北京档案》刊出前一个多月，曾三同志逝世了，这次出书前几个月冯子直同志又逝世了。

冯子直同志，你放心吧，我们一定会很好地完成你的心愿，等书出版时，我们首先献给你和曾三同志。

赖世鹤

2015 年 7 月 16 日

序三

杨冬权

（国家档案局局长、中央档案馆馆长）

赖世鹤、田真同志为曾三同志写传，并非只因为曾老（我们一直都习惯这么叫）是国家档案局的局长或中央档案馆的馆长，而是因为曾老是新中国档案事业的开创者，他创立了新中国档案事业的很多个前所未有，为后来的档案事业发展奠定了基础、创造了条件。例如，创办第一份全国性的档案工作期刊《材料工作通讯》；创办第一所档案高等教育机构中国人民大学档案专修班；召开第一次全国档案工作会议并通过第一部全国性的文书档案工作条例；推动成立全国档案事务管理机构国家档案局并担任第一任局长；主持起草国家第一个档案工作行政规章《国务院关于加强档案工作的决定》；创建中央档案馆并担任第一任馆长；推动促成开放历史档案这一中国档案工作史乃至中国文明史上的创举；创立中国档案学会；等等。曾老对中国档案事业的这些创新之功、开辟之举，是值得传之于世、让后人铭记的。因此，作为曾老所开创的事业的后继者，我赞成出版《曾三传》。作者嘱我写个序，我也愿意写。

我是 1982 年到国家档案局参加档案工作的。但在此之前，我在大学读书时，就从曾老题名的《历史档案》杂志上知道他的名字。到国家档案局工作后，虽然更多地知道了曾老对档案工作的贡献，但此时曾老已不担任局长了，因此，也没有机会同他见面。大约是 1982 年的深秋，曾老生病住到北京医院，国家档案局抽一些年轻人，轮流到医院夜间陪护他。有一天晚上轮到了我，我有幸第一次见到了他。他知道我是南京大学历史系毕业的，便同我聊了一个晚上的历史，从二十四史，到《资治通鉴》；从古代的“二王八司马”到当代的“小将造反”；从普通人的生病，到领导人生病即“病夫治国”对国家利益的损害；等等。他是我到当时为止所见到并面对面谈话的最高级别的领导，又十分谦和，不耻下问。他问我什么，我都尽其所知地告诉他，并很乐意把自己的一些真实想法告诉他，他也很愿意听并认为有所获益，并同我敞开心扉，讲了一些他很少同别人讲过的更不会公开讲的事。当然这些事后来我也没有同别人再说过。第二天早晨告别时，他紧紧握着我的手，谦虚地说：感谢你给了我那么多历史方面的知识。听着这位我所敬重的长者、智者对一个刚出校门、刚参加工作的后生所说的这句话，顿时觉得他胸襟的豁达、人格的崇高。那一晚，我真是如沐春风。

没想到，曾老出院后，有一天，他专门在官园把我们所有曾经陪护他住院的人请去一起招待了一次。席间，他介绍说，今天做饭的厨师，是当年为刘少奇同志服务的郝苗。这是我第一次被省部级领导宴请招待，也是第一次在官园这样曾经有很多中央领导住过的、比较知名的地方用餐，更是第一次享用由中央领导人的厨师亲手做的饭菜，所以非常高兴，同时也十分感慨。因为本来一个单位的老领导生病住院，本单位年轻人去陪护一下，是很应该也很平常的事，但曾老却惦记着我们这些曾经陪护过他的年轻人，专门设宴感谢我们，这是多么令人感动啊，这种领导风范、长者风范是多么值得学习啊。从这件事上，我更加感受到曾老人格的崇高。

1990 年 11 月 28 日下午快下班时，我的司长郝存厚从郊区开会回来，告诉了我们曾老去世的噩耗，并告诉我，局长冯子直指名让我连夜起草曾老的生平。我怀着对曾老的崇敬和怀念，在自己家窄小的平房中，靠着蜂窝煤炉，熬了一宿，饱含深情，写出了曾老的生平，经一些老同志讨论修改后，在《人民日报》发表。至今，我还为我能亲手撰写曾老生平而感到荣幸。因为，我当时只是一个参加档案工作8年多的副处长，在国家档案局，比我工作时间长、职位高、对曾老接触了解多的人有得是，但局长却把这个任务交给了我。所以，我真的倍感荣幸。

更让我倍感荣幸的是，2006年，我担任国家档案局局长、中央档案馆馆长，在曾老当年开创的事业基础上，继承曾老的遗志，与全国广大档案工作者一起，开始进行档案工作的新征程。今天，我们正以建设档案强国的新业绩来充实丰富曾老当年的规划，进一步实现曾老当年的梦想与宏图，告慰九泉之下的曾老。今天，当我写这篇序时，已年满花甲，即将卸任。我相信，未来，档案工作者还会以更大、更辉煌的业绩告慰曾老。

让我终生遗憾的是，曾老去世后，我因忙于会务，未能到曾老的家中和八宝山公墓去向曾老告别、去祭奠曾老。今天的这篇序，就当作我献给曾老、纪念曾老的一瓣心香吧！

2015年4月26日于北京寓所

楔 子

湖南自古称为芙蓉之国，水碧沙明之乡。公元 1906 年的农历六月初一，曾三就诞生在这个芙蓉之国的益阳县一个农民家庭里。曾三父辈兄弟四人，他的父亲排行第四，名月卿，是兄弟中最小的一个。月卿虽然识字不多，但却心灵手巧，地里的农活样样精通，是当地有名的务农里手。他为人忠厚老实，在乡里人缘很好。曾三的母亲王氏，性情温顺善良，勤劳朴实，是一位能干的家庭主妇。王氏生有三男一女，长子吉元、次子海楼、三子海云（曾三），女儿凤莲早逝。由于月卿夫妇的勤俭持家，他们的家境虽说不上十分富足，但仍不失为一个殷实之家。这为曾三的成长及日后求学，创造了一定的有利条件。

曾三的家乡益阳，因地处宜益水之阳而得名。它位于湘中偏北，在资水的中下游。它北倚雪峰山，环抱洞庭湖，是个山清水秀、地杰人灵的好地方。相传在战国时代，楚国的大政治家、大诗人屈原被流放江南时，曾经辗转到过益阳的桃花江畔。在桃花江的东岸，有一座雄伟的高山，这里峰峦起伏，悬崖绝壁，古木参天，楼阁画梁，时隐时现。屈原途中到达桃花江畔时，曾经登上此山，手持宝剑，向天发问，一连提出了 170 多个问题，问了将近三天三夜。屈原的发问，像一团团的烈火，一支支的利剑，直指苍穹。天帝闻声大怒，急令风神、雨神和雷神到山上施虐。顿时，山上风雨交加，电闪雷鸣，天昏地暗，使人无法站立。但屈原却不畏强暴，像一名伟大的骑士，与他们搏斗。屈原的战斗精神，以其洪亮的慷慨之声响彻了祖国的大地，传遍了三山五岳。这时一对凤凰从南边飞来，他们张开美丽的双翅，为屈原挡风遮雨。因此，后人就称此山为凤凰山。山上建有凤凰庙，将凤凰封为凤凰神。在屈原作天问的地方，建有天问阁，高 18 米，有五层雕梁画栋，看去十分壮观。相传每到风雨交加之夜，人们走近天问阁时，就能听到屈原质问天帝之声。益阳人民特别尊崇屈原的高尚品德和爱国主义精神，为纪念这位伟大的爱国诗人，特在桃花江畔修建了屈子祠，占地 2000 平方米，建有陈列馆，立有大诗碑，刻有《离骚》《天问》等宏大诗篇。屈原一生的坚贞不屈及其成就，不仅直接孕育了浓厚的楚湘文化，而且对于我们民族精神和民族文化的产生和发展也产生了深远的影响。

益阳这个地方虽然地域不大，但由于受楚湘文化的熏陶，却是群英荟萃，人才辈出。早在清代嘉庆年间，益阳就出现了有“江南第一才子”之称的陶澍。他是嘉庆进士，少年得志，聪慧异常，由翰林编修升为御史。道光时官至两江总督加太子少保，并兼管盐政。著有《印心石屋诗文集》《陶渊明集辑注》等。

到了 20 世纪 20 年代，在湖南这个革命大摇篮中，益阳又出现了一批无产阶级革命者和文化先驱。他们是曾三、周谷城、周扬、周立波、叶紫等。其中，曾三后来成为中国共产党的优秀党员，久经考验的共产主义战士，无产阶级革命家，我党我军无线电通信事业的先驱，新中国档案事业的开拓者和杰出的领导人。周谷城、周扬、周立波和叶紫，后来都是我国文化战线上的杰出代表。周谷城是中外闻名的历史学家，曾任全国人大常委会副委员长、全国史学会执行主席等职。著有《中国通史》《中国政治史》《世界通史》等。周扬是我国著名的文艺理论家和文艺活动家，历任中共中央宣传部副部长、文化部副部长、全国文联副主席和作家协会副主席等职，出版有《周扬文集》等。周立波是我国著名的作家，著有长篇小说《暴风骤雨》《山乡巨变》及报告文学《王震将军记》等。在 20 世纪 30 年代还曾翻译了肖洛霍夫的《被开垦的处女地》（第一部）。其代表作《暴风骤雨》，曾于 1951 年获得斯大林文学三等奖。出版有《周立波短篇小说集》《周立波选集》（七卷本）、《周立波三十年文学评论》等。曾任《人民文学》编委、作家文学理事、湖南省文联主席等职。以上周谷城、周扬、周立波被誉为益阳“文坛三杰”。叶紫是我国“左联”时期有过显著影响的革命作家之一，当1926年湖南掀起轰轰烈烈的农民运动的时候，他才14岁，正在当地中学念书，他的一个叔叔是益阳县农民运动的主要领导者之一，担任县农民协会的副会长兼自卫大队的大队长，在其叔叔的影响下，他的父亲和姐姐以及他本人都参加了斗争。第二年大革命失败后，他的父亲和姐姐都惨遭杀害，他自己也被反动派到处搜捕，因亲友的掩护才得逃出了充满白色恐怖的家乡。叶紫的作品在当时之所以产生显著的影响，显然不仅是由于他在艺术上有了较高的成就，主要是他反映了大革命时期的农民运动和当时的农村阶级斗争。其代表作为《丰收》和《山村一夜》等。鲁迅先生曾为其《丰收》作序，并在其生活困难时曾给予了极大的帮助。

上述这些革命者的出现，又为益阳人民增添了光辉的一页。

田　真

我的话

——我们为什么要写《曾三传》？

曾三同志是新中国档案事业的开拓者和杰出的领导人。他自 1945 年调到中共中央秘书处，担任处长以后，就一心扑在档案工作上，特别是 1949 年中华人民共和国成立以后，由于受到苏联的影响，增强了他在档案事业上的使命感和责任感。他倾注了全部心血，刻苦钻研，不断探索，要彻底改变档案工作的落后面貌，要使新中国的档案事业从无到有，从我们不知道什么叫档案、不知道怎么整理档案到在中国人民大学成立了档案专修班、历史档案系，在各省、市至少有一所大学成立了档案系或档案专业，紧接着又成立了领导全国档案工作的国家档案局，还同时在全国普遍成立了省、市、县档案局。习仲勋在他为《曾三档案工作文集》作序说：这就“已逐步形成了一个从中央到地方、从党政机关到企事业单位的全国档案网络和体系，为社会主义现代化建设发挥着重要作用”。没有曾三，就不可能这么快取得这么大的成绩。所以，写曾三也就是写新中国档案事业发展史。这是前辈留给我们后人的多么丰富的经验和宝贵的财富，所以一定要把这些忠实地记录下来，要牢牢地铭记在心，不然我们就会忘掉历史，对不住前辈。这就是我们执意要写《曾三传》的原因。

我在写《曾三传》之前，原先准备写一部《新中国档案工作史迹》，有几篇也请曾三看过，他也作了修改。后来我才知道他在给我修改稿子时，是多么困难，花费了多大的精力。因为他的一只眼睛在“文化大革命”中由于经受不了劳动的重负已经失明了，另一只眼睛也只有很微弱的视力。所以他在给我修改稿子的时候，要用带着小灯泡的放大镜，一个字一个字看，因为放大镜一次只能看一个字，一个字就充满了整个放大镜，手稍一动就错行了或偏离很远了。我知道了这个情况以后就不忍心再请他给我修改稿子了，当有时非要听取他的意见不可的时候我就念给他听。

在这之前，我还请裴桐、曾三给我修改了一篇关于《史迹》方面的稿子，后来觉得有些情况是吴宝康所了解的，又请了吴宝康修改。这就无意中留下了三位元老在同一篇稿子上的手迹，我很珍惜这篇稿子，一直珍藏着。

在《史迹》这本书还没有全部脱稿前，我就请曾三预先题了书名。那还是1988年，27年前的事啦，那年曾三的右手腕因腱鞘炎刚做完手术，一拿笔，手就发抖，怎么也写不好，比他原来刚劲有力的漂亮字差多了。

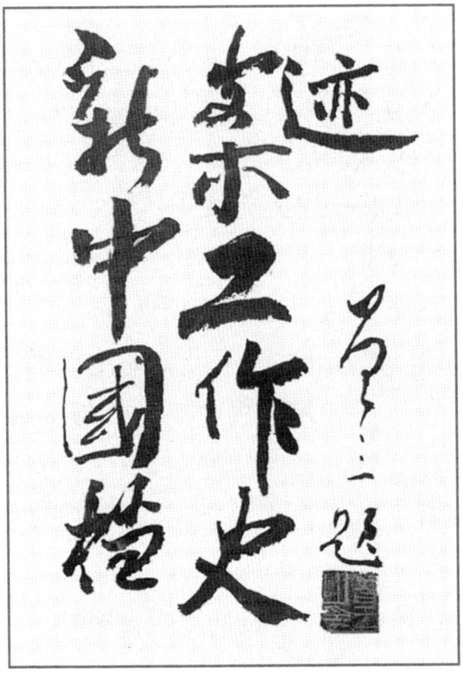

1988年手术后手迹

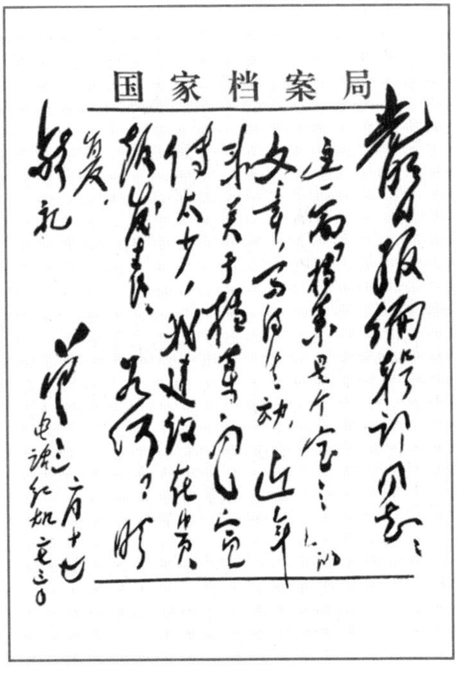

1985年手术前手迹（这是曾三在1985年为裴桐、赖世鹤的文章写的推荐信）

他为了完成给我题书名的承诺，就把每个字都写了好几个零散的，让我挑选写得比较好的，像儿童拼图似的自己拼去，我听出了他的无奈和歉意，这是多么痛苦的抉择啊！他的夫人沈义在旁边叹着气说："这是他最后一次题字了。"我看着他写的这些歪扭的字，不禁一阵心酸，眼眶已经湿润了。第二年冬天他就因感冒住进了北京医院，却没有能够再走出这座医院了。

《曾三传》分上下卷两个大部分，上卷是写曾三在新中国成立前的情况，主要是写曾三是我党我军无线电事业的先驱，下卷是写曾三在新中国成立后的情况，主要是写曾三是新中国档案事业的开拓者和杰出领导人。这两部分，分别刊登在《北京档案》和《中国档案报》上，发表的时间整整相隔 10 个年头。这次成书时，我们又作了大量的修改和补充。

第一部分的录音、查史料、整理也花了 10 年时间。我对曾三说，想给他写个传记，我开玩笑说："我要为你树碑立传。"话刚出口，就发现自己失言了，不太好意思地红了脸，人还健在，树什么碑呀。曾三倒没有介意，笑笑说："我有什么好写的，不要写了吧。"我劝说了一番后，他同意了。我就进一步要求他讲讲过去，我说："你是怎么参加革命，怎么在上海、在周恩来身边搞无线电，怎么参加二万五千里长征？你不讲我就没有办法知道，我就没有办法写，还得你讲我录音。"他爽快地答应了。他的夫人沈义在一旁插话说："他身体不好哟，每次不要谈得太久，最好是一个小时吧。"我就对沈义说："你放心，我会注意曾老的身体的。"以后我每次去曾三家就带着录音机去。录音时，还要随时准备提问和交谈，使曾三能在某一方面作更多的讲述和解答。有时曾三讲得兴起，就不是讲一个小时，甚至讲两个多小时，沈义也没有提出异议。

有次录音时，大家都很高兴，我就提议说："我们照张合影吧。"曾三一听就说："好哇。"并笑着对在卧室里的沈义喊道："沈义，你也来，一块照。"于是我们就并排坐在客厅里的一个长沙发上，身子微微后倾，斜靠着沙发背，曾三坐中间，沈义坐在右边，我坐在左边。曾三伸出他的右手搂住沈义的脖子，伸出他的左手搂住我的脖子，把我们俩人紧紧地搂着，大家笑嘻嘻地合影了。当时给我们拍照的是《山东体育报》的总编，是行家，从未出过娄子，这次可能是因为当时年轻，有些紧张，底片冲出后发现照虚了。我把情况对曾三说了，我没有要求重拍，怕重拍，拍不出当时那股亲切的气氛和自然流露的快乐心情，只能是终身遗憾了。

作者在给曾三录音（陈德友摄）

录音是断断续续的，一直进行了好几年。后来在整理过程中遇上田真，他乐意和我一块完成写《曾三传》的任务，我们是老同志了。20 世纪 50 年代初，我们就在一起，都在中共中央秘书处工作，我在档案科，秘书处改为秘书局后，我在业务科，也就是业务指导科，担任《档案工作》（《中国档案》的前身）的编辑。田真在文书科，负责收文和写《简报》的工作。每天收到的地方给中央的报告很多，中央领导同志根本看不过来，就要将每份报告写成简单扼要的提示，名为《简报》。《简报》由田真起草，裴桐最后修改而成，这是曾三为节省中央领导同志的时间而想出的办法，中央领导同志看了《简报》后，认为有需要看原文的再让秘书去提取。毛主席喜欢看田真、裴桐写的《简报》，认为写得简洁清楚。后来田真调去做了彭真的文字秘书。所以由田真来整理、撰写第一部分的工作是没有问题的，我只是在最后稍做了点修饰工作而已。

第二部分怎么写？我们酝酿了几年时间。

一种想法是，像第一部分那样写。按着时间顺序写他在工作、学习、生活上的喜怒哀乐。

比如：写曾三在中华人民共和国成立后不久，就经常用“曾习三”的笔名给《中国青年》杂志写文章。他写的是对青年进行思想教育方面的，什么《机关青年如何为总路线而努力》《怎样把和资产阶级划清思想界限的成绩巩固起来》等。冯子直特地让谢丽荣去《中国青年》杂志社了解了一下，作了一下统计，从 1951 年到 1961 年的 10 年时间内。一共发表了 19 篇，平均每年将近两篇，这可是个不小的数字。因为他的工作很忙，还有很多兼职工作，他除了担任中央秘书处（局）长外，还担任中央办公厅副主任、中直机关党委副书记，还要为中央政治局会议作记录，后来又兼任国家档案局局长、中央档案馆馆长。我夜半起床时，经常看见他宿舍的窗户上泛着微弱的白光，那是他在辛勤地工作或忙于额外的笔耕。

他的那些文章，对当时的年轻人，及时地进行了很好的共产主义思想教育，受到了他们的广泛欢迎。我经常看到《中国青年》杂志的记者找他约稿和催稿。由于受他的影响，学着他的思路，我在 1952 年写了篇《我们知识青年应肃清资产阶级思想》的文章发表在上海《大公报》上（刊出时，报社把题目中的“我们”两字给删了），后来有读者对文章提出异议，该报编辑部要我写一篇批判该读者的文章。我就去请教曾三，曾三说：“作为你们知识青年个人，要求肃清资产阶级思想是可以的，但不能要求社会上所有的青年都肃清资产阶级思想，存在决定意识嘛，现在是过渡时期，我们允许资产阶级存在，就得允许资产阶级思想存在。”曾三的一席话使我豁然开朗，知道自己错了，我就写了一篇检讨式的文章，并请曾三修改了两次，寄去报社后却如泥牛入海，杳无音信了。

曾三眼睛不好还经常给人题字，不光是对我们这些老部下是有求必应，我就好几次在他家里碰上他从未谋过面的中国人民大学档案学院即将毕业的学生，一次四五个，有男有女找他题字，他都笑嘻嘻地答应了。他一直从心眼里很喜欢这些学生，认为这些未来的接班人也就是将来的顶梁柱。有人结婚，请他题词，他一听就高兴地说：“好哇，这是喜事。”马上让家人拿出文房四宝，当时就写。他从来没有透露过一点眼睛在书写中的困难。

1984 年，曾三为陈德友、赖佳新婚题词祝贺。（陈德友摄）

你看过他的老乡刘赛在电视《星光大道》节目中，在一个大鼓上跳舞吗？她是事先摸透了鼓的大小、半径的长短、中心的所在，才能翩翩起舞，并做出翻滚的优美舞姿，看不出她是个盲人。可是谁知道她比常人要克服多大的困难，要付出多大的精力呀。曾三的题字也是这样，他先得摸清楚纸的长短、宽窄，字数多少，怎么排列都得心中有数，这样他才能挥洒自如，看不出他的眼睛有毛病。当然，有时也有出问题的时候，有一次他给《档案学通讯》题刊名时，不小心掉了一滴墨汁在上面，由于他看不清整个字，他在写的过程中没有发现，别人事后也没有注意。后来刊出时，“讯”字的中上部就多了一个点。

可是，有的人你要请他题字，他会让你先去找他秘书，说时间由秘书来安排。意思就是让秘书给你定价，如果你没有给钱的意思或钱给少了，秘书就会告诉你：“对不起！某老身体不好或没有时间”而婉言拒绝了。

曾三的家庭是一个不同寻常的家庭，曾三不忌讳，沈义不忌讳，他们的子女也不忌讳，曾三就笑称：“我们家是个联合政府。”此话怎么讲？曾三一共有六个子女，有同父异母的，有同母异父的，也有既不同父也不同母，而是收养的烈士的女儿。而这又是怎么回事呢？那是 1931 年 2 月，春节刚过，曾三和伍云甫、涂作潮三人要被调往江西中央苏区开展无线电工作，在将离开上海的头一天晚上，一个和曾三在一起搞地下工作的女同志来到他的房间倾诉爱慕之意。10 个月后生下了一个儿子，后来他们还是由于无法相聚，她就另外结婚了，生下了一个女儿。不久这夫妇俩就都牺牲了，男方的父母重男轻女，把曾三的儿子留下来传宗接代，而自己的亲孙女却不要了，曾三就把这个烈士的女儿作为养女收留下来。新中国成立后，这个儿子来到北京找到曾三，20 多年了，这是父子俩第一次见面，忍不住抱头哭泣。儿子要求改回姓曾，曾三痛楚地阻止道：“他们原先要把你留下是为了传宗接代，你现在这样做，对你家里的老人打击太大。”劝他放弃了这个想法，回河南去了。

曾三的孙子孙女一米、一钉对我说，他们是一个和谐的大家庭，爷爷、奶奶和子女的关系处理得很好，对他们一视同仁，不论是亲生的，还是非亲生的，还是没有任何血缘关系的，从不偏袒，都一样地爱护关怀，所以他们把爷爷和奶奶看作是一对慈祥的长辈，是他们的好爷爷、好奶奶，他们都很尊敬他们的爷爷和奶奶。

曾三、裴桐、吴宝康这是中国档案界的三大元老，也是伯乐和千里马的关系。我在《在中国人民大学成立档案专修班》那篇里，已谈到这一点了。可是后来他们却在“以利用为纲”问题上出现了分歧。“以利用为纲”本来是曾三在“大跃进”时代，以“以钢为纲”作为范本而提出来的。但实践是检验真理的唯一标准，在经过了一年的实践后，已经认识到“以利用为纲”的提法是错误的，给档案工作带来了“浮夸”和“混乱”。周总理在听说“大办档案”的一些情况后，在一次国务院全体会议上，告诉曾三：“你们不要再搞那个大办档案了。”在1959年6月的全国档案资料工作会议上，曾三就取消了“为纲”二字。可吴宝康却还坚持原来的观点，这就形成了针锋相对的两个对立面。为了不在档案界造成混乱，曾三提议不要在报刊上讨论这个问题，并达成了协议。20多年后的1982年，吴宝康出了一本叫《档案学理论与历史初探》的书，里面有一节专门谈“利用为纲”，曾三让秘书张文广念给他听，听后他拍着桌子大叫道：“不是说好了不公开讨论这个问题的吗？”张文广事后轻轻地向我转述说：“他很生气，使劲地拍着桌子啦。”

事后，我劝曾三说：“你们都是档案界的元老，又都在‘文化大革命’中被‘四人帮’打成档案界的‘三家村’。还不如大家坐在一起吃顿饭，聊开了就得了。”曾三同意了，我跟裴桐谈，裴桐也同意了，最后我跟吴宝康谈，吴宝康也同意了，看来大功要告成了，这也看出了曾三的大度。后来有一天曾三对我说：“我去吴宝康家了，几乎是被程桂芬（吴宝康的夫人，中央第一历史档案馆党组成员）骂出来的。”突然杀出一个程咬金，我功亏一篑，默默无语。

我记得鲁迅在世的时候，徐懋庸骂他骂得很厉害，在关于巴金的问题上，徐懋庸就曾批评鲁迅“不看事而只看人”，“看人又看得不准”。鲁迅逝世时他却跑到灵堂号啕大哭，当时传为中国文学史上的一段佳话。曾三逝世时，吴宝康参加了追悼会，送了花圈，发表了悼念文章，在文章中充分表达了他对曾三的尊重和感恩。我也似乎看见了在吴宝康他那失去了光华的眼眶内隐藏着的闪闪泪花。这也可说是中国档案发展史上的一段佳话吧。

上面拉拉扯扯地说了那么多，但都不能完整地表述曾三对新中国档案事业的建树，不能清楚地用更多的事实来说明曾三是怎样一个坚强的开拓者和杰出的领导人，所以，我们就决定用围绕我国档案事业发展中的重大事件来写社会主义部分，写曾三在这方面做了哪些事，创办了多少个第一，起了什么作用，做出了怎样的贡献，这就能比较清楚地看出，曾三在新中国档案事业方面所做出的卓越贡献和他那鞠躬尽瘁、坚贞不渝的革命情操。

在这期间，还得到了国家档案局原局长冯子直、中央档案馆原馆长王明哲的认可和鼓励，更增加了我们对继续写下去的信心。但由于我们的思想水平低，文笔又见拙，挂一漏万、表述不当是在所难免的，也只能写成这个样子了，这是我们深为遗憾的。

赖世鹤

2015 年 8 月 6 日

目　录

上卷
新中国成立前曾三的革命生涯

下卷
曾三与新中国档案事业

上卷

新中国成立前曾三的革命生涯

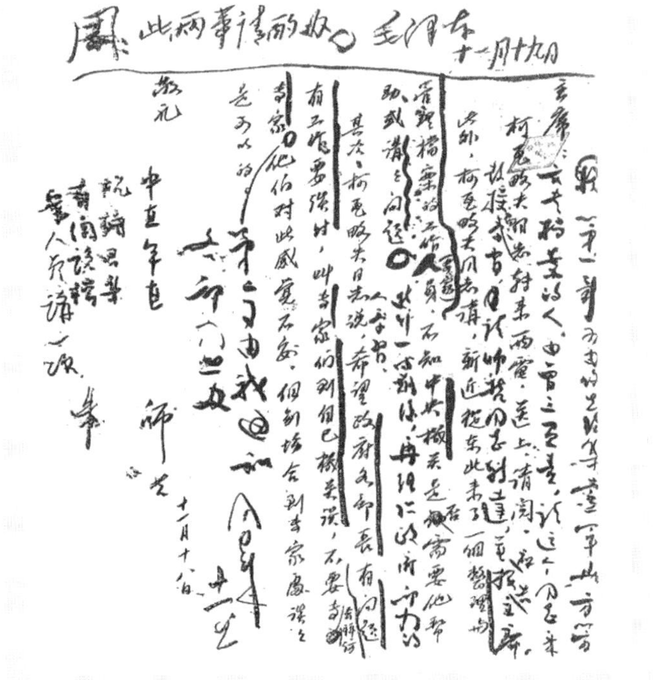

一、斗争中成长

曾三自幼聪慧好学，立志将来为社会做一番大事业。在革命浪潮的影响下，他由一个农村少年，逐步走上了革命的道路，成为一名冲锋陷阵的共产主义战士。

参加反封建的学潮斗争

曾三 7 岁开始于私塾发蒙读书。五年后又去读初小，13 岁那年考入益阳县立第二高小（箴言书院）六班。他勤奋好学，每次考试都名列前茅。由私塾到学校，由农村到县城，他的眼界开阔了，特别是新思想有了萌芽和发展，对旧的封建教育制度产生了强烈的不满。有一次，为抗议校方无理体罚学生，他毅然参加了学潮斗争。

那是 1921 年的秋天，学校在收学费时，除了收膳食费、学费以外，还收了烤火费。可是到了冬天，学校所发烤火用的木炭根本就不够用。学生宿舍很冷，找到有关教员，教员不管；找到校长，校长也不管，学生对此毫无办法。有一天，送炭人从教室门口经过，有一个学生首先跑出去拿了一块，曾三也跟出去拿了一块。别的同学看到有人带头，都陆陆续续跑出去，这个拿一块，那个拿一块，不一会儿工夫，一担木炭仅剩下一小半了。这下可惹恼了教员，他们马上跑来，不仅要回了所有的木炭，而且还要当场毒打学生。一个教员气势汹汹地说：

“今天凡偷了木炭的人，现在统统到校办公室去。”一听到“偷”字，学生们立刻提出了抗议：

“我们没有偷，是你们克扣了我们的烤火费！”

“我抗议！”

“我抗议！”

学生们的抗议声此起彼伏，响彻了整个校园。

接着学生们就一窝蜂似的涌进了校办公室，虽然曾三和同学们据理力争，但校方却毫不让步。

一个教员说：“今天校长不在家，我们可以从轻处罚，每人打二十大板手心。等校长回来了，处罚还要厉害。你们同意不同意？”

“不同意！”学生们齐声回答。

“不同意也要打。”

“就是不能打！”

“就是要打！”

一听校方非要打人不可，学生们立刻愤怒起来，一气之下，把教员给打跑了。

第二天早上，学生们就集体罢了课，挑着行李，各自回家去了。

曾三到家时已近晌午，曾月卿见儿子回来很是高兴。他说：

“海云，今年怎么放假这么早，多休息几天也好，别把脑子累坏了。”

曾三听见父亲这么说，知道他是误会学校提前放寒假了，也就随声地哼了一句，应付过去了。

在家中，父亲最疼爱的就是他这个小儿子曾三。他常说，海云从小聪明伶俐，长得也很帅气，虽然身板比较单薄，但我不指望他帮我干活，有他一个哥哥帮着我干就行了。我供他好好念书，将来曾家要出头就靠他了。

曾三在家休息了几天，心想躲过一阵也就没事了。哪想到学校当局不甘罢休，而且采取了更加粗鲁的措施，对学生加以报复。他们把参加罢课的四十多名学生分为三类：第一类为控名者，即领着闹事罢课的；第二类为附和者，即积极响应的；第三类为胁从者，即被迫跟着干的。

列为第一类的大概有十名，决定开除学籍，赶出校门。第二类、第三类都不开除学籍，但却一个一个地都被通知了家长。曾三被列为第二类的第一名，虽保留了学籍，但学校却通知了他的父亲说，曾三在校犯了严重的校规，学校宽大处理他，可以不开除，但必须由家长亲自将其送回学校才行。

曾三的父亲曾月卿看完学校通知后，没有责备儿子，而是催促儿子赶快返回学校。

“海云，学校来通知让我送你回去，有我陪着，不会有事的。你力气小，行李还是由我挑着，你跟着走就行了。”

这次返校，跟曾三一起上学的哥哥没有再回来。他这个哥哥从小就过继给了他的三伯父，三伯父去世了，三伯母就让她这个过继的儿子在家管账和从事农田劳动，不再让他继续读书了。曾三想到这个哥哥再不能和他做伴念书了，心里一阵难过，不知不觉眼泪就噗嗒噗嗒地掉了下来。

曾月卿一心急着赶路，挑着行李小跑似的向前走，没有注意儿子的情绪变化；而儿子曾三想着自己的心事，也顾不上跟父亲交谈。这样父子俩一路默默无语地奔向学校。

当曾月卿将儿子曾三亲自送到学校办公室时，不仅没有像他在路上想象的那样受到笑脸相迎，反而挨了当头一棒。学校当局严厉地质问道：“学生们哄抢木炭，老师出来管教，他们不仅不听，反而罢课闹事……你说，该不该处分，该不该挨打？”

曾三父亲是个老实人，就怕学校把儿子开除，赶忙回答道：“该打，该打。该处分就处分吧！”于是一个教员就当场递过一根棕皮鞭，要他马上抽打曾三。为了儿子不被开除，他只好忍痛叭、叭、叭地打起儿子来。曾三被打得疼痛难忍，也只好挨着。

学潮引起了全县教育界的同情和支持，人们强烈要求教育当局给予正确处理。在群众舆论的压力下，教育当局不得不撤了校长的职务，调整了部分教员。学潮终以学生的最后胜利而告终。

新校长到任后，鉴于前车之鉴，对学生不敢那样专制了。这次学潮，对少年时期的曾三来说，无疑是很好的锻炼，也显示了他疾恶如仇和不畏强暴的性格。

1922 年下半年，曾三小学毕业后，以优异的成绩考入了长沙城里的长郡中学，由此，改变了他的一生。

革命的洗礼

长郡中学，是长沙郡所属各县联合创办的，它收费比较低。彭国钧、王季范曾先后任过该校校长。这是一所颇有革命影响的学校，我党许多著名的革命活动家，如郭亮、李立三、任弼时、李富春、欧阳钦、陈赓、萧劲光等都曾在这里读过书，并播下了革命的种子。由于受五四运动的影响，学校组织了学生会。曾三一到这个新的天地，就积极参加学生会和其他社会活动，并如饥似渴地阅读《中国青年》《向导》《新民周报》《湘江评论》等大量革命、进步书刊。这些对曾三的成长影响很大，引导他逐步走上了革命的道路。

曾三是高才生，又是学校里的活跃人物，深受进步教师的赏识和广大同学的拥护，很快被推选担任了学生会和益阳同乡会的领导工作，并初步显露了他的组织才华。

1924 年上半年，长郡中学出现了一个小团体，叫“雷声社”。这个“雷声社”办了一个壁报，叫《雷声》，是宋希濂等人组织的。宋等人外出求学后，曾三就组织进步学生，把“雷声社”接管了过来，并将其改名为“新雷声社”，以示区别。曾三任“新雷声社”社长。在曾三的领导下，“新雷声社”非常活跃，办报纸，组织讲演会，顿时成为学校进步学生活动的中心。

“新雷声社”办的《新雷声》，开始是壁报形式，以后随着形势的发展，改为铅印小报，每期印两三千份，不仅在本校卖，而且还在社会上销售，两个铜板一份，很是畅销。为了扩大影响，除了销售一部分外，还向外赠送，并和一些进步刊物相互交换。很快，《新雷声》就由校内走向校外，走向长沙、走向社会，真可谓“指点江山，激扬文字”。

在阅读《向导》《中国青年》《新民周报》等进步报刊和参加革命活动中，曾三的革命思想逐步成熟起来。通过革命报刊的宣传，他得知李维汉、郭亮等共产党员就在长沙，曾三谒贤若渴，恨不得马上去拜访他们，聆听他们的教诲。

拜见李维汉、萧三

1924 年 7 月，一个晴朗的上午，在湖南长沙市一位面目清秀、举止潇洒的青年学生向着湘江中学疾步走去，他就是曾三。今天，他特意去拜访仰慕已久的共产党人李维汉。

路上，曾三边走边想，不知不觉就放慢了脚步，心中嘀咕道：“李维汉是党的湘区党委书记，又是出国留过洋的人，我一个十七八岁的青年学生，冒冒失失地去找他，能行吗？他肯见我吗？……”想到这里，曾三心中不禁紧张起来。当他鼓足勇气走进湘江中学，敲响李维汉宿舍的门时，走出来的是一个二十八九岁的青年人，他高高的个子，一双炯炯有神的眼睛，仔细打量了一下曾三，得知来意后，便面带笑容地将这位“不速之客”让进屋里。室内陈设很简朴，一个单人床，一个书桌，桌子上摆着稿子以及一些书报，显然这屋里的主人正在撰写着什么文章。

曾三看到李维汉这样和蔼可亲，一点架子也没有，来时的紧张心情顿时就烟消云散了。

曾三简单地作了自我介绍后，便像多年的师生和朋友一样攀谈起来。他们从长郡中学谈到学潮，从学潮又谈到了长沙的形势，谈得很投机。最后，曾三以长郡中学“新雷声社”社长的身份，邀请李维汉去作报告。李维汉很爽快地答应了。这是曾三第一次接触共产党领导人。

李维汉，湖南长沙人。1918 年 4 月，他同毛泽东、蔡和森、何叔衡、萧三等人，一起组织了在“五四”时期颇有影响的青年进步团体“新民学会”。1919 年 10 月，他与李富春、李立三等漂洋过海去法国勤工俭学。1922 年 6 月，他与周恩来、赵世炎等人共同发起组织旅欧中国少年共产党。它的第一次代表大会是在法国巴黎西部的布伦森林中举行的。大会进行了三天，正式建立了“旅欧中国少年共产党”（简称“少共”）。选出中央执行委员会委员三人，赵世炎为书记，周恩来为宣传委员，李维汉为组织委员。对外，他们三人均使用化名。赵世炎为乐生，周恩来为伍豪（在天津觉悟社曾使用过的化名），李维汉为罗迈（罗迈来自罗曼蒂克）。1922 年 11 月，他受“少共”的委托，向中国社会主义青年团中央申请，加入中国社会主义青年团，并愿作它的旅欧支部。这样，李维汉就结束了近三年的留法勤工俭学生活，踏上了归国的旅程。1922 年底，他在北京经中共中央批准，由毛泽东、蔡和森介绍，加入了中国共产党。时任中国共产党湘区委员会书记的李维汉，为了安全和便于从事党的地下工作，他对外的公开身份是长沙湘江中学的教员。他知识渊博，态度谦逊，平易近人，以及他精辟的革命理论，都给曾三留下了极为深刻的印象。这也是曾三日后成为一个共产党人的重要契机。

曾三结识的第二个共产党领导者，就是著名的诗人萧三。萧三原名萧子暲，别名萧植藩，湖南湘乡人。他和他的二哥萧子升都是毛泽东的同窗好友。萧三 1920 年 5 月去法国勤工俭学，1922 年秋天，他和赵世炎、陈延年、陈乔年、王若飞五人，由胡志明（原名阮爱国，越南共产党领袖）介绍加入共产党，同年转入中国共产党。不久萧三又由法国巴黎去苏联莫斯科东方大学学习。1924 年 1 月，他与任弼时等代表中共莫斯科支部，参加了列宁的护灵和葬礼活动。同年回国后，他担任了中国社会主义青年团（1925 年改为共青团）湖南省委书记。他和李维汉一样，在长沙都是以中学教员的身份做掩护，从事党的地下工作。

曾三认识萧三，是 1924 年秋天，在一次小型青年积极分子的会议上，萧三向到会青年介绍了苏联革命和建设的情况，用中文唱起了在苏联广为流传和群众非常喜爱的歌曲《光明赞》：

同志们，向太阳，向自由，向着光明走！
同志们，黑暗已消失，曙光在前头。
……

这首歌，也是列宁生前最喜爱的歌曲之一。它的节奏雄壮有力，通过萧三高亢嘹亮的演唱，使它更加充满了战斗精神。这首歌不仅鼓舞了曾三，也鼓舞了与会的所有青年。而使曾三最为钦佩的是这首歌的译者——萧三和谢文锦那流畅精美的文笔。同时，更为萧三那富有鼓动性的演说所折服。

在结识了长沙这两位共产党的领导人物之后，曾三多次以“新雷声社”的名义，邀请李维汉、萧三、夏曦等革命活动家到长郡中学作报告，发表革命演说。李维汉对国内外形势的精辟分析，萧三诗一般的革命演讲，深受广大进步青年学生的欢迎，也使曾三一次又一次地受到深刻的教育，逐渐成熟起来，并加入了共青团。

有一次，曾三他们以“新雷声社”的名义，一大早在校园内贴出了几张醒目的大海报：“今天上午九时特邀请著名诗人、社会活动家萧三先生来我校作报告，报告的题目是《帝国主义与中国》，欢迎全校同学踊跃参加。”海报贴出后立刻引起全校学生的关注，萧三来作报告时，整个礼堂被挤得水泄不通。

看到这种情况，校长谢逸如心中不快，一时又无别的主意，就邀请湖南省议会会长孔昭绶来校作报告，以此来与曾三他们唱对台戏。校长不仅动员大家去听，而且还亲自主持会议，但到场的还是寥寥无几。这位议长什么也不懂，只会骂娘，胡说道："共产党是什么？是抢产党。"又讲："什么是无政府主义，无政府主义是我政府主义。"真是乌七八糟，狗屁不通。这么一个报告，谁还愿意听？到会的人越走越多，弄得这位议长"大人"异常尴尬。

事情结局与学校当局的预料大相径庭。这一鲜明对比，倒提高了"新雷声社"的威信。一时间，"新雷声社"更加活跃了，不仅在校内，而且在校外也扩大了影响，与其他学校进步同学的联系日益增进。

1924 年下半年，在北京冯玉祥将张作霖赶走后，请孙中山北上。北上途中，孙中山从广州经上海发表宣言，呼吁召开国民会议，废除不平等条约等。孙中山的主张，得到了广大学生的拥护。这年冬天，曾三组织一些进步学生下乡，到处宣传孙中山的主张，在益阳县还组织召开了益阳县国民会议筹委会。曾三等进步学生的革命活动，引起了李维汉、萧三等革命者的重视。党派了两位同志前往长郡中学，一个叫唐自刚（又名唐祖藩），在中学部；另一个叫吴泽藩，在师范部，这两个人找到曾三，加入了"新雷声社"，以社员的身份掩护其革命活动。长郡中学的学生运动从此发展到一个新的阶段。

成长为共产主义战士

1923 年以来，全国革命之风日益盛炽。次年 1 月，在中国共产党的帮助下，国民党在广州召开第一次全国代表大会，会上正式决定实行"联俄、联共、扶助农工"的三大政策，由此推动了革命形势的进一步发展。

中共湘区委员会为了促进国共两党合作，以推动国民革命运动的顺利开展，曾让一部分共产党员以个人身份加入国民党，或者让一些共产主义者先加入国民党，然后再加入共产党，曾三属于后一种情况。1924年10月，唐自刚、吴泽藩介绍曾三等人加入了国民党，不到一个月，二人又介绍曾三等人参加了社会主义青年团（第二年改称共青团）。1925年，曾三又由唐自刚、吴泽藩介绍加入了中国共产党。从此，他由一个青年学生成长为一名共产主义战士。

这一时期，曾三更为活跃了，他组织举办同乐会，领导排演新戏，组织广大同学大唱救国歌曲等，成为长郡中学的中心人物。

1925年3月12日，一代巨人孙中山在北京逝世，全国人民深切哀悼。中共中央发表了告中国民众的唁电，指出：中国民族自由运动“是绝不会随着孙中山先生之死而停止的”，号召全国人民加倍努力，一方面继续国民会议及废除不平等条约的运动，另一方面保卫南方的革命根据地，清除亘在革命面前的障碍。于是，全国各地纷纷隆重举行追悼大会，曾三等人也在长沙积极组织各种悼念活动，并在学校开了追悼大会。

1925年5月30日，在上海英帝国主义竟命令巡捕向反对枪杀顾正红、反对逮捕学生的示威群众开枪，打死十多人，打伤90人，逮捕数十人，制造了震惊全国的五卅惨案。帝国主义的血腥屠杀，激起了全国人民的强烈愤慨。中共中央连夜召开会议，决定把斗争扩大到各阶层中去，结成反帝统一战线，开展工人罢工、学生罢课、商人罢市的斗争。革命风暴从上海迅速发展到全国。长沙的“雪耻会”运动紧跟着蓬勃开展起来，曾三带领同学也投身到这场斗争中去。

这一革命行动，使赵恒惕的湖南省政府吓破了胆，他们命令教育司阻拦学生，学生不听，仍然进行游行示威。后来，赵恒惕省政府又以期考为名强迫学生回校，扬言“不参加考试的，毕业班不发毕业文凭”。多数学生都被迫回校了，但曾三仍带领长郡中学学生在外边进行革命活动。教员着急了，如果学生考试成绩都不及格怎么得了，丢脸且不说，恐怕连饭碗也保不住了。于是，教员们就想出来一个办法，在考试的前一天，先要复习一下功课，给学生划一个范围。这个办法校长也同意，学生当然更乐意。考完之后，学生的成绩自然不错，学生过关了，教员和校长也好向上面交差了。这实际上是学生、教员和校长的默契合作。

因长郡中学校长没有阻止学生示威游行，就有人告发他同情过激派，并说这个学校里过激派很多，要求免校长的职。教育当局怕受牵连，就把这个校长调走了，命令校董事会再选一个校长。

选校长，实际上是一场政治斗争，各派政治力量开始了角逐。

“选校长可以，但要选熊亨瀚。”学生们向校董事会提出了要求。

熊亨瀚是一位很受学生爱戴的教师，是共产党员。校方反对熊亨瀚，提出要选张有晋，学生们斗不过校方，结果还是选了张有晋。曾三等革命学生坚决反对张有晋上台，他们把学校的房门都关了，不准张有晋进来，以示抗议。后来，张有晋还是当上了长郡中学的校长。这个人很坏，他千方百计分化学生，用免收学费作诱饵，在每个班都收买两三个学生。

在张有晋收买的学生中，为首的叫李晋伦，是宁乡人，张有晋的哈巴狗。曾三他们要组织学生会，李晋伦他们就反对学生会，提出要办伙食会。什么是伙食会呢？就是光管伙食，不搞政治活动，校方想以此来限制革命学生的行动。

双方斗争十分激烈，曾三他们顶住压力，还是团结广大学生组织了学生会，并于10月底召开了成立大会，抵制了官办的伙食会。张有晋闻讯气急败坏，赶忙派李晋伦等人来捣乱，并宣布开除曾三、唐自刚学籍，理由是不遵守校规。曾三、唐自刚不服，全校学生也非常愤慨，一致要求张有晋取消这一非法决定。张有晋不仅不听学生们的劝告，反而依仗赵恒惕的权势，打了学生钟纬剑。这更激怒了学生，全校学生宣布大罢课。

为了把罢课斗争压下去，张有晋勾结赵恒惕反动政府，逮捕了曾三、钟纬剑、杨孔范三人，从而又激起了长沙全市学生的大请愿和大罢课。赵恒惕政府对学生继续采取高压政策，把28名学生代表强行扣留，将前来请愿的数千名男女学生统统关在教育司院内，不给吃饭，不给喝水。赵恒惕政府的暴行很快传遍全省，引起了广大学生的不满。各地学生纷纷罢课，支持长沙的斗争。在这种情况下，赵恒惕怕引火烧身，于是不得不做了一些让步，放了数千名学生和28名学生代表，但对曾三他们三人仍然关押不放，并造谣说，曾三他们打了校长，伤了人，犯了伤害罪，归司法部门解决。

为了这件事，有的学生跑到省政府，质问赵恒惕："为什么不放曾三、钟纬剑、杨孔范三人？""不是我们不放，是他们犯了法，打了人，犯有伤害罪。"赵恒惕振振有词地回答。

关到第三十天的时候，反动政府以"伤害罪"开庭审判。消息传开，很多学校的学生都闻讯跑来观看和旁听。开庭了，法庭向曾三他们三人宣称："你们打了校长，犯了伤害罪，现在判你们15天拘留。"

由于法庭做贼心虚，所以紧接着又说："未判以前，两天抵一天，今天正好30天，期满了，当日就可放人。"接着，又提高了嗓门喊道："你们服不服？""不服！"曾三挺身而出，当庭拒绝在判决书上签字，并大声斥责道："我们没有打人，这是诬陷，我们不服非法判决，我们要回学校。"

曾三的话刚一说完，前来旁听的学生一拥而上，簇拥着曾三他们，浩浩荡荡地冲出法庭，弄得法官一时目瞪口呆，不知所措，等他们清醒过来的时候，学生们已经冲出大门走远了。

这次学生运动，最后以赵恒惕的让步和张有晋的下台而宣告结束。

学潮之后，迫于社会舆论的压力，教育当局派了一个比较开明的人来当校长。新校长表示欢迎曾三、钟纬剑、杨孔范三位同学回校继续学习。曾三是酷爱学习的，他打算毕业后报考北大，为此，他还特地买了一盏小油灯，经常开夜车，结果把眼睛也搞近视了。后来由于革命浪潮的推进，他认识到参加革命斗争比考大学更为重要，就没有回去继续读书，于1925年参加了共青团湖南省委的工作。从此，曾三的学校生活结束了，他又踏上了新的征途。

二、在大革命洪流中

1925年的初冬，草枯花谢，寒气逼人，但革命形势却如火如荼，暖人心身。

东征部队会师广东以后，一举全歼盘踞广东的滇军首领杨希闵和桂军首领刘震寰。革命根据地已经巩固，北伐即将开始。这时，曾三怀着满腔热情来到了共青团湖南省委机关。从此，开始了他职业革命者的战斗生涯。

初露锋芒

曾三调到省团委不久，在1926年的2月，就发生了英国人打伤湖南雪耻会纠察队员的事件，引起了广大进步青年和革命群众的不满。在中共湖南区委（省委）领导下，省学联就这一事件，邀请各公使团体代表开会，提出抗议，并逐步形成了声势浩大的反英讨吴（吴佩孚）驱赵（赵恒惕）运动。曾三作为省团委的青年干部，在这一运动中发挥了重要的作用。与此同时，他还去学校、工厂，把共青团的工作做得有声有色。他不仅团结了广大青年进行反帝反封建的斗争，而且还以湖南学生联合会的名义，做了一些上层人物（唐生智等人）的工作。

唐生智，湖南人，1916年入湘军，曾任营、团、旅、师长，参加辛亥革命、讨袁和护法诸役，时任湘军第四师师长。唐生智与湖南军阀赵恒惕分裂后，倾向进步，倾向国民革命。为争取唐生智参加反吴驱赵联合战线，党组织特派曾三到衡阳等地帮助唐生智做群众工作。后来，唐生智在党的统一战线方针的感召下以及广东国民政府的援助下，参加了北伐战争，并被任命为国民革命军第八军军长。

唤起民众

1926 年 1 月，湖南的农民运动迅速兴起，其势如暴风骤雨，发展迅猛，很快就成为全国农民运动的中心。这样的农民大革命，在过去中国历史上还不曾有过。它猛烈地冲击着中国几千年封建专制制度的基础，动摇了帝国主义和中国封建军阀在中国统治的基础。

这时曾三已脱了学生装，成了一名职业革命者，担任中共湘区农委的秘书。他想，作为一个农委的秘书，不了解农民运动的情况，不掌握第一手材料，是干不好工作的。于是经组织同意，他回到了益阳，同已在益阳的革命活动家高文华一起，深入农民中间去，做起了“唤起民众”的工作。

1926 年的元宵之夜，高文华、曾三借着乡俗耍龙灯之机，组织了几千人的农民队伍，以十六个大流星开路，举着各式各样的灯笼、标语，背着农具，赶着耕牛，到益阳县政府请愿、示威。一时间，十多里长的县城，人山人海，热闹异常。为了增强宣传效果，曾三还特意写了一首《诉苦歌》，作为传单，一路耍龙灯，一路散发。路上，群情激动，斗志昂扬。不时可以听到一些青年农民用湖南花鼓调高唱《诉苦歌》：

不打鼓，不敲锣，
听我唱个诉苦歌。
……

这首歌深入浅出，通俗易懂。它唱出了贫苦农民翻身求解放的心声，唤起了群众的觉悟，鼓舞了农民的斗志。

在高文华、曾三的精心组织下，在这支农民游行队伍的感召下，县城周围一二十里的农民相继组织了十万多人、几十路龙灯，从四面八方浩浩荡荡地涌向县衙门，向反动官僚和封建势力示威。这一举动，大长了人民的志气，大灭了土豪劣绅的威风，为农民运动的进一步发展打下了坚实的基础。

农民发动起来了，曾三看到这大好形势，心里充满了胜利的喜悦。对这次活动，他作为秘书，很快向中共湘区农委作了汇报，并得到了农委领导的肯定和赞扬。由此，他与秘书工作结下了不解之缘。

戎马生涯

1926 年 6 月，国民革命军组建完成，共 8 个军，约 10 万人。军内有共产党人领导的政治工作制度，同时还有一大批共产党员担任北伐军的中下级军官。一些著名的共产党人，还担任了军或师的党代表或副党代表。如周恩来担任第一军副党代表，李富春担任第二军副党代表，朱克靖担任第三军党代表，罗汉担任第四军党代表，林伯渠担任第六军的副党代表，萧劲光担任第二军第六师党代表等。而更重要的是叶挺独立团，它是共产党直接领导的第一支武装部队，它名义上隶属第四军建制，实际上由中共广东区委具体领导。全团 2000 余人，连以上干部全由共产党员担任，85% 的士兵是共产党员、共青团员和坚决拥护共产党的革命青年。这是北伐军中政治素质最好、战斗力最强的部队。

1926 年 7 月，北伐战争开始了。叶挺领导的独立团首先从广东出发，开赴湖南前线。6 月中旬，叶挺部队入湘，湖南军阀——督军、省长赵恒惕被迫宣布下野。7月12日，北伐军攻克省会长沙。为了庆祝胜利，8月间长沙召开了规模较大的庆祝会，革命群众无不笑逐颜开，扬眉吐气。长沙共产党的活动，也由地下转入半公开状态，一些革命党人可以挺起腰杆办事了。革命形势迅猛发展，需要更多的共产党人到北伐军中去开展工作。这时，党又派曾三到骑兵团政治部去做宣传和组织工作。他毅然穿上了军装，成为一名英俊潇洒的青年军人。他所在部队是李宗仁为军长的国民革命军第七军。

“打倒列强，打倒列强，除军阀，除军阀……”曾三随着北伐军，高唱革命歌曲打到了湖北的黄冈、洛城。后来，因革命工作的需要，他脱下了军装，回到家乡湖南省委工作。不久，党又派曾三到国民党省党部工作。

风云突变

1927年初，在蒋介石酝酿反革命叛乱之时，湖南的国民党右派活动也十分嚣张。农村反革命势力纠集旧民团反攻倒算，逮捕和残杀农民的事件时有发生。这时国民党省党部农民部部长刘岳峙组织了一个所谓“左社”，实际上是一个极右的反动组织。他们在报上公开发表了一个保护地主阶级利益的所谓农民运动纲领，诬蔑农民协会人员是什么“地痞流氓”，要农民和地主“联络感情”，还提出什么各地农民协会要由国民党统一“管辖”，等等。刘岳峙这一反动主张，得到了反革命分子的喝彩，同时也得到了部分中间分子的拥护。而社会上一些不明真相的青年，也误以为既是“左社”，那就是进步组织，有人甚至上当受骗，加入了“左社”，误入了歧途。这时，曾三感到有加以反驳的必要，于是他们就写文章揭露刘岳峙的反革命阴谋，并得到谢觉哉的支持，在新创刊的《民权》周报上发表了。

1927年4月，风云突变、翻手为云、覆手为雨的蒋介石，背信弃义，受帝国主义和大地主、大资产阶级指使，在上海拿起屠刀，对革命者血腥屠杀，制造了震惊中外的“四一二”反革命政变，公开破坏第一次国共合作。接着，蒋介石又指使湖南、湖北的反动军官叛变革命。

5月17日，夏斗寅在宜昌发动了反革命政变。夏斗寅，湖北麻城人，原在萧耀南手下当过旅长，驻军长沙。北伐军攻占湖南时，他被迫投诚，参加北伐，后升为国民革命军的鄂军第一师师长，后任改编后的独立第十四师师长，部下共有13000多人。夏斗寅叛变，首先占领了崇阳，截断了长沙至武昌的铁路交通。在叶挺部队以及工农群众的配合反击下，虽被迅速击溃，但他对湖北农民运动的破坏还是极其严重的。夏斗寅的叛变很快波及湖南。5月21日，在三十五军军长何键的策动下，三十三团团长许克祥在长沙也发动了反革命政变。因为21日的电报代日韵目为“马”字，故称“马日事变”。这日许克祥等带领一千多人马，袭击湖南省工会、省农会、省学联及其他革命组织，并疯狂叫嚣“宁可错杀三千，不可放走一人”，大肆屠杀共产党人、国民党左派及工农群众。一夜之间，长沙街头贴满了通缉“共产党要犯”的反动布告。由此长沙地下党遭到了严重的破坏，一些领导干部如团中央委员、青年团湖南省委书记田波扬及其妻子陈昌甫等被杀害。但由于湖南省委事先对革命形势作了认真的分析和研究，对反革命政变已有应变准备，使一些地下组织和革命同志保存了下来。这时反动头目何键下令通缉曾三，罪名是共产党“暴徒”，曾三也亲眼看到了自己的名字登在报纸上被通缉的百余人的名单之中。因曾三当时是革命青年中的活跃分子，认识他的人较多，“马日事变”后党组织要他从长沙回到益阳乡下家里暂时隐蔽。这时，整个益阳城也和长沙一样处在白色恐怖之中，反动派的反革命气焰也极为嚣张，革命者的鲜血洒满了大地。曾三在5月下旬回到了家乡，暂时和父母住在一起，等候党的通知。大浪淘沙，大革命的失败，使革命走向低潮。这时，党内一些不坚定分子悲观失望，有的逃跑，有的退党，有的甚至叛党投敌，走上了反革命的道路。

在白色恐怖和残酷的现实面前，曾三不仅没有被吓倒，不仅没有消沉，相反，反革命的屠刀、革命者的鲜血，使他进一步擦亮了眼睛，他的革命意志更加坚强了。他深信反动派一定会被打倒，劳动人民一定能得到彻底解放，共产主义是不可战胜的。他在家住了半年，还不见党组织派人来同他联系，心里非常焦急。他想白色恐怖使他和党失去了联系，但他不能离开党，党就是他的生命，失去了党，就失去了一切。他不能在家消极等待，他要积极主动地去找党，于是他冒着被抓被杀的危险，毅然告别双亲，化名曾攻玉，乔装纸商，出陵矶，过新堤，前往汉口，踏上了寻找党组织的征途。

党啊，您在哪里?

大革命失败后的武汉，到处是白色恐怖，死气沉沉，使人透不过气来。

茫茫人海，党呀！您在哪里？在这种时候，要找党，谈何容易。尤其谁也不清楚谁是叛徒，谁是革命同志，互相都得提防着，搞错了，就有掉脑袋的危险。所以，关系接上了又断了，断了再接上，几个月的奔波、周折，终于在 1928 年 2 月接上了组织关系。

在 1928 年 3 月的一天，他到一家旅馆找同志联系工作，一进门就看见几个探头探脑、不怀好意的家伙。曾三顿感蹊跷，“不好！这里出事了。”他想转身往回走，已经来不及了，那几个家伙死死盯住了他。“怎么办？”曾三盘算着。“走进去！”他若无其事地继续向里走。

“干什么的？站住！”有一个家伙凶狠狠地呵斥道。“找人。”曾三很干脆地回答。“找人，找谁？”一个家伙又怀疑地问。“找刻字匠周竹安。”“找他干什么？”“刻图章。”

敌人还是不放过他，竟野蛮地搜起他的身来。曾三早有提防，他们什么可疑的东西也没有搜到，只发现一张证明纸商身份的汇票存根。

虽然没搜到什么，敌人还是把他关了起来。“你是干什么的？”一个家伙审问道。“我是纸商。”“有铺保吗？”“有！”曾三说出了几个店铺字号。没过几天，这几个店铺就来保他，敌人因为没有抓住什么证据，认为他是个小商贩，就把他放了。

由于曾三的机智，不仅使自己脱险，而且也使周竹安、陈云涛和黄淦未暴露身份。曾三脱险后的第二天，就离开了武汉。这样，与党再度失掉了联系。

与党失掉联系，曾三心中万分焦急。他一天也待不住，又返回武汉寻找党。找了一年多的时间，才在 1929 年夏末找到了高文华（廖剑凡），他是曾三的老乡，又在一块搞过农运，对曾三很熟悉，他将情况汇报给武汉党组织。组织上在研究曾三的党的关系问题时，曾有一段小小的插曲。

黄克诚说：“曾三这人不可靠吧？”原来，“马日事变”后，国民党反动派在湖南建立了黄埔分校，分校的政治部主任认识曾三，宣传部长是曾三以前的校长。他们只知道曾三是国民党员，在国民党省党部工作过，又是个 20 岁出头的年轻的活跃分子，就给他安排了一个宣传科科长的职位，并将名单登在了报纸上。可是曾三并不知道这些情况。有人看到了这个报上的消息，就误以为曾三叛变了。其实，在“马日事变”前党给了他路费，“马日事变”后的第二天，曾三就离开长沙到益阳去了。

经过了解，弄清了真相，党组织很快与曾三接上了联系，他又在党的领导下从事革命活动了。

奉命去上海

1930 年的春夏之交，武汉仍然是沉闷闷的。这时，曾三还住在武昌一个小旅馆里。这家旅馆设备简陋，价格便宜，连伙食在内一天只要 4 角钱。虽然如此，对一个没有收入的青年革命者来说，却是昂贵的了。

曾三在这里已住了一个多月，他还没有交过一天钱。老板看到他既有铺保又有一个行李在，断定是不会跑掉的，就没有对他下逐客令。

有一天晚上，他躺在床上翻来覆去睡不着。心想："我在这里已住了一个多月了，不能这样长期住下去呀，身上没有多少钱，住久了交不起旅馆费怎么办？"他想来想去，下决心离开这里。

"离开这里又到哪里去呢？"这时，他想起武昌还有一个远房亲戚，是警察局的警官。曾三想请他做铺保，找个住处。

第二天，他结完了账，背着不大的行李，来到那位警官家中。这个远房亲戚知道曾三是共产党，就"规劝"曾三说："海云（曾三的乳名）呀，你可不要搞共产党了，共产党的枪与国民党比，那是太少了。国民党的机关枪比共产党的枪还多。"

两个立场，两种观点，但眼下不是争辩的时候。曾三岔开了话题，谈了一些家长里短的琐事。最后那位警官还是保举曾三在一个旅馆里住下，并对曾三说："先住四个月，以后有什么事再找我。"

有一天，有一个人从外边进来，要找曾老板，他进了曾三的房间，对上了暗号，就通知曾三说："组织上要你去上海学习无线电。"这个人就是周恩来派来的曾希圣同志。

原来，自 1927 年"八七"会议以后，在我党领导下，全国各地革命群众在一年多的时间里，先后发动了 100 多次武装起义，建立了革命根据地和苏维埃政权。

随着革命形势的迅速发展，上海党中央与地下党组织、与江西等革命根据地、与共产国际以及各根据地之间，都需要建立电讯联系。因原来的交通路线和联系办法遭到敌人的肆意阻挠和破坏。当时上海和江西苏区，交通员联系一次，往返需要一两个月，一费时间，二不安全。1929 年 3 月 30 日，红四军前委在给福建省委和中央的报告中就说：“两年以来，因交通隔绝，仅得中央来信二件二次。”所以建立无线电联系是我党我军当务之急。根据周恩来的建议，准备在上海创办第一个无线电培训班，培养一批红色的无线电通信人才。武汉党组织认为像曾三这样的青年知识分子是最合适的人选。

去上海前，曾希圣同志又来了，拿出15元钱给曾三说：“组织上经费有困难，你自己想办法去上海吧！”

曾三听了以后，心里马上凉了半截，心想这点钱还不够我付旅馆费的呢。但又仔细一想，在这种白色恐怖之下，党的经费也是非常困难的，我不能再向党提出任何要求。于是他对曾希圣说：“请组织上放心，天大的困难我也一定想办法尽快去上海接受新的任务。”

曾希圣走后，曾三四处奔走，向老乡借到10块钱，又把仅有的夏布蚊帐送当铺当了不足3元钱，结清了旅馆的账以后，剩下的钱只有7块加几十个铜板了，怎么办？曾三心急如焚，他想也只有背水一战，到码头上去碰碰运气。于是他一手提着箱子，一手拎着竹网篮，匆匆向汉江码头走去。到了汉江码头，曾三略停立了一会儿，正在他东张西望的时候，一个船工上前问道：

“先生，你坐船吗？到哪里去？”

“是，我去上海。”曾三回答说。

船工听了，顿时喜形于色，说：“你给我10块钱，我替你去买船票。”

曾三说：“我只有7块钱。”

“没关系，7块也行，我保你到达上海。”

曾三正在犹豫之际，忽然有人从背后拍了他一下，把他吓了一跳。转身见是一个中学同学，他才放下心来。这个人也要到上海去，他当时也是个地下党员，了解曾三的真实身份。他说，你不要急，我去给船工说说。于是他俩便给这个船工付了12块钱，这个船工就让他们上船住进了他的房间，并嘱咐说：

“你们俩就待在这里，千万不要往外跑。我姓王，如果有人问，你们就说是我的亲戚，专门来看我的。”

曾三他俩听了，连连点头，表示同意他的意见。船工安排妥当后，就出去忙他的了。

这在当时叫“看黄鱼”，就是每个水手或船工，偷偷地带一两个人上船，以得些“外快”。但“黄鱼”却是冒着生命的危险来闯关的，如果碰上日本人的轮船，“黄鱼”被查出来，就会被扔进长江里去，真正去看黄鱼了。

幸好，曾三他们坐的这艘轮船是法国客船，曾三坐在船工的床铺上，心里踏实多了。路上如果不发生意外，到达上海是没有什么问题了。过了约半个时辰，轮船起锚了，随着汽笛的响声，轮船徐徐地离开码头，载着数百名乘客，也载着“黄鱼”曾三，离开汉口，乘风破浪向着十里洋场——上海驶去。

三、地下尖兵

1930 年 4 月，一个学生打扮的青年人，由汉口乘船到了上海，他就是曾三。从此，在他的革命生涯中又开始了新的一页。

十里洋场

“上海到了！”“上海到了！”一艘从汉口开来的轮船，慢慢地靠近了上海码头。曾三告别同学，随着人流走出了码头。码头外边，接亲友的，招揽客人的，这边喊：“康泰客栈”！那边喊：“振华旅社”！还有黄包车夫，脚夫……人声嘈杂，熙熙攘攘。曾三举目一望，迎面是一片高楼大厦，马路上电车穿梭往来，真是繁华、热闹。可是，人地两疏，往哪里去？曾三下意识地摸摸口袋，只剩下三四个铜板了，心里不免有些紧张。上海这个花花世界，是富人的天堂，穷人的地狱。身上没有钱，是寸步难行的。

这时，一家饭店的伙计走过来，很热情地要帮他拿行李。

“先生，请到我们饭店去住吧！”

“好！”

曾三顺口答应着。心想，先住下来才好和组织接上关系。至于钱的问题，车到山前必有路。想到这里，他刚下船时的紧张心情也就慢慢地消失了。

路上，他们边走边说，不一会儿就进了饭店。伙计把他领到房间。一看，嗬！真阔气，沙发、写字台……样样齐全。再一看价钱，一天需要 3 元钱，当即把曾三吓了一跳。这么贵的房钱，怎么付得起。这几天他实在太累了，真想躺在床上好好睡一觉。可是，没有钱怎么办，最后只想出一个办法，当，还是当。他拿出一件夹袍子当了 3 元多钱付了一天的房费，第二天就搬到黄浦江边的一个小旅馆去住了。

这家小旅馆比较便宜，还管饭吃。曾三在这里住下后，就按照武汉党组织的交代，用约定的暗号，马上写了一封信，和组织上接头。

为了安全起见，根据党的指示，曾三化名康和生。信发出以后，他就等待组织上派人来接关系。

过了一两天，组织上派李强（化名张振声）来看曾三。李强一进门就大大方方地故意高声喊道：

“和生兄在吗？”

“在，在！”曾三边答应，边走出房间，见来人是个西服革履、风度翩翩的青年，他迅速地迎了上去，“你是哪位？”

“我是张振声。”

“哦，振声兄！久仰、久仰！”

“和生兄一路辛苦了。”就这样，曾三与上海党组织接上了关系。

曾三过去和李强虽然并不相识，但找到自己的同志，真是他乡遇故知，两个人谈得非常融洽和亲切。

李强临走时给曾三留下了 5 元钱。并说：“你安心住着休息吧，过几天我派人来接你。”

几天后，组织上派王子纲来接曾三，把他接到安静寺路西摩路口一处小阁楼中。

这里比较僻静，小小的亭子间，临窗放着一张桌子，后面放着一张床。伍云甫（化名吴亮生）在这里住了将近一个月了。伍云甫学习无线电，对房东一家是公开的，张沈川（化名沈哲）每天到亭子间来教伍云甫发报和收报。因为房东是个商人，住在商人家里不易引起警方的注意。房东夫妇知道，他们的房客吴亮生是一个失业青年，为了好找工作在学习商业上用的报务技术。

“吴先生几时高就呀？”每当伍云甫同房东太太聊天时，她就常常这样表示关切地问。

“什么高就啊，还没有找到门路呢。”

曾三来了，不仅因为亭子间太小，住不下两个人，还因为伍云甫一个人住了这么长时间一直找不到工作，现在如果再住进一个“失业青年”，很容易引起房东的怀疑，发生问题。于是组织上就安排他俩到赫德路一个稍大的亭子间住下。从此，曾三开始了他的新的事业——从事党的无线电通信工作。

地下红色电台的诞生

上海党的秘密无线电台的筹建工作，是在周恩来亲自主持和策划下进行的。1928 年 10 月，周恩来在出席六大期间，就同共产国际商讨此事，决定从莫斯科中国共产主义劳动大学选调方仲如（方廷祯）、毛齐华、陈宝礼（沈侃夫）、李元杰、程祖怡、陈昌浩六人，秘密参加“国际无线电训练班”，学习无线电通信技术。他们白天照常上课，晚上去训练班学习。1928 年底，陈昌浩改做青年团的工作，其他五人也离开“劳大”，集中住在“国际无线电训练班”宿舍，继续学习无线电通信技术。与此同时，1928 年夏天，在苏联莫斯科东方大学学习的中国学生涂作潮、宋濂、谭献犹、刘希吾四人被派往列宁格勒伏龙芝军事通信联络学校，学习无线电通信技术。为了适应国内地下斗争的需要，除了学无线电通信技术外，还教他们骑马、驾驶汽车，使用武器和爆破技术，还学习了英语。1930 年秋，他们陆续被派回国内。

周恩来从苏联回到上海后，开始在国内培养我国自己的无线电通信人才。他分别约李强、张沈川谈话，要他们克服一切困难，学会和掌握无线电通信技术，要他们在陈赓、李克农领导下创办我党第一个秘密无线电台和无线电训练班。

李强，原名曾培洪，江苏常熟人，1905 年生，在青年时代就积极投身于反帝反封建的革命运动。1925 年 6 月入党，同年 11 月，被任命为上海曹家渡共青团书记及共青团上海地委候补委员。当周恩来提出要他进行无线电收发报的研制工作时，他感到有些为难，因为他在上海华东大学（原南洋路矿专门学校）学的是土木工程，没有学过无线电专业，对无线电是一窍不通。经周恩来讲明无线电台对党的工作的重要性和迫切性之后，李强就马上答应了。从 1928 年 10 月至 1929 年春的下半年时间里，他在特科除了参与一些重大的营救被捕领导人和惩处叛徒的任务外，主要精力都投到了研制无线电台的工作之中。这时，一切都要从头学起，困难是不少的。李强接受任务之后，开始钻研无线电技术，并以无线电爱好者的身份，同无线电行业的人广交朋友，同当时在上海经营美国无线电器材的“亚美无线电公司”和“大华无线电公司”的商人——苏氏两兄弟交上了朋友，从他们那里购买了所需要的无线电器材、发动机和其他材料。为了学习无线电理论，他还购买了许多有关无线电方面的书报杂志，在蔡叔厚等人的帮助下，同张沈川共同研究，共同动手，试着组装收报机。在有了经验以后，他们又接着组装发报机。由于李强的刻苦钻研，后来在无线电专业上有了较高的理论基础，在制造无线电台全部设备上积累了丰富的经验。

张沈川，原名沈传，湖南慈利县人，苗族，1901 年生。他从小就从民间的戏曲中，听到民族英雄为国捐躯以及义侠舍己救人的故事，激发了他的爱国思想。十几岁时，他毅然离开故乡，先后到长沙、青岛、广州等地读书，探索救国救民的真理。那时正是五四运动时期，他积极参加了当时的反帝反封建的运动，在青岛大学学习时，他已成了学生运动的领袖，被选为青岛大学学生联合会主席。在具有共产主义思想的李慰农等人的影响下，进一步认识到学生运动只有同工人运动相结合，才能产生巨大的力量。于是他走出校门，参加“青岛惨案后援会”支援日本纱厂工人的罢工运动。因此，引起反动当局的注意，1926 年被山东军阀下令通缉。这时的革命运动，已在广州轰轰烈烈地开展起来，于是他南下广州进入中山大学。在充满革命朝气的广州，张沈川受到极大的鼓舞，他立即组织同学创办了“社会科学研究社”，组织同学积极参加革命活动，受到了当时在中山大学任教的鲁迅先生的赞扬和支持，这使他们感到极大的兴奋。张沈川还利用课余时间，到广州农民运动讲习所听课，并为毛泽东等人校对讲稿，因此，他有机会接触到共产党许多优秀的领导人，从而进一步坚定了革命信念。

不久，北伐战争开始，张沈川随军北征，在北伐军政治部工作，1926 年 11 月在江西南昌加入中国共产党。后到武汉，被分配在党中央宣传部工作。1927 年“四一二”反革命政变后，张沈川随党中央机关由武汉迁往上海，转入地下，担任上海法南区委所属的法租界街道党支部书记。1928 年 10 月，周恩来回到上海后，在着手筹备无线电通信时，除了李强外，政治可靠、文化程度较高、性格沉稳的青年党员干部张沈川就成了他的第一人选。当周恩来向他宣布党决定让他学习无线电技术时，他愉快地接受了这一任务。此后，他不再担任上海法租界街道党支部书记的职务，调到中央特科，归顾顺章（黎明）领导，由李强联系。组织上让他去学报务，他坚决服从党的决定。但是，到哪里去学呢？在当时的情况下，只能自己去找门路，去想办法。有一天，他忽然在报上看到“上海无线电学校”的招生广告，非常高兴，于是他就化名张燕铭跑去报了名，经考试后被录取了。入学后他才知道，这是国民革命军总司令部第六军军用电台台长和几个报务员为了捞“外快”，利用机关的房子开办的学校，校长是电台台长刘鹤年，这人原来是青岛测候所无线电报务员，1925 年张沈川和他一起参加过“青岛惨案后援会”，所以还认识。学习期间，张沈川住在法租界菜市路培德小学后楼亭子间，组织上为他购置了学习用具，如电键、蜂鸣器、干电池、矿石收音机、耳机等东西。李强还经常去帮助他学习，帮助他装天线地线。张沈川在这所学校里学习了六七个月，他学习非常刻苦勤奋，很快就掌握了业务，能够上机工作了。学习结束时，他征得台长刘鹤年的同意，住进电台实习。台长和报务员们经常夜间外出游逛，要他代班，他非常乐意为他们尽这个“义务”。在实习期间，他不仅不要薪水，还非常负责任。所以得到了他们的“信任”。1929 年 5 月间，他利用几个深夜一个人代班的机会，抄下了两本军用电台的密码，把它交给了党组织。

当年 7 月，张沈川发现电台新来的三个特务，在暗中查他值班时的收发报记录，预感到要出事，便不动声色地向台长请了长假，离开了电台。

上海地下无线电台经过一年的人员、技术的准备，于 1929 年桂花飘香的金秋季节建立起来了。组织上在沪西极斯斐尔路富康里 9 号，租了一幢三层楼的石库门房子做台址，成功地组装了第一部电台，用这部电台同其他的业余电台试行通报，效果良好。

为了避免敌人注意，周恩来约张沈川谈话，介绍刚从苏联学习回国的蒲秋潮“住机关”，以“夫妻”关系做掩护。他们把“机关”布置得很讲究，一楼做客厅，摆着桌、椅、沙发，壁上挂着字画，夏天电扇，冬天电炉，张沈川身穿笔挺的西服，“主妇”蒲秋潮穿着漂亮的旗袍，俨然一个富裕的“家庭”。

有一天深夜，张沈川刚睡不久，小偷就来光顾。这时他并没有睡着，眼睁睁地看着小偷到床前偷走他的衣服而不能叫喊，因为通信工具都没有收藏好，怕一叫喊惊动邻居跑来，这就暴露了党的机密。白天起床没有衣服穿，冬天的上海也是很寒冷的，他只好穿上“假太太”的毛线衣。

后来，党又派了原在上海基督教青年会学过电台业务的黄尚英（女）来和他们一起工作。同年 12 月，中央派李强和黄尚英去香港九龙建立电台，1930 年 1 月，沪、港两台首次通报获得成功。蒲秋潮和张沈川这一对假夫妻欢喜得跳了起来，黄尚英和蒲秋潮还在电键上相互祝贺通讯成功。这是我党自己制造的第一对通报电台。可惜黄尚英于 1930 年 8 月病逝，年仅 20 岁。

不寻常的训练生活

不久，曾三就投入不寻常的训练生活之中。

曾三参加的是第一期培训班，为了安全起见，采取学生分散居住、分散教学的办法。教师为张沈川，和曾三同时学习的还有王子纲、伍云甫、曾华伦、刘光慧（女）、赵荫祥（女）、蒲秋潮（女）等同志。

在白色恐怖下的上海，党的组织纪律是很严格的。为了绝对保守地下通信的秘密，电台的同志终年深居简出，不光与外界断绝了一切联系，就是在同一期培训班学习的同志，曾三除了见过王子纲、伍云甫外，其他同志都没有见过面。因伍云甫比曾三早接触电报业务一个月，他给曾三许多帮助。

当时，他们学习的条件比较艰苦，设备也比较简陋。学习用具只有一个电键，一个蜂鸣器，一块干电池，再加上几个拍纸簿和两支铅笔。他们两个人轮流着一个发、一个收。

“嘀嘀嗒”，“嗒嗒嘀”，……他们天天这样练习着，做着非常单调的工作，过着非常单调的生活。但是为了革命的需要，他们还是顽强地坚持着。

过了两个月后，他们买来耳机和矿石收音机，这样，他们可以听听电台广播，知道外界的消息。

上海的夏天是非常炎热的，亭子间被太阳一晒，像蒸笼似的。他们赤膊练习，浑身还是湿淋淋的。曾三本来就怕热，可是一戴上耳机，就好像什么事都没了，汗水常常浸湿了拍纸簿，而他仍然聚精会神地抄收着每一个电码。

他们天天这样“嘀嘀嗒”“嗒嗒嘀”地忙碌不停，引起了二房东的猜疑。有一天，她到他们房间来，带有似奇似疑的神态问：

“天气这么热，你们整天关在屋里嘀嘀嗒嗒的，不出去凉快凉快，这是干什么呀？”

“学无线电。上海找工作不容易呀，我们想赶紧学一门技术，好找工作，也就顾不得热不热了。”

“你们在哪个学校学习呀？”二房东又问。

“我们没上学，只是请一个朋友来教，每月给他一些车钱。”

当时，在上海这类情况很多，所以二房东也就没有再问。

学习四五个月以后，他们的抄收能力已达到每分钟 110 ～ 120 个字，可以上机工作了。

生活上的困难，并不轻于学习条件上的困难。由于党的经费拮据，他们的生活费用经常不能得到保障，常常是吃了上顿，没有下顿。这对共产党人来说，本来算不了什么。可是生活在纸醉金迷的上海，为了应付社交，他们又不得不打肿脸充胖子，因为生活得太寒酸了，不仅会被看成是瘪三，还会引起人们在其他方面的怀疑。

在学习期间，组织上只给他们每人每月七八元钱的生活费（不包括房租），每月要订一份报纸，还要买一些生活必需品，这样剩下的伙食钱也就不多了。每天的副食，长期都是一把小白菜，一块酱豆腐，有时是一块咸鱼。偶尔买几角钱的肉，就故意把它放在菜篮子上面，好让二房东看见，知道他们虽然没有工作，但身上还是有钱的，还是吃得起肉的。

端午节那天，没有米下锅了，快到中午，二房东见他们还未生火，不知是出于无心，还是有意嘲弄，问道：

“吴先生、康先生，今天过节，弄什么好吃的呀？”

这一问不要紧，把他们俩都问愣了。怎么说呢，如实相告，没有米下锅，显然是不行的。还是伍云甫反应快，装作很随便的样子回答说：

“今天我们不做饭啦，有个朋友约我们到他家里去过节。”

曾三在一旁听了心里直好笑，哪来的朋友请吃饭，真会往脸上贴金，但又不敢笑，一笑就露马脚了。于是他又赶紧补充了一句：

“到时候了，我们该走了吧？”

二房东一听，以为他们真的要去“赴宴”，也就出来了。

二房东走后，他们也不得不出门装装样子。

街上一片节日气氛，商店里各种食品琳琅满目，饭馆里飘出阵阵诱人的香味，可是，他们两人都身无分文。

曾三这时思绪万千，想到家乡的益水河上正在进行龙船比赛，鼓声、锣声喧天；家里的亲人正在吃粽子，喝雄黄酒。而自己却在马路上转圈子，消磨这段难熬的“赴宴”时间，真是“别有一番滋味在心头”。

下午回家时，送钱的同志还没来，只好找出一件衣服当了一元钱。每人吃了一碗阳春面和一个烧饼，算是过节了。剩下的钱，又买了一点米面，作平时度日之用。这种“先天下之忧而忧，后天下之乐而乐”的生活虽艰苦，但曾三他们这些共产党员却乐在其中。

在学习期间，他们一般不外出，也很少和人通信。为了保密，对外写信他们都是利用高级饭店和大医院作为通信地址。因为这些地方在厅门口都设有一个信袋，服务人员收到信以后，如果在各房间找不到收信人，便把信放在厅门口信袋内，让收信人自己去取。当时他们常用“东亚大饭店”或“金隆医院”做通信地址。因为这种地方，只是地主、资本家、达官贵人享乐和治病的地方，一般人住不起，共产党当然不会隐藏在这里，不被注意。为了躲避特务们的盯梢，他们还常常更换通信地点。二房东对他们这些外地的年轻人没有信件来往，曾经产生过怀疑。因此，他们还常常自己给自己写信，以消除其猜疑。

严峻的考验

1930 年的中秋节刚过，上海法租界巨籁达路四成里 12 号的一幢三层楼房的大门口挂起了“上海福利电器厂”的招牌。实际上这是党中央为苏区和红军培养无线技术人才的无线电集训班。

第一期无线电训练班开办还不到半年，各地又纷纷给中央来信告急，要人、要器材。1930 年 9 月 3 日，长江局在给中央的报告中就说：“目前最严重的问题，……是无线电问题，要迅速设法解决。”所以，在这种情况下，中央又决定开办无线电集训班，并由周恩来批示中央特科着手筹办。集训班由顾顺章、李强负责。张沈川、吴克坚和从苏联回国的涂作潮、宋濂、方仲如、毛齐华、陈宝礼、李元杰等人分别担任了教学和领导工作。当时各地派了 16 名同志来上海学习，他们是广东的麦建屏、陈坦、温明、关适芬、何世夫、李景美、杨枝水、冯一平，江苏的李国玺、苏光达、石光、杨庆福、朱晨光，湖南的高枕松、谢小康，福建的王西雄。伍云甫、曾三、曾华伦也在班内学习机务。学生对外的名义是工人，教职员对外的名义是经理或工程技术人员。

上海是白色恐怖的狼窝。要在狼窝里办集训班就必须有不怕牺牲的精神。大家都做了被捕的准备，拟好假口供，还规定了几条纪律：遇到危急情况，一定要坚持假口供，集训班的情况不许告诉任何人，不准把集训班的地址作为个人的通信处，不准个人存放党的文件、书籍等。

周恩来多次对顾顺章、李强说：“你们对无线电机器摸得熟，这是好的，但对政治思想工作注意不够，这可不好，今后要特别重视。”李强及时对大家传达了周恩来的指示，但顾顺章却掉以轻心，麻痹大意。

这些同志有的参加过上海第三次武装起义，有的参加过省港大罢工，有的参加过秋收起义或广州起义，虽经过党的多年教育和革命斗争的考验，但毕竟缺乏地下斗争的经验。这一幢三层楼的工厂，没有隆隆的机器声，既不进原料，也不出产品，进进出出的都是些知识分子模样的中青年人，这不能不引起敌人的怀疑。

狼已嗅到了什么。两个月后的一天，来了个工人打扮的人，自称是自来水公司的，来检查自来水管有没有毛病，楼上楼下，东张西望地看了一遍就走了。对这个人当时大家也感到有些蹊跷，别人家的水管坏了，三番五次催自来水公司派人来修都不理睬，可他为什么对我们这个工厂这样“关心”呢？既然是检查水管子，为什么不带工具，只是东看看、西看看就走了呢？李强把这个情况向顾顺章报告后，他不但不采取措施，反而要大家安心学习。

一个多星期以后，这个獐头鼠目、瘦骨嶙峋的家伙又来了，这次穿了西服，戴了礼帽，手持文明棍，一进工厂，就摸摸这个零件，敲敲那个机器。

李强走上前去问道：“先生贵干？”

那家伙把文明棍略微提了提，怪声怪气地说：“宝号开张，到老头子那里打过招呼了吗？”他说的“老头子”，指的是这一带的流氓头子；他说的“打招呼”就是送礼。

“哦，真是疏忽，疏忽！”李强赶紧赔着笑脸，又对来人说了一些客气话，这时他的态度才稍微缓和了一些。接着，李强又到里间拿出四块银圆，交给了他。“这是点小意思，改日再登门拜访。”

流氓把钱塞进衣袋里，讲了几句漂亮话，便扬长而去了。

这流氓在十来天内来了两次了，只是衣着不同。糟了，这里面一定有文章，难道仅仅是为了敲诈几个钱？李强他们不能不从最坏的方面去想，做好应变准备；控制来往工厂的人员，规定今后凡没有特殊需要都不要到工厂来。张沈川还主动将学员们带进厂内的进步书刊和六届三中全会反立三路线文件等材料收集起来，转移到古拔路他个人住处隐藏起来。

但是，事情比他们的预料来得要快。就在流氓走后的第三天，也就是在1930年12月17日，这个集训班遭到了敌人的破坏。这天上午，中外侦探 6 人闯了进来。好在当时已接近中午，要不然，集训班的全部教职员生 28 人都得被捕。那天上午，李强、毛齐华、陈宝礼、涂作潮、宋濂、曾三、李元杰等人本来在楼下讨论制作变压器问题。确定了制作方案后，李强、毛齐华、宋濂、曾三不到中午就提前到慕尔鸣路毛齐华家里吃饭去了（曾三在 1930 年 10 月已调到电台工作，这次是来参加开会的）。涂作潮上街去买油漆，吴克坚、李元杰、伍云甫出去有事，杨枝水请假去医院未归。张沈川正在二楼讲收发报课，大门口没人放哨，敌人突然闯进来后，在工厂的张沈川、方仲如、陈宝礼、李元杰、麦建屏、陈坦、温明、关适芬、何世夫、李景美、冯一平、李国玺、苏光达、石光、张庆福、朱晨光、高枕松、谢小泉、王西雄、曾华伦 20 人被捕。

宋濂在毛家用毕午饭，回厂取信，刚要走进弄堂，看见路边的二楼窗户上的白窗帘拉开了半边，这个暗号说明已经出事了。看弄堂的老工人也向他摇手低声说："不要进来呀，刚才你们工厂的 20 个人已全部被巡捕房的人抓去了。"宋濂听后慌慌张张地回到电台，告诉了李强、毛齐华、曾三等人，李强又火速赶到四马路振华旅馆告诉吴克坚。

集训班遭破坏，伍云甫不知道，当天下午他去工厂，走到弄口，看见信号，才知道出事了。他回头走时，发现有人盯梢，就在人群中穿来穿去，然后突然跳上电车，才甩掉了"尾巴"。

因为张沈川被捕，而在张的家里藏了党的文件，要是文件被搜查出来这 20 人就全暴露了。所以第二天顾顺章和李强骑着摩托车到张的住处，把文件全部取走。走到十字路口，顾顺章闯红灯违反了交通规则，被警察拦住，顾给了警察几块银圆了事。

第三天，组织上在福建路一家旅馆租了一套房间开会，谈到了教训和营救问题。与会人员有顾顺章、李强、毛齐华、伍云甫、曾三、涂作潮、宋濂、吴克坚等人。在会上，大家指出领导有轻敌思想，认为"情报万能"，并认为是在蒋介石够不着的法租界，以致集中这么多人搞集训，是违背地下秘密工作原则的。

为了把集训班的重要设备运出来，行动前，中央特科派人去侦察，发现守候在那里的巡捕已撤走，门上贴着封条。又过了几天，特科组织了一些人，租了一辆汽车开到弄堂口，把门上的封条揭下，把里面的电台设备、小型发电机和其他物资装上汽车运走，然后再把封条照原样贴好，并给了看弄堂的老工人 5 块银圆，感谢他的帮助。

被捕的 20 位同志，开始被关押在法国巡捕房，然后被国民党当局引渡过去，关在南京小营子陆军监狱。他们惨遭坐老虎凳、鸭儿凫水等各种酷刑。但这 20 位同志表现得都很坚强，没有一个招供，没有一个泄露党的机密（只有李元杰、冯一平两人出狱后，一个参加了复兴社，一个参加了军统特务组织。这是后话）。

1931 年 1 月的一天，下着大雪。国民党军委会军法司军事法庭开庭审讯张沈川，主任法官张仁德宣布："张沈川，你的案情已经查清，判处死刑，你对家里有什么事要交代的，那里有纸笔，你自己写。"张沈川表示不服，进行申辩。张仁德拍着桌子吼道："拖出去枪毙！"张沈川戴着脚镣，被法警们拖到围墙下。这时，他多么想喊"中国共产党万岁"呀！可是，他没有喊，因为这一喊就暴露了自己的身份，就牵连了其他 19 位同志，他只是挺着胸，昂着头，默默地等着。他听到背后在喊："一、二、三。"却没有听到枪响，而是被推进了厕所，后又被带回监狱。原来这是国民党搞的假枪毙，他们用尽酷刑没有达到目的，想以此来骗取口供。但在真正的共产主义者面前，只是枉费心机。

从审讯的情况看，"上海福利电器工厂"案件是无头案子，敌人并没有摸清他们的底细，也没有抓住这些同志的任何把柄。可是，国民党反动派还是判处了他们的徒刑：17 位同志被判处了 9 年 10 个月的有期徒刑。3 位同志被判处了 6 个月的有期徒刑。判刑，却不发判决书，并且不准上诉。

监狱里的饭菜很不干净，常年患肠胃病的很多。陈宝礼、麦建屏、谢小泉、张庆福四位同志都因患恶性痢疾，得不到治疗，两年内先后在狱中病逝，为革命献出了他们年轻的生命。陈宝礼是受刑最多、痛苦最大的一个，他在临终前，还用微弱的声音，断断续续地说："要听妈妈的话，要听妈妈的话！"妈妈，是指敬爱的党。大家默默地流着眼泪，守在这位忠诚的共产主义战士的身旁，为他告别人世而悲哀。

红色电波仍在空中飞翔

集训班虽然遭到破坏，但由于被捕的同志不知道电台的地址，电台的安全没有受到威胁，所以没有转移的必要，仍设在慕尔鸣路兴庆里 17 号。只是改变了隶属关系，过去是由中央特科领导，这次改由中央书记处直接领导。曾三继续任报务员，毛齐华夫妇兼做掩护人。

他们把房间布置得比较"文雅"和"阔气"。有大衣柜、梳妆台，还有烤火用的电炉以及花瓶、古书、麻将牌等，俨然一个上等知识分子人家。收发报机放在毛齐华夫妇的大衣柜内，电瓶藏在楼板底下，电炉子是用来掩护通信用电的。曾三每天收发报时都是在毛齐华夫妇的房间里操作。为了避免收发报时邻居的电灯闪跳，引起人们的猜测和敌人的注意，所以他们总是等到凌晨 1 点到 3 点人们已经进入梦乡的时候进行工作。后来，由于宋濂，这个原上海大学的学生在残酷的斗争面前胆怯了，不敢再继续革命了，要开小差，就叫他的未婚妻去电台取行李。这一下，就把电台的地址泄露了，组织上立即决定退掉房子，另觅新址，曾三将收发报机装在行李中安全转移。电波没有中断。

1930 年冬天，曾三在与香港电台通报时，突然间发现了反常现象——报务员的手法和声音都变了。不仅如此，对方竟还违反党的纪律，用英文讲"我要找你们党内领导人，告诉我他的……"

这时，曾三明白了香港电台被敌人破坏了，于是，他就只收不答。对方见情，知道沪台有怀疑，第二天又发来英文电报："你们的朋友情况良好，现在监狱内。"曾三仍然只收不答，敌人呼叫了两晚，见没有反应就不再呼叫了。经组织同意，曾三很快就将电台转移了地方。后来听说广东省委委员江慧芳被捕叛变，出卖了房东卢永炽，港台遭破坏，报务员被捕。曾三一直深深怀念这位不知姓名的同行和战友。直到20世纪80年代中期，他才知道这个同志的名字叫邱德。

威震敌胆的中央特科

中央特科，是党中央的情报和保卫工作机关。在严重的白色恐怖之下，为了保卫党中央，保卫中央领导及地下工作人员的安全，党的六大以后，根据苏联建立肃反委员会的经验，1928年11月，中央决定成立一个由周恩来、向忠发、顾顺章组成的“中央特别任务委员会”（简称“中央特委”），由周恩来主持工作。在中央特委下面，设立“中央特科”，作为执行具体任务的工作机构，也由周恩来亲自领导，具体工作由顾顺章负责。中央特科，是在周恩来直接领导下，在原来军委特科的基础上逐步扩大和建立起来的。它继承了武汉时期中央军委特科的传统，在上海新的形势下与敌人展开了新的斗争。

中央特科的组织机构，在周恩来亲自策划下，由小到大逐步完善起来，先后成立了以下四个科。

特一科，为总务科，它是在原军委“总部”的基础上建立起来的，成立的时间最早，管的事情也最多、最杂，和党中央的关系也最密切。各种事务工作一定要做得机密、细致、稳妥，万无一失。稍有疏忽，就会直接影响党中央的安全，给党造成不可挽回的损失。特一科的主要任务有三：一是设立机关，建立联络点，负责租房子、找铺保，采购物资，购置武器和特殊用品。二是为中央召开的会议服务，负责找开会地址、租房子、布置会场、安排保卫以及办理会务，等等。三是营救被捕的领导同志以及为牺牲的烈士处理善后事宜。特一科的科长是杨洪生，参加特一科工作的有阚思颖（住机关）、邹志敏（做交通和掩护工作）、陈宗康（中央特科专职医生）等。

特二科，为情报科，成立于1928年4月左右，主要任务是搜集情报、掌握敌情、肃奸反特，保卫中央机关和中央负责人的安全，并采取“打进去，拉出来”的办法，建立地下情报网。

特二科的科长是陈赓（化名王庸），副科长刘鼎。工作人员有柯麟（柯达文）、贺诚（贺雨生）、陈养山、钱壮飞、李克农、胡底、安娥（张红惠）等。陈赓除了负责特二科的工作以外，同时还协助顾顺章管理整个中央特科的工作。特二科的同志，有的长年战斗在龙潭虎穴之中，为党的情报工作立下了不朽的功勋。特别值得一提的是李克农、钱壮飞和胡底三人，他们打入了国民党中统特务组织的核心要害部门，深入敌巢，屡建奇功，狠狠地打击了敌人，为保卫党中央机关的安全，做出了卓越的贡献。被誉为深入敌营从事情报工作的“龙潭三杰”。

特三科，为行动科，这是由中央特科直接领导的一支武装力量。我们自己称他为“红色恐怖队”（简称“红队”），群众叫它为“打狗队”。它的主要任务有三：一是武装保卫党中央和中央领导负责人的安全，保卫党中央召开各种会议能够顺利进行。二是打击特务，镇压叛徒和内奸。三是武装营救被捕的领导人。特三科开始时只有十几个人，后发展到四十余人。先后担任红队队长的有谭宗余、邝惠安等。红队成立后，几年来为保卫党的安全，镇压叛徒、内奸方面，都进行了机智顽强的斗争，使叛徒、内奸闻之丧胆。在中外敌人统治的上海，他们神出鬼没，勇敢斗敌，为保卫党中央机关和负责人的安全，起到了无可替代的重要作用。

特四科，为交通（通讯）科，专负责秘密交通责任，科长李强。这个科最初的主要任务是负责秘密的交通联络，以及护送党的领导人进入苏区。从1928年起，这个科主要负责建立和管理秘密无线电台，沟通党中央与共产国际以及各个苏区之间的通讯联络，后来这个科改为无线电通信科。这个科的主要成员有张沈川、蔡叔厚、涂作潮、吴克坚、毛齐华、伍云甫、曾三、王子纲、黄尚英、蒲秋霞、方仲如等。

中央特科是当时国共两党残酷斗争，我党处于白色恐怖之下的直接产物。它是专为保卫党的组织安全而设立的保卫机构，是党中央的耳目，是党同敌人进行隐蔽斗争的地下尖兵。他们常年战斗在龙潭虎穴之中，与敌人斗智斗勇，建立了不朽的功勋。

四、奔赴苏区

1931 年 3 月，曾三和伍云甫、涂作潮三人奉命到中央苏区建立党的无线电通信工作，于是开始了与白区不同的战斗生活。

接受任务

1931 年 2 月，春节刚过，有一天，组织上通知曾三和伍云甫、涂作潮三人到指定地点去接受党的一位领导人指示。他们三人装扮成久别重逢的同窗好友漫步在江堤上。他们边走边谈，不知不觉就到了指定地点。接见他们的原来就是他们所熟悉的聂荣臻同志。聂荣臻首先向他们介绍了当前革命形势和各根据地的发展情况，并且告诉他们一个特大喜讯："春节前，江西苏区的红军在毛泽东同志的战略思想指导下，粉碎了蒋介石 9 个师 10 万兵力的围攻，取得了第一次反'围剿'的伟大胜利。"接着聂荣臻又说："为了保证今后党中央和江西苏区的联系，党中央决定立即派无线电通信技术人员到江西苏区去，建立无线电通信联络。"

停了停，聂荣臻又以征询的口吻对他们三个人说："现在党指派你们作为去完成这个任务的第一批技术人员，你们有意见吗？"

"没意见！"他们三个人异口同声地回答。

于是聂荣臻接着说："好！你们没有意见，那就这样定了。"

由于国民党反动派的重重封锁，去苏区必须绕道香港，因此，组织上对曾三他们到江西苏区作了周密的安排。临行前，组织上给他们三个人 100 块钱，作为化装及旅途的费用，并再三叮嘱他们，路上千万小心，要随时提高警惕，切不可麻痹大意。万一不幸落入敌人手里，一定要保持革命气节，宁死不屈。

聂荣臻是 1930 年 5 月由顺直省委调到上海中央特科的。当时在特科负责具体领导工作的除了聂荣臻以外，还有陈赓、李强等人。当时聂荣臻、陈赓、李强被称为中央特科"三骑士"。中央调聂荣臻来，是为了从政治上加强特科的工作。同时他以新闻记者的身份做掩护，也便于开展工作。在曾三他们走后不久，聂荣臻也离开了中央特科，调到中央军委去了。

曾三他们要离开上海了，临别的前一天，领导他们搞无线电通信工作的李强，拿出了过去在轮船上打工攒下的钱，在一家旅馆准备了便饭为他们饯行。领导上进一步为他们部署了许多安全措施，以防万一。他们对领导的这种无微不至的关怀甚为感动。

第二天，他们带着党的重托、领导的希望、满怀胜利的信心，踏上了去江西苏区的征途。

香港之行

一个晴朗的早晨，曾三和伍云甫、涂作潮三个人，都化装成了华侨模样的商人，身穿绸料长衫，头戴礼帽，脚上穿着上等皮鞋，手里提着小皮箱，跟着一个伙计模样的人，向着上海码头走去。

这时春天的步履已踏上了上海滩，江上的微风吹在他们的脸上，虽有余寒，但并不刺人。他们边谈边走着。不难看出，他们心情是愉快的。曾三穿的是一件蓝色绸料长衫，黑色绸料裤子，戴着烟色呢子礼帽，鼻梁上架着一副金丝眼镜。往日的潇洒青年，突然变成了“有钱”的华侨商人。他们对外的身份，是上海一家大电料行的高级职员，现在到香港，去接洽商务和推销电料。手提箱内带的是随身穿的内衣及旅途用具，还有接洽商务的公函等。他们互称曾先生、吴先生（因伍云甫的化名是吴竟生）、涂先生。走在他们前边提皮箱的青年人姓唐，名之中，是由香港党的华南交通总站派来专门护送他们的交通员。他是广东人，会说一口地道的粤语，专门负责由香港到上海或上海到香港的党内交通。为了工作的需要，他又学会了一口流利的上海话。他个子不高，长得有些清瘦，眼睛炯炯有神，一看就是一个很机灵的人。现在他的对外身份，是曾三他们“电料行”的伙计，是在路上负责照顾他们三位高级职员的。他的皮箱内装的是电料样品和麻将。

码头上的警察，有的担任警戒，有的正在进行盘查。曾三他们四个人顺利地通过了盘问，登上了法国邮船。为了避免特务和军警的注意，在房里，他们大谈“生意经”或扯“吃喝玩乐”的闲话；或者打打麻将，显得非常清闲自在。但内心丝毫没有放松警惕，他们的眼睛、耳朵，每时每刻都在注视着船上的变化和动静。

轮船在海上行进。曾三站在甲板上眺望，只见波翻浪涌，海鸥飞翔，天水一色，非常壮观，曾三被这迷人的景色吸引住了，这颗在上海白色恐怖压抑下的心，一下子变得特别畅快。他任凭三月的海风吹拂，久久不想回到船舱里。

经过几天的颠簸，没有发生意外，他们总算平平安安地到达了旅途第一站——香港。

香港，对于曾三来讲，是陌生的，但也是熟悉的。它与上海一样，是穷人的地狱，富人的天堂。他们到达香港后，先住在了一个高级宾馆里。和地下党接头后，香港地下党又把他们接到了铜锣湾一个秘密招待所，这里是专门接待党中央派往各地区的干部的。像叶剑英、左权、萧劲光、李卓然、蔡树藩、徐特立、张爱萍、刘伯坚、顾作霖、李六如、贾拓夫等人，都是在他们到来之前，由这儿转送到苏区去的。

曾三他们安顿好之后，已是万家灯火的时分了。

夜深了，喧闹的城市也渐渐地静了下来。曾三躺在床上，久久不能入睡。上海地下斗争的生活，又一幕幕地在他眼前出现，而最使他难忘的是在地下电台工作的那一段。他想起了香港那位被捕的报务员同志，他现在怎么样了呢？曾三心里产生了一种深深的挂念。

汕头之夜

在香港，他们做了一些必要的准备，很快就办好了离开香港的手续，路上他们仍是商人打扮，仍由交通员唐之中护送。为了避免引起人们的怀疑，他们装作互不认识的样子，彼此很少说话。翌日早晨 8 时许，到了汕头。交通员把他们领进了一个大的旅馆，他们四个人被安排住在两个房间里。

在曾三和伍云甫住的房间里，他们四个人正在打麻将，这时旅馆的茶房来告诉说："唐先生，今晚你们别出去，外边要戒严了，听说警察局要抓一个共产党。"唐之中听了心里虽然有些焦急，但表面上仍然不动声色地对茶房说："谢谢，不过这和我们做生意的人没关系。"曾三接着说："谢谢先生的关照。"一面对大家说："我们还是继续打牌吧。"于是他们把牌打得更响，说笑声更大了。晚上 10 点多钟，警察冲了进来。挨着房间逐个盘问搜查。不一会儿，警察来到了曾三他们的房间，一个四十多岁，长着满脸胡子的大胖子警官劈头就问：

"你们从哪里来，干什么的？"

"香港来的，做生意的。"曾三回答说。

"都叫什么名字，哪里人？"警官又声色俱厉地边问边凝视着他们几个人。

曾三他们几个人按照登记簿上的姓名、籍贯等一一作了回答。

接着，警官又指挥警察们搜查，结果一无所得。这帮警察就到隔壁房间继续搜查去了。

警察离开旅馆不久，曾三他们桌上的麻将还未收，又闯进一伙宪兵，这帮人进屋二话不说，就气势汹汹地到处乱翻，站在一旁的茶房忍不住地低声说了句：

“老总，刚才警察已来搜过了。”

“什么？混蛋！警察局来搜过了，老子就不能搜查了？”

过了一会儿，他们没搜出什么，便也气呼呼地离开了房间。

一场虚惊，又这样过去了。

午夜两点多钟，曾三和伍云甫刚刚进入梦乡，就被楼梯上杂乱的脚步声和吆喝声惊醒。这是敌人第三次来搜查了。他俩躺在床上竖着耳朵听着外面的动静。不一会儿，旅馆伙计又来敲门了。

“曾先生！吴先生！开开门，上边来查房了。”

曾三装出一副睡眼蒙眬的样子，边开门，边打哈欠。

进来的是几个穿便衣的特务。一个穿西装戴礼帽的特务头子，见伍云甫还躺着，便大声斥责道：

“起来，起来，老子要检查了。”几个特务便动手检查起来。

那个特务头子问道：“你们是从上海来的吧？”

“不，长官，我们是从香港来的。”曾三沉着地回答说。

“干什么的？”

“经商的。”

“什么地方人？”

“湖南人。”

“湖南人怎么到香港去了？”

“我的亲戚在香港开商行，是他介绍我去的，在那里能多挣些钱。”

“有货单吗？”

“有。”

曾三边答，便将在香港准备好的货单、收据和发票等一一交给他看。

特务头子看完了说：“我们还要搜身。”于是他们上上下下，连衣服领子及衣服夹层缝线处都被摸遍了。曾三心想，看来这几个特务比起刚才的警察和宪兵更难对付。

突然特务头子大声说：

“你们是共产分子！”同时观察曾三他们的反应和表情。

曾三镇静地回答说：“我们是正经的买卖人。”

特务头子没看出破绽，又仔细地打量了一下曾三，见他长得清秀潇洒，像个高级职员，也就不再追问了。于是大声地说道：“你们是不是共产分子，我们还要进一步查查，查出来可对你们不客气了。”

“走！”特务头子一挥手，特务们就都溜走了。

特务走后，曾三再也没睡着，他庆幸这次密码没有带在身上，而是藏在了他的脑子里，否则，后果是不堪设想的。

天渐渐地亮了，他们办完了离开旅馆的手续，又乘上火车向潮州进发了。

地下联络站

曾三他们到潮州后，在潮州稍事休息一下，就又乘船沿着韩江北上，向着大埔方向前进。行驶了一段路程后，远远看到一只小船向他们划来，小船越来越近了，这只小船是福建省永定县地下党派来接应他们的。划船的是一个老艄公，船上还有一个青年人，姓余，是党内地下交通员。等曾三他们上了小船之后，唐之中就乘船返回香港了。以后的路程，改由永定县派来的余交通员护送。小船行驶了一些时候，就靠了岸。曾三他们上岸之后，余交通员又把他们三人送到了大埔地下联络站。

大埔城是敌人封锁比较严密的地方。大埔地下联络站对外是一个酒店。这个酒店坐落在河边的埔北路口，紧靠河岸。它是一座木结构的小楼，楼房一排窗户向着河面。从这里不仅能够望到河上的行船，而且还可以看到对岸的动静。

酒店的老板姓孙，名世阶，是本地人。他很像是一个久走江湖的人物。他那随机应变、殷勤奉承的本领，很受当地小权贵们的赏识。因此，他的生意越做越兴隆，来往的客人到此落脚的也越来越多。但是人们哪里会想到，这个老板竟是党的地下工作者；这个酒店竟是共产党的地下联络站。在孙老板的掩护下，不知有多少革命同志平安到达了目的地；不知有多少重要物资由这里安全地送到了革命根据地。

曾三他们到酒店后，护送他们的余交通员和老板打了个招呼，老板用他那双机灵的眼睛打量了一下曾三他们，没说什么，就叫"伙计"送来了饭，饭后伙计又带他们上楼休息。

过了一会儿，老板上楼来了。曾三他们焦急地请他赶快派人护送他们走。这时，老板摆了摆手，往楼板下的一个破洞指了指，曾三从破洞一看，原来有几个贼眉鼠眼的家伙正在喝酒呢。侧耳听他们说话，才知道他们是民团的，马上就要上山巡逻。曾三见此，知道现在走不了，只好睡觉休息。

午夜时分，老板把他们叫起来，并说"可以走了"。他随即派了两个"伙计"，即两个交通员，护送他们。交通员悄悄地打开这座楼的旁门，领曾三他们上了山路。

越过封锁线

曾三跟着交通员在山路上走着，天黑，路滑，他深一脚、浅一脚，感到很吃力，但仍紧紧跟随在交通员身后，唯恐掉了队。现在他们正急匆匆地朝着闽粤交界的青溪镇走去。这是苏区与白区交界的一个重要关口，也是粤东通向闽西和赣南的重要咽喉。交通员对曾三他们小声说：

“过了这个山坳，就到青溪镇边啦。我们一定要在天亮以前赶到。”

走着走着，远处忽然传来了几声枪响，接着附近山头也响起了阵阵枪声。

“不要紧，这是敌人打枪壮胆子，我们快走。”交通员一边说，一边领着他们穿过一条小山路，朝着青溪镇里走去。

青溪镇，是汀江河畔的一个小镇，依山傍水，有百来户人家。镇上有一条小街，靠东头第二家的永丰豆腐店，是从中央根据地到上海的一个交通站。凡是从上海等地到中央根据地的人，都要在这个小店休息，然后再过封锁线。

不一会儿，来到了一座茅屋门口，这就是豆腐店。门紧关着，里边隐隐约约地传出了磨豆腐的声音。交通员四下望了望，见没有什么异常现象，就伸手在门上“咚咚咚”地敲了三下。这是“自家人”的联络暗号。

等了一会，里边有人问道：

“谁呀！”

“是我，老伯，开开门。”

随着吱呀一声，门开了。一个年近五十的人，警觉地向外一望，忙将曾三他们让了进去。

进屋后，店主人迅速给曾三他们整理草铺，让他们休息。一面赶忙向他们介绍情况：

“……最近几天，白狗子来这儿活动比较多，你们要特别小心。”说完便出去了。

突然门外响起了一阵急促的脚步声。为预防万一，交通员迅速地打开后门，领着曾三他们转移到后山去了。

这时，东方露出了鱼肚白色，天渐渐地亮了。交通员站在后面的大山上，看见国民党匪军向大埔方向远去。交通员断定没事了，于是便又领曾三他们回到了豆腐店。

怎么越过最后一道封锁线？根据封锁线现在的情况看，抄近路走危险性很大，那里白军防守比较严，只有绕道北山。因为这一带只有民团把守，他们晚间一般不敢出来，这样虽然多走几十里路，但是比较安全。为了预防万一，改由武装护送。

夜幕降临了。由两个武装交通员带着曾三他们上了路。五个人在崎岖的山路中行进，为了不暴露目标，路上禁止说话，禁止吸烟。大地一片寂静，只听到踏踏踏的走路声。

午夜时分，他们来到了一个山边据点，岗楼上透出灯光。借着灯光可以看见站岗的民团来回走动着。他们屏住呼吸，轻轻地向前移动。敌人没有发现他们，他们很快就通过了封锁线，又走进了浓密的灌木丛中。他们翻山越岭，虽然很累，但却很高兴，因为前面就是根据地了。走着走着，突然前面不远的地方传来了一声：

“口令，站住！”

曾三他们三个人不觉一惊，不知发生了什么情况。交通员回答了对方，转身对他们说：

“到家了！”

交通员的话音刚落，曾三他们便不约而同地也互相说着“到家了！”“到家了！”此时此刻他们的心情是无法用语言形容的。

这时，他们才意识到自己已经踏上了闽西根据地的土地。他们极力向四周向远方眺望，想把这里的一切尽收眼底。

看！朝霞渐渐地染红了东方的天空。啊！到家了，到了一个民主、自由和消灭了压迫与剥削的新天地，这叫他们怎么能不高兴呢？

到达红都瑞金

绵延起伏的闽山，青葱苍翠。曾三他们一踏上闽西根据地，就感到进入了一个新的世界。他们大口大口地呼吸着新鲜的空气，一路上的疲劳顿时消失了。

到中央苏区后，曾三他们先在红军的一个哨所休息了一个晚上。他们感到有生以来从未有过的安全感，这一夜他们睡得非常香甜。第二天清晨，他们便被送到了胡岗——红军司令部所在地。司令员萧劲光热情地接待了他们，并和他们谈了话，让他们在胡岗好好休息两天。第三天上午，就派了一个挑夫把他们送到了瑞金。

瑞金，位于赣东南与闽西交界的地方，四周环山，风光秀丽，一座古塔雄踞城头，显得这座古城更为壮观雄伟。

曾三来到红都瑞金，心情更为激动，这里是中国革命的摇篮，是人民的希望所在，是他早已向往的地方。他情不自禁地欢呼：

“啊！瑞金，红色中华的首都，我终于见到你了。”

这时正是阳春三月，阳光明媚的时候，曾三放眼望去，远山翠绿，赣水悠悠，到处呈现出一派生气勃勃的景象。他陶醉了，瑞金是这样的美好，他像多年在外的游子，一下子回到了母亲的怀抱。在到处都是白色恐怖的中国，能够生活、战斗在这块红色根据地里，是多么的幸福啊！

“同志，洗脸吧！”“同志，吃饭吧！”“同志……”，这一声声亲切的呼唤，温暖着曾三的心。“同志”，这是多么崇高而亲切的字眼，在白区哪能这样自由的称呼啊！他禁不住流出了激动的泪水。

在红军总部

青塘，是红军总司令部所在地，是江西宁都的一个小村镇，曾三他们在这里见到了红军总政委毛泽东和总司令朱德。这是一次幸福的会见。毛泽东、朱德那平易近人的作风和高度的革命乐观主义精神，给了曾三极为深刻的印象。在红军总部这个天地里，曾三听到了许多新的革命道理，了解了许多新的情况，使他眼界大开，受到了很大的鼓舞，更加坚定了革命的信心。

毛泽东亲切、和蔼地对他们说：“欢迎你们从白区来，从党中央来。上海是个繁华的大都市，这里是山沟沟；在上海要躲躲藏藏、偷偷摸摸干革命，在这里大家都是同志，可以自由自在地干革命。有一利必有一弊嘛！无线电是个新技术，你们学习了这一门很有用，也很难得。我们非常欢迎你们。”他又对曾三他们说：“听你们的口音都是湖南人，是哪个县的呀？”

“益阳”“耒阳”“长沙”，曾三、伍云甫和涂作潮分别答道。

毛泽东笑了，“我们的老家离得还蛮近哩。”他指指朱德：“总司令是四川人，我们四个都是湖南人，现在为了一个共同的目标走到一起来了。”大家也都跟着笑了。

接着，朱德向他们介绍了红军建立第一个无线电台和第一个无线电人员训练班的情况。

他说：“1930年12月30日，在第一次反‘围剿’中，龙岗一战，我军全歼了国民党第十八师两个旅和一个师部共九千余人，并活捉了师长张辉瓒。由于我们的战士对国民党的刻骨仇恨和对无线电的不了解，把很多器材都毁了，只留下一部收报机。”

毛泽东插话说：“无线电器材是没有阶级性的嘛，谁用它，它就为谁服务。我知道这件事后，就马上下了一个命令：‘今后凡是缴获到的战利品，一律妥为上交，不得损坏，并妥善地保护无线电技术人员和电信器材。’”

朱德接着介绍说：“这个命令发出以后，在保护和使用被俘的无线电技术人员和妥善保管器材方面，都起了很大的作用。”

没隔几天，在打谭道源的战斗中，又缴获了敌人的电台。红军总司令部就以这些电信器材和参加红军的无线电技术人员，建立了红军的第一个无线电台，并成立了第一个无线电训练班。

曾三和伍云甫、涂作潮三人便分配在这个电台上工作。

从此，曾三脱下了长衫，穿上了军装，投入了反“围剿”的战斗之中。

空中侦察兵

第二次反“围剿”前夕，中央苏区军民投入紧张的战斗准备之中。毛泽东、朱德要求电台人员高度集中精力，侦听敌人的行动。于是曾三和电台其他人员一起，跟红军总部移驻到反“围剿”的前沿阵地。

国民党根本没有想到红军中会有无线电台，敌人在无线电通信中，毫无顾忌地无所不谈，每到一个新的驻地，都要互相询问情况，谈这说那。在部队出发前，电台还要互相通告。敌人的空中通信，为红军提供了许多有价值的情报。红军电台实际上起到了空中侦察兵的作用。

1931年5月初，曾三和他们的电台人员一起，向白云山地区挺进。这里是中央苏区的前沿地带，离敌人只有十来里路，正面是敌人公秉藩的二十八师和王金珏的第五路军。敌人的指挥电台早已被红军的电台定为日夜侦听的对象。王金珏的电台功率很小，是由国民党交通兵团调给他们的15瓦特机器，而公秉藩的指挥电台则是他们自备的大电台，功率为100瓦特。当时敌人的电台距离曾三他们的电台很近，而机器功率又这样大，因此，目标特别好找。敌台的通报情况和内容，都在曾三他们电台的记录之中。没有多久，敌台的通信对象、通报时间、报务人员甚至姓甚名谁以及他们发报的手法特点等，都被曾三他们一一掌握了。

“这部电台的功率真大，一定想法把它夺过来，好让它沟通与上海党中央的联系。”

“中央苏区与其他苏区组成联络网正需要这样一部电台。”

曾三和电台的其他同志常常这样议论着。但是，大家又担心在战斗中，这部电台能不能被夺过来，以及在战斗中会不会遭到破坏。对此，同志们又感到非常不安。

在反“围剿”中，曾三和他的战友们不分白天和黑夜，一直在捕捉耳机中出现的每一个无线电信号。一天清晨，无线电台的同志们随同红军总部从东固坳上出发，向白云山头进军。白云山真是名不虚传，一个上午，山头都是白云缭绕，似烟非烟，似雾非雾。曾三他们的电台就设在半山腰，到中午，白云渐渐散去，不一会儿密集的枪声响起来了。曾三聚精会神地监听敌台的声音。几个小时以后，突然听到公秉藩电台的呼救信号：

“SOS，SOS。”

接着，王金珏电台也连续发出了求救呼号。

这时，曾三高兴得跳了起来，并立刻把情况报告了作战部门。敌台虽然连续声嘶力竭地呼叫，但并无任何电台答应。不一会儿，这部电台也“哑”了。曾三他们知道，敌二十八师已被消灭，敌台也一定被我军缴获了。

战斗结束了，曾三他们盼望已久的这部大功率无线电台，果然作为战利品被送到了红军总司令部。

曾三和电台的同志们顿时欢呼起来。

缴获这部电台，虽然是他们预料之中的事，但当他们看到这部大功率无线电台时，仍然个个激动得直抹眼泪，大家跳啊，唱啊，分享着夙愿已偿的喜悦。

特殊的使命

曾三从上海来时，就接受了中央苏区与上海党中央建立无线电通信联络的任务，并把使用的密码、呼号和联络办法，都记在脑海里。

由于敌人的严密封锁，地下交通十分困难。为了党中央与红军的联系，有多少党内地下交通员英勇地献出了自己宝贵的生命。每想到这些，曾三就非常着急，恨不得马上与上海党中央联系上。

曾三到红军总部后，按照规定连续守听呼叫，可是，一个月过去了，两个月过去了，却一直没有联系上。

为了早日和中央取得联系和避免敌机的空袭，总司令部决定把曾三、刘寅等和这部大电台留在后方，其任务是除了侦听工作以外，专门守听上海呼叫，以便及早与党中央取得联系。

完成任务的渴望，使他们产生了一种超人的力量。从5月下旬开始，不管是驻防，还是行军途中，曾三他们始终坚持每天的架线工作。晚上把发射天线架在山顶上，使通信更好一些。天亮了，怕敌人发现，又把它拆下来。架了拆，拆了架，天天这样坚持着。一个月、两个月，三个月又过去了，和上海党中央的电台还是没有联系上。但曾三他们并不灰心，他们坚信总有一天会与上海党中央联系上的。

1931年9月，曾三他们转移到江西赣县的一个小山村里。这一带是红军第三次反“围剿”战役中的一个临时后方。这个村子只有十几户人家，坐落在一条小山沟里，地形非常隐蔽。这个月下旬的一个夜晚，是刘寅值班，深夜了，整个山村寂静得很，没有一点声息，甚至静得叫人有点害怕。在守听的波段范围内，很少听到信号，只听到收报机里的震荡电流声。

想不到，使人兴奋的时刻在这寂静的夜晚来临了。刘寅戴着耳机听着听着，耳机里突然出现微小但很清晰的呼叫声。刘寅小心翼翼地记录下来，与规定的呼号一对，完全一样，丝毫没错。刘寅高兴极了，没等对方呼叫完毕，就赶快派人去叫曾三。

曾三一听到这个消息，马上从床上起来，披上衣服，急匆匆地来到机房，立即将另一副耳机戴上，与对方通了话，并收了一份简短的电报。这盼望已久的中央苏区与上海党中央的无线电通信联络，终于沟通了。

“与党中央联系上了！”

这特大喜讯马上就传遍了电台的所有人员，虽然是午夜，人们一个个爬了起来，高兴得像过节一样，又唱又跳，相互祝贺着，好像世界上最美好的乐曲，就是上海党中央地下电台的回呼声了。

东方渐渐发白了，曾三一点睡意也没有。于是他写了一份与上海党中央沟通联络的报告，连同收来的那份电报，一并送往苏区中央局。他如释重负，终于完成了他梦寐以求的光荣而特殊的使命。

通信兵的摇篮

随着革命形势的发展，红军的无线电通信队伍也在不断壮大。为了工作的需要，曾三被任命为电台政委。以后，红军无线电通信学校建立，曾三又当了通信学校的政委，和他一起工作的校长是刘光甫同志。

1932 年春，红军无线电通信学校正式成立，校址就设在瑞金县城郊外的洋溪村。学员由开始的几十人，发展到 1933 年的 1000 多人，开设的专业，有无线电报务、机务班，还有有线电话以及旗语和司号班。其中司号班学员最多，有六七百人。

通信学校的学员，除了电话队有些年龄较大的以外，其余的都是一些十四五岁到十八九岁的青年；教员的年龄也不过 20 岁左右。曾三这个政委，就是带领这样一些青年人进行学习和战斗的。

通信学校的学生大多数是从前方挑选来的战士，也有少数是由地方上志愿参军来的。他们都是些优秀的年轻人。虽然他们的文化程度不高，最高的才有高小程度，有的只上过初小，还有的只是在参军后才学了一点文化。但是他们到学校以后，对学习都非常刻苦努力，进步很快。经过短期实习，就能当报务员了。许多新来的教员，看了学校的教学计划直摇头，认为难以实现。但是，最后被这些学生的成绩说服了。有一个名叫曹怀银的同学，原来根本不识字，只学会了一点新文字字母和拼音，他到通讯学校后，很快就学会了无线电报技术，并且同时还学会了不少汉字。

当时，学校里的学习条件是很差的，群众让出来的房子，东一间，西一间，大一点的房间当教室，小房间作宿舍。教室里，桌子、凳子也不齐全，借到什么用什么。从附近小学里借来的几张桌子，算是最好的课桌了，次一点的，是向群众借来的餐桌和条桌，但更多的是用几块石头架起一块木板来当桌子用。坐的，除了一部分借来的凳子外，大多是石头和蒲团。

由于国民党反动派的经济封锁，各种物资非常缺乏。除了纸能保证供应外（当地出产一种很好的毛边纸），其他物资就很困难。如练习写数码和英文的铅笔和钢笔，在苏区就很难买到。没有钢笔怎么能够学习呢？于是学员们就动脑筋，想办法，自己动手来做。有的利用小竹管或鹅翎削尖了做钢笔用。如果谁碰巧分得一个钢笔尖，就像得了宝贝一样，用完后必须擦干净，不让它生一点锈；用坏了，磨一磨，修一修，再继续用。一支铅笔用到了只有二三厘米长还舍不得丢掉，用两块竹片夹起来再用。一张纸用笔写了这面写那面，写满了就用橡皮擦子擦擦再写。有时，纸用没了他们就找些细沙铺在课桌上，在沙上练习写数码和英文字母。

红军通信学校，学习和生活条件虽然很差，但政治工作是很健全的。曾三亲自上政治课，讲形势、讲纪律。学员们的学习劲头都非常高涨，精神也很愉快。除学习外，什么勤务大家都抢着干。每当遇到敌情，他们总是以冲锋在前的精神，主动帮助教员和技术人员，勇敢地承担起最艰苦的任务。在行军中，他们发扬团结、互助的精神，自觉地担负起保护机器安全的责任。这些学员，就是这样一些纯朴、勇敢，既平凡又伟大的战士。

1934 年 10 月，曾三又带领无线电通信学校的学生们，一起踏上了万里长征的新征途。

五、长征路上

1934年10月，由于王明“左倾”冒险主义的错误，造成了第五次反“围剿”的失败，红军被迫进行战略转移，开始了举世闻名的二万五千里长征。

告别红都

1934年10月16日，这是一个令人难忘的日子。这天，天高气爽，在太阳渐渐向西倾斜的时候，无线电通信学校的全体人员在准备行装。每人带了两条毯子，一袋干粮，一个挎包，一个茶缸子或瓷饭碗。挎包里装着几件衣服和简单的日用品。等到太阳快要落山的时候，吹起了集合号。战士们便急匆匆地奔向集合地点。这时，大家心里都明白，红军新的战略转移即将开始，他们马上就要告别红都瑞金，踏上新的征途了。每个人的心头都涌现出了一种说不出的惜别之情。

夜幕渐渐降临了，队伍整装待发。红军无线电通信学校编在中央的队伍里，代号“红星”第三大队。

这时，学校政委曾三正患着“隔日疟疾”，躺在医院的病床上。油灯发出惨淡的微光。他盖着两床厚厚的棉被，还冷得发抖，上下牙不断打战，发出咯咯的响声。与此同时，窗外传出阵阵喧闹，口令声、军号声响成一片。曾三意识到红军在采取新的行动了，正着急间，伍云甫急匆匆地进来了，告诉曾三发生的事情，并对曾三说：“因为你有病，走不动，已决定把你留下来。”

曾三一听急了：“那不行，我要随红军走，我要和学校在一起。”

伍云甫劝曾三不要着急，他马上就去向周副主席汇报。周恩来一听很生气，当即对警卫员魏国禄说：“让他们抬也要把曾三抬来。”

曾三这才被允许回到队伍，和刘光甫一道带领“红星”第三大队出发了。而留下的同志，后来大部分都牺牲了。

队伍成一路纵队，沿着“红星”路标向西速进。这时，虽然天色已黑，但曾三和他的战友们仍然频频回头凝望，默默地向红都告别。

“再见吧，瑞金！再见吧，瑞金！……”

夜行军

红军由江西瑞金出发，向西挺进时，为了不让敌机侦察出红军的行动方向，部队只得避开大路走小路，跋山涉水，穿越老林。而且常常是夜行军，其困难是可想而知的。

长征的第一天，就是夜行军。曾三患着疟疾，浑身瘫软，再加上左眼失明，右眼近视，月光下分不清地面高低，深一脚，浅一脚，走得很慢，随时都有掉队的危险。刚刚走了几里路，他就渐渐地与前面的同志拉开了距离，眼看就要掉队了，他正要向前跑去，忽然有一只大手从后面一把拽住他，并紧张地喊了一声：“好险啊！”

原来，曾三在应该拐弯的地方没有拐弯，已经离开了大路，走到了一个深坑的边沿，若不是那位同志手快，他就摔下去了。

又向前走了几里路，曾三的两腿有些拉不开了，他实在太累了，就想靠山坐下来休息一会儿，谁知他一坐下去，就扑通一声滚进了水田里。原来他心目中的“山边”，实际是一片水田。等到同志们帮他挣扎上来，他已成了一个泥人。

队伍继续在黑夜中前进着，这对于左眼失明、右眼近视，又发着“疟疾”的曾三来讲，长征路上又将有多少困难在等待着他去征服啊！

又有一次，他走在队伍的最后，稍一停顿队伍不见了。天色漆黑，伸手不见五指，他一口气赶了二三里地，还是不见自己的队伍，怎么办？这毕竟是在白区呀，后退是不行的，不走更不行。他抬头看到前面有灯光，心想，这可能是先头部队的宿营地，就满怀希望地朝着灯光奔跑。在爬过一条水沟时，把鞋子也冲掉了，只得光着脚板拼命地向前走。好不容易进了村子，一打听，正是他们的一军团。在战士的指引下，很快就找到了第三大队。他悬着的心总算落了下来。战友们有的给他打来洗脚水，铺好床，有的送给他鞋子穿，炊事员端来两碗热腾腾的饭菜。几小时的惊恐疲乏，顿时消失了。

长征路上的嘀嗒声

1934 年 10 月 20 日，红军一、三军团在江西信丰、安远一带突破了蒋介石的第一道封锁线，曾三他们的第三大队在信丰的古陂宿营。连续的夜行军虽很疲劳，但班长袁以辉想到自己还没有全部掌握电台技术，便趁着宿营的机会，拿出蜂声器（练习收发报的教具），练习起收发报来了。

“嘀嘀嗒，嘀嘀嗒”的声音，在宿营地的上空回荡着。战士们听到这声音，立即围拢过来。

“班长，我的手痒痒，让我也来过一下瘾吧！”那个曾经把英文字母比作刺刀、地雷、手榴弹的李贻玉边说边拿过蜂声器，发出了干脆、果断的“嘀嗒”声。

刘俊英老师听到发报声也走了过来。刘俊英是被俘过来的，家里很穷，参加红军后，表现很好。他听了一会儿，就对大家说：“你们这个班的同学，数李贻玉发报最准确。”

李贻玉听了老师的表扬后，这个大大咧咧的小伙子竟不好意思地红了脸。

其他的战士，有的将蜂声器发出的“嘀嗒”声用树枝在地下记下来，有的干脆用口模仿蜂声器拍发电码，另一个就练习收听电码。

校长刘光甫和政委曾三看见这里围了一大堆人，热热闹闹的，也走过来了，见大家是在学习无线电技术，曾三就笑着表扬说：“好哇！大家在艰苦、危险的环境中还这样努力学习，在长征的路上我们还坚持办学校，这是红军的一大创举！”

不一会儿，响起了集合号，这支队伍沿着赣粤边界又继续向西行进了。

手足情

在红军中，特别是在长征的艰苦岁月里，到处都充满了同志间的阶级友爱和手足情。

每逢曾三的疟疾发作，在冷得发抖或者热得发昏的时候，爬山越岭是非常困难的。这时，组织上考虑到他的疟疾和眼病，决定让他多坐担架，如果要步行，也必须有人紧紧在后面跟随，以免发生意外。这样，不只是发疟疾的当天离不开担架，就是不生病的时候，由于他身体虚弱，也是常常用担架抬着。

有一天，是个大雨天，路滑难行，走过一段山路后，曾三从担架上侧目向山下望去，不觉吓了一跳，一边是悬崖绝壁，一边是万丈深渊，真是“一失足成千古恨”。他回过头来，看到抬担架的同志们正吃力地迈着步子，小心翼翼地抬着他向前进，这使他非常不安。他想："如果不是党，不是同志们的帮助，我将怎样呢？我能走完这次长征，看到胜利吗？"

为了报答党的恩情和同志们的帮助，每到一处，曾三总是先把部队工作和地方工作统统做妥帖了，自己才去休息；第二天也是一定要把部队的事情安排好了，才出发赶路。觉得只有这样，心里才稍许平静一点。

有一天，曾三实在走不动了，坐在路旁休息，他想到这次长征，不知道目的地在哪里，不知道还有多少山需要攀登，还有多少河需要跋涉，由于自己这样的身体，要人抬着，要人跟着，既拖累了同志，还有赶不上队伍完不成革命任务的危险，心里不免难过起来，眼泪也就掉出来了。有几个认识他的同志走过，鼓励他说："曾三同志，累了吧？快到了，慢慢地走吧。"

对同志们的鼓励，他非常感激，但是由于太累了，他还想多歇一会儿。他就用斗笠掩着脸，怕再被过路的熟人看见，让同志们担心。

过一会儿，周恩来来了。他下了马，问跟随曾三的那个战士："是谁病了吧？"

曾三一听，是周恩来的声音，就赶忙站起来回答说："周副主席，我不要紧，歇歇就走。"

周恩来说："来，骑我的马走。"

"不，不，我能走，您还要赶到宿营地指挥部队，谢谢您。"

周恩来对他的关怀，给了他无穷的力量，他立即站起来，又继续前进了。

徐特立参加长征时已是 59 岁高龄了，是长征队伍中最老的同志。组织上为了照顾他，特地给了他一匹马，还派了一个勤务员和一个饲养员。但徐老经常把马让给身边身体不好的同志骑。一次曾三看见徐老步行，就奇怪地问是怎么回事。徐老说："饲养员同志泻肚子，我照顾他一下。他还不肯骑呢！"曾三感动地说："徐老，您处处照顾别人，太辛苦了。"

在长征路上，中央领导和徐老他们处处是年轻人的榜样。正是这些榜样的力量，激励了广大的红军战士，闯过了一个又一个难关。

首长的嘱托

1934 年 12 月 1 日，红军突破了敌人的最后一道封锁线——第四道封锁线，向越城岭进军。

越城岭，土名叫“老山界”。它是西延山脉的最高峰。听当地老百姓说，老山界上下有 30 多里的路程。

向老山界进军之前，曾三对无线电训练队的战士们说：“为了工作需要，你们可能随时充实到红军各部门的电台去。”战士们听了，个个摩拳擦掌，抓紧空隙时间练习发报技术。

“嘀嘀嗒，嘀嘀嗒。”蜂声器又响起来了。正当大家紧张而又愉快地学习电台技术的时候，忽听有人喊：“周副主席来了！朱总司令来了！”

战士们一听都唰地站了起来，只见周恩来和朱德慢步走来，身穿一套褪了色的灰军装，打着绑腿，踏着草鞋，周恩来还留着很长的山羊胡子。他们看见这些十几岁的小鬼就和蔼可亲地问道：“都多大了？参军前干什么呀？走得动吗？”还鼓励他们说：“只要不怕苦，不怕累，就能克服困难。”小鬼们看见首长由于日夜操劳比长征开始时瘦了许多，真想拿出最好的东西请首长吃，可是身上只有当干粮的炒豆子，18 岁的班长袁以辉说：“首长，吃豆子。”

周恩来用手抓了几颗，品品味，然后学着江西老表的话说：“蛮香，蛮香。”

朱德也抓了几颗，关心地问：“这东西能吃饱吗？”

“能！”小鬼们都将炒豆送过去，要首长抓一把放在口袋里。

周恩来和朱德就从每个人手上抓了几颗，表示接受了大家的盛情。

周恩来还幽默地对大家开玩笑说：“嗬，每人几颗就吃饱了，再抓一把，胀坏肚皮可要劳累你们抬担架啰！”

大家听了都哈哈大笑：“行，我们抬。”

周恩来和朱德看见他们的蜂声器和地上写着的阿拉伯数字，很感兴趣。周恩来问曾三：“这些小鬼是在你们通信学校学无线电的？”

“是。”曾三回答道。

周恩来满意地笑了，他转身对朱德说：“这些小鬼利用休息时间学电台技术，真不简单呀！”

“是呀！过去的放牛娃要学这门技术也真不容易，就得有这股干劲。”朱德点头称赞，并和颜悦色地对他们说：“有这股干劲就好哇！什么技术也能攻下来。”

周恩来又接着说：“将来革命胜利了，你们要告诉后代，说红军在几十万敌人围追堵截的情况下，在敌机不断轰炸的间隙学电台技术，这可是相当宝贵的教材啊！”

临走时，周恩来还对大家说：“你们的政委对你们讲了吧，红军要发展壮大，将来每个师、每个团都要有电台，要打仗没有电台是不行的。今天你们是学员，明天就是报务员，还要当老师。”并对曾三说：“你的担子不轻呀！”

首长的鼓励和关怀，给战士们增添了无穷的力量，也使曾三感到了极大的鼓舞和欣慰。

翻越老山界

老山界就在眼前了，曾三他们上午出发，沿着山谷小路前进。天快黑了，还没有爬到山顶，同志们开始有点着急。这时，看到一个帮助先头部队带路的农民转回来了，大家急忙向他打听："还有多远？" "快翻过山了吗？"

"快到山下了。"这回答使他们感到非常惊讶，原来他们走了好半天，连老山界的"山下"还没有到呢。天渐渐黑了，几尺外就看不清路了，队伍无法继续前进。这时，前面顺序传来了命令："就地宿营。" "向后传。"

这是一片竹林，没有几块开阔的空间地。天上，没有月亮，也没有星星，黑得像锅底。火把开始点燃了，远远望去，像一条很长很长、见不到头尾的火龙在缓缓蠕动。这特有的夜色，在上海、在瑞金，曾三都没有见到过。"呵！真美呀！"曾三沉浸在夜色中。

隆冬腊月，北风凛冽。他们小组七个人，每人只有两条毯子。怎么度过这漫长的寒冬之夜呢？大家商量，七人同"床"。下面铺五六条毯子，上面盖七八条毯子，睡下后，大家挤得越紧越好，这样可以保暖。他们还商定：大家都不要仰卧，侧身朝一个方向睡，要弯腿就一致弯腿，要翻身就同时翻身。由于白天行军走了一天，又累又困，所以他们一倒下就呼呼地睡着了。睡得是那样的香，那样的甜。第二天早晨起床一看，毯子上蒙着一层薄薄的白霜。

吃过早饭，部队又出发了。"上啊！" "不要掉队啊！"大家一边走，一边相互鼓励着。

老山界高得使人发怵。他们吃力地向上爬去，每一步都和爬梯子差不多，不过好在前人走出来的"之"字路，使他们省了不少力气。

最难走的是"雷公岩"，走的是"峭壁上的路"，陡极了，几乎是 90 度的垂直石梯，只有 1 尺多宽，不论多重的伤员到了这里都要从担架上下来，只能在别人的帮助下缓慢而痛苦地往上爬。一次只能上一个人，有些是被推上去的，有些是用绳子拉上去的。曾三就是被同志们用绳子拉上去的。有的伤员用尽了所有的气力也未能爬上去，有些马夫和马一道跌下了悬崖。

"同志们，加油啊！快到山顶了。"这是啦啦队员的声音。

曾三终于胜利地到达山顶了。他舒了一口气，向山下望去，不由自主地发出了呼声：“不可逾越的老山界被我们征服了！”

夜幕降临了，队伍又继续行进。为了识路，曾三在他面前那位同志背的包袱上拴了一块白布条，全神贯注地盯着它前进。但这种方法，走走也不行了。因为天色太黑，白布也难以看清。

这怎么办呢？他看见王诤有个骡子，下山时谁也没有骑，就抓住这个骡子的尾巴走。

到达宿营地后，他找不到自己的行李，就钻到农民的一个稻草堆里，把棉衣盖在身上，躺下就睡着了。第二天一觉醒来，出了一身大汗。曾三诙谐地说：“怪不得都说稻草是红军的‘金丝被’，真不错呀！”

征服雪山

1935 年 1 月上旬，红军胜利地攻占了黔北重镇——遵义，它是贵州省第二大城市。中共中央在这里召开了中央政治局扩大会议，即著名的“遵义会议”。会议揭发和批判了第五次反“围剿”和长征以来李德、博古在军事领导上的错误，紧接着又召开了苟坝会议，确立了以毛泽东为代表的新的中央领导，成立了毛泽东、周恩来、王稼祥“三人军事指挥小组”，拨正了中国革命的航向。从此，中央红军在毛泽东亲自领导下开始了新的征途。

1935 年 6 月，红军在抢渡大渡河之后，接着就要翻越长征途中的又一座大山——夹金山。这是一座大雪山，它位居宝兴西北，海拔 4000 多米，虽已是盛夏季节，山上仍然白雪皑皑，这是座连鸟都飞不过去的魔山。

在翻越夹金山前，因反射阳光的皑皑白雪，会使人得雪盲症，领导上就一再传下话来，要大家用块布遮挡一下眼睛；爬山时更要稳步前进，山顶因氧气稀薄和寒冷不能停留，宣传员还把注意事项编成了顺口溜，教战士背诵：

夹金山，高又高，注意事项要记牢；
裹脚要用布和棕，不紧不松好好包。
到了山顶莫停留，坚持一下就胜利了。
病人走不起，帮他背东西。
大家互相想办法，一定帮他过山去。

6 月 12 日的早晨，曾三跟随着部队沿着溪边小路向山麓进发。白茫茫的大雪山就在面前。当他们进入山麓时，气温突然下降，顿觉寒气袭人。脚下的路已经冻得很硬，到达山腰，更似进入严冬。四周都是白雪，上边是雪的陡壁，下边是雪的深渊。到处银光烁眼，不能久看。上下一百里，路途艰险。中午 12 时了，他们还没有上去，只好退到山下，第二天再上。

有了第一天的经验，第二天就比较顺利了。他们沿着山路向上攀登，越往上爬，天气越冷。冷风卷着雪花，漫天飞舞。大家身上还穿着单衣，只得在头上围着毛巾，身上裹着毯子、单子，凡是能御寒的都用上了，但还是冻得浑身打哆嗦，牙齿打战，手脚几乎都麻木了。越往上走，空气也越稀薄了。许多人感到呼吸困难，开始头晕腿软，一步一喘，一步一停。但是大家有一个共同的信念，就是一定要闯过去！

然而，最困难的还是将要接近山顶的那段路程。这里空气更加稀薄，缺氧更为严重。每个人的鼻孔里都像堵上了棉花，每呼吸一次都极为困难，两条腿越走越沉，就像拖着几十斤重的东西。有时看到路边躺着被雪山夺去生命的战友，他们脸色乌黑，脸朝前方，在生命的最后一刻，他们想的仍然是“前进！前进！前进！”

“继续前进！”他们以坚强的决心，顽强的毅力，终于到达了山顶。当时虽是 6 月天气，但夹金山却下着鹅毛大雪。极目远眺，四周都是数不尽的大小山头，上面都覆盖着一层厚厚的积雪。真是“一览众山小”。大家高兴地喊着：“我们上了天，我们真正成了‘天兵天将’啦。”

曾三边走边想，思绪万千：“我们跋山涉水，不怕困难，不怕流血牺牲，与天斗，与地斗，与国民党反动派斗，不正是为了要建立一个没有压迫，没有剥削，没有尔虞我诈，就像这雪山一样洁白无瑕的新世界吗？”

想着想着，他眼前这银白的世界，一下子又变成了红的海洋，红的旗，红的花，整个天地都变成了红的。他不知不觉地放慢了脚步。

“快走啊，别停下，不然要出危险的！”一个战友的喊声，把他从遐想中拉回来。这时下达了“坐下来往下滑”的命令，因为下山反正没有路，全是一片冰，这是最好的下山方法。

曾三深深地吸了一口气，也随着队伍坐在冰上开始往下滑。不多时，他又回过头来一看，白茫茫的雪山顶已经被远远抛在后面了。

深厚的革命情谊

过草地之前，曾三住在毛儿盖，谢觉哉常来看望他。曾三认识谢觉哉是在 1925 年，当时谢觉哉在长沙湘江中学教书，并从事党的宣传工作。他当时 40 多岁，和年轻人在一起相处没有半点“长辈”的架子。曾三常到湘江中学去参加一些革命活动，因而常常见到谢觉哉、何叔衡、姜梦周、王凌波。他们讲话客气，平易近人，所以曾三与他们之间很随便，称他们为“谢胡子”“何胡子”“姜胡子”“王胡子”，不称什么“老师”。1934 年底，谢觉哉也参加了长征，与一些年纪大的老同志编在中央直属连队。

这次谢觉哉来看曾三，正巧曾三所在部队好不容易分到一头牦牛，中午正准备吃牛肉，曾三留他吃饭。司务长特意给他盛了一大碗牛肉，饭后还送了他几斤炒熟了的青稞。大家都说，这样老的同志爬过雪山，还要过草地，真不容易，我们大家都应该帮助他。

过了草地，曾三住在阿西。一天谢觉哉又来看他，并带来了一个布包，打开一看，里面是一小块牛肉。他们自过草地以来，就没有再见过荤腥了。这是哪里弄来的呢？谢觉哉笑着说，是毛主席送给他的。“毛主席瘦了，他身上的担子重呐，更需要补养补养身体啊！我不要，他却硬要送给我。”

曾三听了很激动。他想，毛主席那么忙，担子又那么重，现在得了一点牛肉，还不肯独享，还要送给别人，这是多么伟大的革命情操啊！谢老呢，已年过半百，在长征中和大家一样，不要特殊照顾，有时还把马让给有病的同志骑，几次害病，何尝不需要吃点好的呢！想到这里，曾三急忙说：“谢老，您留着自己吃吧，您身体正需要补一补啊！”

谢觉哉十分诚挚地说：“我需要补一补，可你也需要补一补啊，来，在你这里煮熟，我们分享吧！”牛肉煮好了，加上青稞面团子，撒上一点盐，的确很香。吃着吃着，曾三想起了在长征中的一个晚上，他和谢觉哉、毛泽民、吴黎平露宿在一个小山坡上。当时秋风萧瑟，冷月朦胧，谢觉哉却兴致勃勃，畅谈即将取得的胜利，对前途充满着革命的乐观主义精神。在他身上仿佛有股永远使不完的革命力量。他就像一团火，这团火一直鼓舞着曾三勇往直前。

过草地

离开毛儿盖，北行 40 里就是草地。草地，位于长江和黄河分水岭之间的高原上，海拔 3000 多米。

曾三是在 1935 年 8 月下旬跟随部队从毛儿盖出发过草地的。队伍行走得比较缓慢，沿河而上。起初，红艳艳的阳光还撒在绚丽多彩的野花上，但不久，就下起了绵绵细雨。

第一夜宿营是在一个灌木林子里。天下着大雨。曾三和他的战友们只好拿一条布毯支起来，当作帐篷，又用小刀小勺和手在四周挖几个小沟，雨水可以顺沟而下。虽然几个人只是背靠背地坐在“帐篷”下，虽然穿着被雨淋湿的衣服，但由于太困太累很快就都睡着了。

第二天，天刚蒙蒙亮，匆匆吃过饭就又继续出发了。一路上全是齐腰深或高过腰际的青草，很不好走。走了四五十里路，右边发现一片丛林，浓荫蔽天，队伍就在这茂密而高大的树林内宿营。这一夜曾三他们分到了一棵柏树做“营房”，尽管还是下着绵绵细雨，但树冠起了“屋顶”的作用。曾三和战友们各自找了个合适的地方，随即就进入了梦乡。

第三天，才开始进入草地，早晨淋了一阵大雨后，又走了十多里路，渐渐地不见了山林，地面也渐渐开阔了。这时，他们看到前面竖着一个大牌子，上面写着“分水岭”三个大字。这是杨成武先头部队竖立的。

过了分水岭就真是“草地”了。这草地，一望无际，上面开满了各种颜色的鲜花，散发着令人心旷神怡的芳香。在鲜花下面隐藏着河汊、水洼、泥潭、水沟；踩上去悠悠晃晃，就像踩在摆动着的浮桥上一样。

曾三所在的一军团因走在前面，还比较好走，他们可以沿着先头部队标出的小路走。可是，越是后面的部队走起来就越艰难。因为这小路很窄，经过成千上万的人和很多牲口踩过以后，就淹没在水下和草底，很难分辨哪里是路、哪里不是路。一掉下去，泥巴像胶一样黏，越挣扎陷得越深，陷得越快，一分钟就能把人吞噬掉。过草地比过雪山损失的人还多。

草地的天气也很坏，一会儿晴，一会儿雨，一会儿狂风怒吼，一会儿雨雪交加。曾三笑着说：“这鬼天气，就跟我发疟疾时一样。”晚上，曾三他们就坐在草地上，撑着雨伞过夜。其实这雨伞也无济于事，身上早就湿淋淋的，没有一块干的地方了。疾风刮来，寒气刺骨。

在草地上走了六天，才看到远处冒起火烟，草地也渐渐消失了，路旁又出现石头、小山，曾三看到这些，如见珍宝，高兴得不得了。因为盼望已久的“班佑”就在眼前。到了“班佑”，大家睁大眼睛一看，那儿只有一些“牛屎房子”。于是就又穿过班佑下山，走了几十里路，终于到达了阿西。

过草地后，曾三的疟疾虽然痊愈，但身体还是很弱，常常跟不上队伍。后来马又病倒了，他只好把马背上的两条毯子自己背上。有人劝他把毯子扔了，免得路上累赘。扔了，行军倒是轻松，可大西北地区，气候越来越冷，盖什么呢？他左右为难。当时叶剑英是他们的司令员。得知此事后关心地对他说：“这时候，毯子怎么能扔呢？你把一条放在我的骡子背上，另一条放在政委的马背上。”就这样走了两天。后来，曾三拾到了一头骡子，但骡子已累得饿得走不动了，曾三只好耐心地牵着骡子，走一步，歇两歇。在宿营地他向王首道说明情况，王首道就让饲养员把骡子留下，调养好了再还给曾三。就这样，曾三让这头骡子一直为他服务到陕北的瓦窑堡。

到这时，他们终于翻越了18座山，横渡了24条江河，胜利结束了这举世无双的伟大的长征。

六、飞往西安

曾三随中央红军到达陕北后，1936 年 12 月，又奉命飞往西安，接受新的任务。

古镇保安

在中国西部陕北高原上，有一条狭长崎岖的山谷，在这条山谷里，面对洛河，坐落着一个古老的城镇，这就是中华苏维埃人民共和国的临时首都，中共中央所在地——保安。

曾三所率领的红军无线电通讯学校，也住在这个古镇上。在我国唐宋时代，保安曾是抵御北方游牧民入侵的边防要塞。保安还有一座内城，为了防御国民党反动派的骚扰，红军在这里修筑了一道高大的砖墙，使得这古老的小镇更加坚固。

在保安城内外，到处都可看到醒目的大字标语：“团结抗日，枪口对外！”“打倒日本帝国主义！”“红军万岁！”

整个保安，整个西北苏区，上自中央领导，下至普通老百姓，人人都投入抗日救国之中。到处生机勃勃，到处洋溢着浓厚的抗日气氛。曾三和他的学员们也都做好了上抗日前线的准备，随时听从党的召唤。

英明的决策

1936年12月12日，张学良、杨虎城为了逼蒋抗日，发动了西安事变。张学良立即向中共中央通报，说他们扣留了蒋介石，并提出八项主张，请中共中央速派代表到西安，共商抗日救国大事。

在保安炮楼石壁上的一孔窑洞里，毛泽东办公室的灯光整夜亮着。毛泽东穿着一身普普通通的红军制服，他所佩戴着的同战士一样的红领章，在油灯的照耀下，显得更加鲜艳夺目。他刚刚看完文件，正在沉思。由于生活条件的艰苦和过度劳累，高大的身体略显消瘦，一头浓密的黑发留得很长。这时，机要科长叶子龙兴匆匆地走了进来。

“报告主席，蒋介石在西安被捉了，刘鼎同志刚发来电报。”叶子龙说完将电报递在毛泽东手里。

叶子龙，湖南浏阳人，1916年12月生，1930年8月参加工农红军。当时被称为“红小鬼”。1935年11月起，任毛泽东的机要秘书，一年后他又兼任了中央机要科科长的职务。

毛泽东仔细看着电报，浑身充满一种异乎寻常的力量。他一会儿扫视电报，一会儿锁眉凝思。

警卫员贺清华照例来给他倒水，“贺清华！张学良、杨虎城在西安把蒋介石扣起来了，赶快把这封电报送到张闻天同志那里去，请他召集所有的政治局委员开会。”

蒋介石被扣的消息，像一声春雷，打破了黑夜的寂静，惊醒了保安酣睡的人们。霎时，一排接一排的窑洞里又亮起了灯光，人们一群群、一伙伙，带着火把涌向街头。

无线电通信学校的学员们听到这大好消息，更是按捺不住心头的喜悦，一个个冲出校门，蹦啊，跳啊，喊啊，唱啊，完全沉浸在一片狂欢之中。

曾三听到这个喜讯比他的学员早，他没有参加狂欢的行列。他坐在灯下翻阅文件，时看时停，像在思索着什么。保安的住处是非常原始的，曾三和学员们一样住在简陋的窑洞里。他的屋里没有什么陈设，只有一个床板、一个极薄的铺盖和几件衣服。他的身体看上去比长征的时候好多了，虽然还有点消瘦，但却非常精神，又恢复了昔日的风度。他穿着已经有些褪色的灰色军装，扎着武装带，佩着红领章，戴着一副黑边的近视眼镜，显得更加英俊潇洒。看着看着，他把文件推到一边，站起身来在屋里来回踱步。他边走边想："党中央对西安事变将采取什么方针呢？全国抗日救国运动一定会出现一个新的高潮，在新的形势下，将会有什么新的任务等待我们去完成呢？"

第二天，在张闻天的窑洞里，召开了中央政治局常委扩大会议。会议决定，立即给张学良、杨虎城将军复电，赞扬他们的正义行动，马上派以周恩来为团长的中共代表团前往西安参加谈判。同时，决定通电全国，表明我党和平解决西安事变的立场。为了确保西安事变向有利于抗日方面发展，中共中央还命令红军主力进驻延安地区，并准备开赴关中一带，以便与张学良、杨虎城一起，粉碎亲日派的武装挑衅，以促进西安事变的圆满解决。

光荣的使命

中央代表团的成员除了有周恩来、博古、叶剑英之外，随同前去的还有邓发、李克农、李涛、罗瑞卿、曾三、童小鹏等人。

曾三接到上级通知，要他担任西安红军联络处电台台长，随同周恩来副主席前往西安工作。

曾三向有关同志交代了工作，正在准备行装时，通讯员进来报告说："曾政委，周副主席找你，请你马上到他那里去。"

"好！我马上就去。"曾三说完搁下手中整理的东西，迈出窑洞，急急忙忙地向着周恩来的住地走去。

当警卫员报告说，曾三同志来了时，周恩来正在伏案写东西。

“报告，周副主席，您找我？”曾三略带拘束地说。

“是的，曾三同志，你请坐。”周恩来和蔼地让曾三坐下。“这次中央派代表团去西安，组织上决定你担任电台台长，负责代表团与中央的无线电通信任务，这个你已经知道了。除此之外，在代表团去西安路过肤施（延安）时，你作为红军代表暂时留在肤施，与肤施县县长谈判和平解放肤施问题。这点你看有困难吗？”“没有困难，我一定完成任务！”于是，周恩来就给曾三详细分析了西安和肤施在这个问题上的态度，并且设想了几种可能遇到的情况以及对应措施。然后说：“好！曾三同志，那就回去准备吧。”

曾三回到自己的窑洞时，天上飘起了雪花。他往炭盆里又加上一些木炭，屋里暖烘烘的。曾三躺在床上，想到毛主席、党中央对解决西安事变的英明决策，想到周副主席办事的周密和干练，想到这次任务的重要，久久不能入睡。

次日凌晨，鹅毛大雪还在不停地下着，那高山，那树木，那窑洞，那田地，全都披上了一层厚厚的银装。

这时曾三突然想起了毛主席在二月间曾写过一首关于“雪”的诗词，其中好像有“北国风光，千里冰封，万里雪飘”之句，他想，“毛主席不正是在这样的高原之上，在大雪纷飞之际引起的灵感，而创作出这伟大而不朽的诗篇吗！”

于是，曾三背着行装，来到集合地点——周恩来窑洞前。这里已熙熙攘攘，挤满了人，不少人是赶来送行的。

毛泽东不顾严寒，冒着大雪，和其他几位中央领导人一起站在送行的队伍里。周恩来今天身穿一件布面皮大衣，里面穿着一身灰布棉衣，扎着武装带，缠着绑腿，脚上穿着一双黑皮鞋，显得更加英姿勃勃，容光焕发。他逐一检查随行人员的装备。

周恩来、邓发、李克农、李涛、罗瑞卿、曾三、童小鹏、龙飞虎、邱南章等，同前来送行的人一一道别（博古、叶剑英从外地直接去西安），由一支红军骑兵队担任护送任务。

起程了，周恩来紧紧握着毛泽东的手说："主席，一切都准备好了，就要出发了。主席还有什么吩咐？我们一定不辜负中央的重托，把西安事变的善后工作处理好。""恩来同志，没有什么要说的了，起程吧！"毛泽东边说边示意。

周恩来一行人牵着马往前走，毛泽东带领着送行的人们，一直把代表团送到大路口。分别时毛泽东紧紧握着周恩来的手，深情地说："大政方针就这样定了，具体情况由你们处理，好在你们早相识了。"

毛泽东是指这年的4月9日，周恩来就团结抗日的问题在肤施和张学良会谈过一次，参加会谈的只有张学良、王以哲、刘鼎、周恩来、李克农五人。会谈后两人都很满意，都非常钦佩对方，有相见恨晚之感，当时周恩来对同行的人说："谈得真好啊！想不到张学良是这样爽朗的人，是这样有决心有勇气的人，出乎意料！真出乎意料！"周恩来还让刘鼎带去一封给张学良的信，信中说："坐谈竟夜快慰平生，归语诸同志并电告前方，咸服先生肝胆照人，诚抗日大幸！"

张学良也对刘鼎说过："我很得意！会谈后，我是太满意了，比我想象中好的太多了，我结识了最好的朋友，真是一见如故！我从未见过这样的人。周先生是这样的友好，说话有情有理，给我印象很深，解决了我很多的疑难问题，我要早见他多好呀！"

"上马吧！"毛泽东接着说，"祝你们一路顺风，凯旋归来！"雪更大了，朱德喘呼呼地赶上来，把一条红毛毯放到周恩来的马上。"恩来同志，把这个带上，路上挡挡寒。"周恩来再三推辞，推辞不掉，感激地道了谢，上了马。一匹匹战马踏着崎岖不平的山路，很快在漫天风雪里拉成一条线，向着远方奔去。

毛泽东和朱德仍站在原地，一直盯着这支远去的人马渐渐消失了，他们才离去。毛泽东意味深长地对朱德说：“恩来此行，任重道远啊！”

留在肤施

延安是一座历史名城，在过去的几个世纪里，从北方来的游牧部落曾通过这里入侵中原，成吉思汗的蒙古铁骑大军也是通过这里南征西安府的。延安原为延安府，后撤销，成为肤施县城所在地。这时城内的西北军已经撤走，城里只有一些民团驻防着。

从蓝家坪到延安飞机场，如果从延安城内通过，只有三四里路程，所以当晚代表团就派张子华等人进城找肤施县县长高锦尚交涉，经交涉，高仍拒绝中共代表团进城。这样，中共代表团只好绕道而行。

清早，雪停了，但天气仍然阴沉沉的，寒风刺骨。代表团的队伍踏上了清凉山小路，向着延安的南部方向走去，这一段山路又陡又滑，人们只能牵着马徒步攀登。警卫人员担心周恩来吃不消，想搀扶着他走，但他无论如何也不让别人搀扶，一路上精力充沛，步履矫健，有说有笑，给大家很大的鼓舞。周恩来知道曾三的眼睛不好，便吩咐警卫人员去搀扶曾三。由于左眼失明，右眼近视，曾三走山路很吃力，但他受到周恩来的感染，也坚持自己走。代表团由城外西山绕到城南的杜甫川，由杜甫川到了二十里铺，又由二十里铺终于胜利地到达了延安机场。

中央代表团到达机场时，张学良派来的专机已在这里等候了两个小时。当时全国有专机的只有蒋介石和张学良两个人，飞机场上，一位穿着校官军服、风度不凡的青年军官，正向着通往延安城的路上焦急地张望着。当他看到周恩来、李克农等大队人马到来时，马上转忧为喜，立即迎上前去，他不是别人，正是张学良派来专程迎接周恩来等中共代表团的刘鼎。

刘鼎，四川南溪人。1923 年参加中国社会主义青年团，1924 年赴德国勤工俭学，经孙炳文、朱德介绍转为中国共产党党员。1926 年赴苏联深造。1929 年奉命回国。曾任中央特科二科（情报）副科长，协助陈赓同志工作。1936 年 3 月，他应张学良将军的邀请，经宋庆龄介绍从上海到达西安。1936 年 4 月 9 日，随同张学良到达肤施（延安），参加周恩来与张学良的会谈。会谈后，刘鼎被中央任命为中央驻东北军代表。对外的公开身份是东北抗日义勇军代表和张学良将军的秘书。

在临上飞机前，周恩来交代刘鼎，要他向肤施县县长说明，中共代表团去西安同蒋介石谈判国共联合共同抗日大事，他在肤施前线要负责维持和平局面。中共方面留下曾三作为红军代表，与其进行谈判，并要他保证曾三的安全。当刘鼎向高锦尚传达了周恩来的意见后，高锦尚连连点头称是。飞机在跑道上跑了几圈，才徐徐上升，向着西安方向翱翔而去。

王英、曾三望着远去的飞机频频招手，直到飞机看不见了，才转身往回走。

虎口脱险

曾三作为红军代表，与王英等一起跟着肤施县县长高锦尚进了延安城。

进城后，高锦尚邀请留下来的曾三等几个人吃饭。他说："敝县地处穷乡僻壤，欢迎曾三代表及诸位的到来，兄弟没有什么招待，晚上略备薄酒，为各位洗尘，敬请光临。"

为了表示我方对国共合作团结抗日的诚意，也为了宣传我党的抗日主张，曾三便道："谢谢高县长的诚意邀请，我们一定前去共商合作抗日事宜。"

晚饭后，高锦尚对曾三说："曾代表，听说清凉山一带有你们的游击队，红军是不是要进攻延安城？”“没有这回事，现在大敌当前，我党愿意和一切抗日的人们团结起来，枪口一致对外，至于延安城的问题，我们愿意与你们共同协商，和平解决。我想这样做，高县长不会反对吧？”曾三从容地回答说。“那是，那是！”高锦尚赶紧结束了话题。

王英回蓝家坪时，以西北军的身份对高锦尚说：“曾三是红军的代表，你要保证他的绝对安全。”“王先生，请放心。红军代表的安全由我负责，不会发生什么问题的。”高锦尚向王英保证说。

晚上，曾三被安排在延安师范学校，这是一所培养师资的中等学校，学生们大都倾向进步，赞成抗日，对红军代表曾三住到这里，进步学生们都很关注。

半夜，外边突然响起了枪声，学生们听到枪响，马上组织起来，关紧学校大门，并说：“不管发生什么事，头可断，血可流，我们一定要保护好红军代表！”

这时，曾三也做好了应变准备。

一阵枪声过后，在延安城里做地下工作的同志跑到师范学校，找到曾三。“快，曾三同志，组织上命令我们护送你去蓝家坪。”

在蓝家坪，曾三见到了红军指挥员江华。江华说：“欢迎你，曾三同志，你受惊了！”原来，肤施县县长高锦尚是一个顽固不化的死硬派，白天他伪装进步，表示愿意与红军代表合作，共商抗日救国大事；晚上却命令民团去杀害红军代表曾三。但民团与高之间有矛盾，民团里的两个中队，在延安我党地下人员的长期争取下，终于在是夜举行了起义，并占领了延安城。高锦尚及民团百余人当夜仓皇出逃。12月17日，红军部队在江华的指挥下，接管了延安城。1937年1月17日，中共中央、毛泽东主席进驻了延安。从此，延安就成了中国人民抗日的中心，成了举世闻名的革命圣地。

60 个日日夜夜

12 月 17 日早晨，江华派人送曾三去机场，同行的还有吴德峰、欧阳钦等人，他们一起乘坐专机飞往西安。

这是曾三第一次乘坐飞机，充满了好奇，他伏在飞机舷窗上，向外眺望，透过变幻无穷的云层，俯瞰辽阔的西北高原。望着祖国的山山水水，他激情满怀，思绪万千……

在西安七贤庄一号，有一家德国医师海伯特开设的牙科医院，曾三下了飞机，坐着汽车就进入了这家神秘医院。

它是医院？不，它是一座红色的堡垒，它是党的地下联络站。1936 年初，中共中央为了解决陕北红军中奇缺卫生器材和药品供应，便指示各地地下人员秘密购买各种药品和卫生器材，为了将这些分散的医药物资集中起来转送到陕北苏区，必须选择一个适当的地点和收货人。从地理位置上看，西安是最理想的接收和转运地点。但收货人呢？依靠公开的朋友不行，会使对方受到牵连和遇到敌人的破坏。最妥当的办法，是组织自己的秘密机关——开设一座医院进行掩护。几经磋商，最后确定由美国朋友史沫特莱介绍的德国朋友海伯特作为掩护人。海伯特是德国共产党党员，第二次世界大战爆发后，他被希特勒驱逐出境。后受德国共产党的派遣到中国的上海帮助我地下党工作。当他听史沫特莱讲要他为陕北苏区转运医药物资进行掩护，非常高兴，当场就满口答应下来了。于是，1936 年春夏之交，一家“德国医师海伯特牙科医院”就在西安市的七贤庄 1 号“开张营业”了。

在西安事变发生之前，由这家牙科医院做掩护，接收和运转了大批卫生器材和药品到陕北苏区；同时，还转送了一大批干部到陕北以及全国各地。为了适应工作的需要，在地下室安装了一个功率较大的电台，专门转播新华社新闻，对全国各地收听新华社的广播收听红色中国的声音起到了很大的作用。现这里转为半公开状态的“红军联络处”，由叶剑英领导。

西安古城，这时笼罩着一派战争气氛，南京政府多数人估计蒋介石没有生还的希望，局势处于一种紧张动荡之中。在这千钧一发的紧要关头，周恩来率领的中共代表团从陕北赶来了。中共中央和平解决西安事变的正确方针，犹如茫茫大海中的一座光芒四射的灯塔，照亮了人们前进的道路。

周恩来等人乘坐的飞机到达西安机场的时候，天已近黄昏了。刘鼎先安排周恩来等人在北新街七贤庄一号休息。与张学良联系好后，周恩来等一行人就进驻了张学良的官邸。

张学良的官邸，设在金家巷一号。里面有三座楼房，即东楼、中楼和西楼，由西向东并排着。东、西楼都是三层，张学良及其眷属住在西楼，东楼二层是张学良的随从参谋和秘书室十几位工作人员住着。勤杂人员则住在一层。三层平时都空闲着。这时张学良就安排周恩来等中央代表团住在东楼三层。周恩来住在东边两间相通的屋子里，一间做卧室，一间做客厅。童小鹏等工作人员住在二层。三方即张学良、杨虎城和周恩来会谈时，则在西楼的二层会议室。

中共代表团在与张学良、杨虎城以及蒋介石的谈判中，工作极为紧张，为了及时向党中央通报情况，所以西安与保安的电报往来也极为频繁。因此，曾三在七贤庄住下后，就投入了繁忙的报务工作之中。

与曾三一起在电台工作的人员有涂作潮、彭绍坤、申铭鸿、梁茂成等；译电工作由童小鹏负责，译电员有李金德、朱志良等。

为了实现毛主席的英明决策和党中央的重托，和平解决西安事变问题，曾三跟随周恩来等在西安度过了 60 多个日日夜夜，这是多么不平凡的日日夜夜啊！

1937 年 3 月，春暖花开。曾三圆满地完成了在解决西安事变问题中的通信联络任务，与周恩来一起胜利地返回延安。毛主席亲自到机场去迎接周恩来等中央代表团，欢迎光荣使者的凯旋。曾三很受鼓舞，很快他又投入了新的战斗。

七、新疆之行

1938 年春天，曾三受党中央派遣奉命去新疆工作，他在那里度过了两个春秋。

西出阳关

1938 年 2 月，在一个晴朗的上午，曾三由延安乘汽车向甘肃兰州方向驶去。乍暖还寒的延安城渐渐隐去了，曾三的心，随着汽车的颠簸也在剧烈地跳动着，在延安一幕幕波澜壮阔的生活画面，不断地在他的脑海里闪现……

汽车沿着曲折不平的公路向前行驶，终于将曾三送到了古都兰州。当时，凡由延安去新疆、去苏联，或由苏联、新疆回延安的同志，都要经过兰州八路军办事处接送和联络。曾三到兰州后，在这里等待去新疆的车辆。由于交通不便，曾三在兰州住了一个多月，才遇到一架苏联飞机由兰州去新疆哈密机场，曾三便乘坐这架飞机飞往哈密。

这是曾三第一次到祖国的西北边陲，他坐在飞机上，贴近舷窗，俯视那蜿蜒曲折的祁连山、雄伟壮观的古长城，以及那漫无天际的戈壁沙漠，不禁想起了唐朝诗人王之涣的《凉州词》：

黄河远上白云间，一片孤城万仞山；
羌笛何须怨杨柳，春风不度玉门关。

想着想着，这塞外的风光在曾三的眼前一闪而过。半天工夫，白云缭绕的天山便呈现在曾三的眼前。一片片绿洲、一条条青稞、一块块稻田，成片的果园、暗绿的树林环抱四周，若不是水塘里倒映着远方的雪山，曾三真以为是到了江南了。飞机穿过朵朵白云，在空中打了一个回旋，便降落在新疆东部重镇哈密机场上。接着，曾三又换乘汽车，向着新疆省府——迪化（今乌鲁木齐市）行进。

汽车徐徐向前，火焰山就在前面。这里虽然酷热，曾三的情绪却很高昂，很想看看这个以酷热闻名于世的大山。曾三联想到《西游记》的故事，唐僧师徒四人赴西天取经路过火焰山，孙悟空想方设法，钻进了铁扇公主的肚子里，向铁扇公主三借芭蕉扇，扇熄了火焰，才过了火焰山。中午时分，曾三乘坐的汽车驶进了火焰山的中心区。此山真是名不虚传，在本应风和日丽的 4 月间，山上热浪却滚滚扑来，头顶的赤日又肆意施虐，真是烈日炎炎似火烧。憋得人气喘吁吁，汗如雨下。但一出了火焰山地区，气温又突然下降，顿觉寒气袭人。更使曾三惊叹不已的是翻越天山。天山山脉横贯新疆中部，气势雄伟，汽车沿着悬崖陡壁，吃力地盘旋而上，爬了 3 个多小时才到达山顶。曾三站在山上极目远眺，只见天山北麓是无边的大草原，阳光下成片的羊群、牛群和马群，悠闲地在嫩绿的草地上游荡着。汽车下山后，沿途看到不少男男女女都穿着五颜六色的民族服装，头戴小花帽，姑娘们梳着很多条小辫子，操着曾三听不懂的民族语言在交谈着、劳动着。看到这些，曾三想，新疆真是个好地方。

在迪化

从延安到迪化的长途旅行快要结束了，曾三感到有些疲劳，坐在汽车上他迷迷糊糊，不知不觉便渐渐进入了睡乡。

“快到了，快到了！”

司机的喊声，把曾三从睡梦中惊醒。他慢慢地睁开了眼睛，这时太阳已经渐渐西去，他靠窗眺望着这塞外的晚景，脑子里忽然闪现出一句古人写的诗句：

夕阳一片寒塞外，
月断千里黄沙中。

汽车渐渐地驶进了迪化市区，这里道路纵横交错，在一排排的土房中间，夹杂着几栋富丽堂皇的小洋楼。这就是他们的目的地——迪化。

迪化四面环山，坐落在盆地之中，它是由黄土筑成的一个古老城堡。乌鲁木齐河静静地流淌着，妖魔山宛如一匹骆驼，倚河而卧，红山嘴像一只栖息的大鹏，引颈昂首，守卫着这座边城。

迪化，给曾三的印象是陈旧、荒凉，比不上他湖南老家的一个小县城繁华。城内外死气沉沉，虽然是春末夏初的季节，仍是寒风刺骨，没有一点春的气息，这座塞外边城还沉浸在漫长的冬季里。

这时天色已经慢慢地黑了下来，街上没有路灯，道路更显得狭窄不平，商号和手工作坊也陆续上了门板，只有卖烤羊肉、卖醪糟和馄饨等小吃的，点着一盏盏的小马灯，开始了夜市的生意。

汽车徐徐向前驶去，到了南梁大街路东一幢两层楼的门前停下了，这里是八路军驻新疆办事处。办事处主任是邓发，化名方林，30 出头，年纪虽轻，却很稳重、老练、精明。说话带着浓重的广东口音，态度和蔼可亲，他给曾三详细地介绍了新疆的情况。

“我的工作怎么安排呢？”曾三想马上投入新的工作中去。

“你这一路够辛苦的，先休息几天吧，看看迪化的风光，工作问题以后再谈。”

新疆的土皇帝是盛世才，他原是一个失意的纨绔子弟，曾留学日本，后来加入东北军，受到张作霖部属郭松龄的赏识，再次被派到日本陆军大学深造。回国后未受到蒋介石的重用。盛世才到新疆后，由于与新疆地方派有矛盾，而土地又与苏联接壤，为了得到苏联的帮助和支持，便倾向于苏联，取得了在新疆的统治地位。所以，这时的盛世才对我党态度友好，并愿意与我党建立统一战线。在建立统一战线初期，盛世才对我党派到新疆工作的人员是欢迎和尊重的。在邓发任办事处主任期间曾委任许多共产党人以要职，如毛泽民（化名周彬）被任命为财政厅厅长，黄火青任新疆民众反帝联合会秘书长等。根据盛世才的请求，邓发建议党中央从延安选调了林基路等大批共产党员，分期分批来新疆工作。从 1938 年春天开始，先后到达新疆工作的有 130 多人，分布在天山南北。但盛世才毕竟是一个军阀和反革命两面派，到 1939 年，他对苏联和我党的态度开始发生变化，特别是在蒋介石发动第二次和准备发动第三次反共高潮之间，盛世才经过权衡之后，终于又投靠了蒋介石，于 1942 年大批逮捕、屠杀共产党人，毛泽民、陈潭秋、林基路就是在这时（1943 年）壮烈牺牲的。

新兵营

过了几天，曾三就被分配到新兵营去做政治工作。

新兵营原来驻在迪化市区的一个有围墙的大院子内，里边有两排白色的厂房，尚未安装机器。由于场地太小，后来才搬到迪化市东门外这个新址。

新兵营的营区比较大，这里有四五个相邻的院子，还有一个进行操练的大操场，很适宜新兵营的训练和管理。

新兵营的指战员，是由红军西路军组成的。1936 年 10 月，红四方面军的五军团、九军团和三十军，在长征途中抽调出两万多人组成了西路军。从靖远虎口越过黄河，向新疆方向西进。当部队行进到河西走廊时，遇到了国民党和马步芳、马步青部队的夹击，大部分同志在战场上壮烈牺牲了，部分同志被俘虏或失散，突围出来的只有四百多人。1937 年春天，党中央得知这一情况后，就指示在苏联的陈云（化名史平）、滕代远（化名李广）等同志以中共党员代表的身份到新疆，与盛世才商谈有关建立统一战线以及迎接中国工农红军西路军由甘肃进入新疆事宜。经过双方协商，最后达成了协议。1937 年 4 月底，盛世才同意西路军 400 多人进入新疆，并于同年 9 月底同意我党在迪化建立八路军驻新疆办事处。

1937 年 5 月底，陈云、滕代远、冯铉（化名小李）等同志，带领由盛才的汽车兵驾驶的几十辆苏式大卡车，到新疆西南部的星峡，专程迎接西路军到新疆迪化。到迪化后，为了保密，陈云决定将西路军这批工农红军对外称“新兵营”。由陈云倡议，经党中央同意，就以这 400 多人为基础，从理论到技术武装这支队伍。新兵营 80% 以上是年轻的中下级干部，经陈云、滕代远、李先念、李卓然研究后决定整编为 4 个建制大队，每个大队下设 3 个排，每个排设 3 个班，每个班 10 人左右。上设总队部，实行统一领导，由于这支部队中干部比较多，整编 4 个大队后，还多出 60 多个连营团干部，陈云决定将这些干部集中在一起，组成一个干部团，直属总队部领导。另外，还有几十名军师职干部，暂留在总队学习和休养，并等候中央的安排。

整编后的总队长是杨秀昆，后由饶子健接任；总政委是刘庆南，后由姚运良接任。总队部在党中央代表直接领导下工作。这些干部根据需要，有的学政治、学文化，有的学报务、学医务，有的当炮兵，有的当装甲兵，有的当汽车兵。1938 年 5 月，从延安调来了 20 名干部，又从新兵营选调 25 名干部，组成了航空队，学习开飞机，开创了我党的空军事业。

曾三在新兵营任政治处副主任，并兼任党委宣传委员。除了搞政治工作以外，还负责给指战员们上政治课。

新兵营设有文化教员、外语教员，吉合、冯铉、苏井观、孔原等都参加了教学工作。

从此，在迪化市东门外出现了一所全由红军指战员组成的“新兵营”，新兵营以其严明的纪律、良好的风尚和整齐的操练，与穿同样军装的盛世才的军队形成了鲜明的对照，深得群众的好评。

为了加强政治工作，活跃新兵营的生活，曾三还倡议新兵营大唱红军歌曲。

工农兵联合起来向前进，万众一心。
工农兵联合起来向前进，杀尽敌人……

这歌声，不仅鼓舞了新兵营的全体指战员的革命斗志，也唤起了周围群众的爱国热情。

野营训练

1939 年 5 月，陈潭秋奉命从莫斯科回国，途经新疆迪化，准备由此返回延安。7 月，党中央来电指示陈潭秋（化名徐杰）留在新疆，接替邓发的工作，任中央驻新疆代表和八路军驻新疆办事处负责人。

曾三认识陈潭秋，是在陈潭秋刚到迪化不久，当陈潭秋知道曾三是从延安来的干部后，便主动找曾三了解延安的情况。曾三对刚从苏联回来的这位领导干部也很敬重。陈潭秋中等身材，圆脸，浓眉大眼，左耳留有伤痕，面部总带着微笑，说起话来和和气气。

在陈潭秋接任以前，邓发为全面检查和考核新兵营学员的学习成绩，提高战斗力，准备组织全体指战员进行一次野营训练。陈潭秋对邓发的这种想法非常赞成，于是就由他们俩共同组织和领导这次野营活动。

为了搞好这次野营训练，事先邓发、陈潭秋与总队长饶子健、参谋长苏进和政治处副主任曾三一起，做了充分准备和严密部署。一切准备工作就绪，饶子健、苏进和曾三等人，陪同邓发、陈潭秋从新兵营驻地出发，经过水磨沟、定宁渠、鲤鱼山到八家户野营地，实地进行勘察，了解行军路线，以及沿途社会情况和自然情况。

过了几天，天刚蒙蒙亮。新兵营的集合号响了，全体指战员迈着整齐的步伐，向着野营地八家户挺进。指战员们个个精神抖擞，斗志昂扬。在行军途中，曾三作为政治处副主任，时时不忘自己的职责，不时向大家作鼓动宣传，鼓励大家要发扬红军不怕苦不怕死的精神，胜利到达目的地。在他的鼓励下，有些女同志脚打了泡，怎么说也不肯坐车，坚持走路；整个队伍没有一个掉队的，也没有一个叫苦叫累的。新兵营指战员在和平环境中学习和生活了好几年，这次无疑是一次很重要的锻炼。

这次野营训练，要求是严格的。野营地设在八家户，旁边有一条河，他们的帐篷就搭在草滩上。帐篷内外极为整齐、清洁。帐篷全部是白色的，分两行排列，中间修了一条宽阔的大路；在帐篷区外边，还修了一个大操场，作为练兵之用。每天早上，当东方刚刚发白的时候，新兵营的指战员们就起床了，吃过早饭后，就整齐地站在大路上，向徐徐升起的红旗敬礼，新的一天野营训练生活又开始了。

在野营训练中，曾三和邓发、陈潭秋、苏进等领导干部一样，是极为繁忙的。他给大家讲红军的优良传统，讲长征的故事，讲党史，并与大家同吃同住同训练。他的政治宣传工作及自身的模范作用，对大家的教育很大。

为了提高新兵营指战员的军事素质，这次野营训练中，还与盛世才的骑兵、炮兵和各种机械化兵种进行了联合军事演习。苏联的军事顾问也参与指挥。新兵营各大队都参加了。

天刚破晓，军事演习开始了，新兵营的指战员们一路急行军，走了 120 里路，途中打了一次有假设“敌人”的遭遇战。演习中，手榴弹是假的，子弹是木制的，“敌人”也是假的，但双方都打得很激烈，在攻山“战斗”中，个个奋勇顽强，很快把“敌人”打下去了，占领了山头。通过这次演习，提高了新兵营全体人员的军事素质，增强了战斗力。

演习结束了，大家高唱着革命歌曲回到了宿营地，这时已是晚上10点多钟了。

又见到了周恩来

1939年9月，周恩来由于摔伤了右臂，需要从延安去苏联治疗。同行的还有邓颖超、王稼祥、陈昌浩、孙维世和警卫人员刘九洲等人。经过迪化时，周恩来、邓颖超等下飞机到新兵营的野营驻地看望了大家。

曾三和新兵营的全体指战员集合在宿营地的操场上，等待着中央首长的到来。

过了约半个小时，两辆黑色小轿车从宿营地的南边向操场驶来。大家顿时欢腾起来。陈潭秋先从汽车里出来，接着是穿着中山服装，右胳膊用夹板托着，在警卫人员搀扶下下车的周恩来。曾三一眼就认出来，于是他一边鼓掌，一边向周恩来走去。

"周副主席，您好！"曾三激动地说。

"好，您好！曾三同志，我们在这里又见面了。"周恩来微笑着回答。

接着，邓颖超、孙维世等也陆续下了车。这时整个操场上响起了掌声。周恩来不住地挥动着左手，向大家致意。

周恩来向新兵营的全体指战员简单地讲了国内外政治、经济、军事形势，介绍了陕甘宁边区军民的工作、生产和抗日情况。最后他说，你们是西路军留下的种子，我代表党中央向大家问好，希望大家努力学习，掌握军事科学技术，为抗战学好本领，一旦党中央一声令下，你们就奔赴前线。

周恩来的讲话，大家感到非常亲切，给了新兵营的指导员很大的鼓舞，也给曾三进一步做好新兵营的政治思想工作指明了方向。到9月底，两个多月的野营训练结束了，带着政治、军事双丰收的果实，他们胜利地返回了驻地。

告别新疆

1939年12月，由于全国形势的变化和抗战的需要，党中央决定西路军总队撤回延安。陈潭秋经过充分考虑和有关人员商讨后，决定除航空队学员等部分人留下外，其余300多人集体撤回延安，并对撤退工作进行了严密的组织和准备。

1940年1月初，朱德总司令打电报给新疆办事处，调曾三到西安去做情报工作。1月11日，曾三随同撤回延安的西路军总队一起，经兰州去西安。为路上安全起见，在每辆汽车上配备了自己的司机，并配备了一定数量的武器，曾三和沈义及西路军的指战员们告别新疆，准备出发。陈潭秋怀着依依不舍的心情，一一握手告别，并随车相送。送了一程，又改乘小汽车送，一直送了30多公里。

革命伴侣

曾三在新疆西路军总队工作期间，认识了干部队支部的青年委员沈义。她二十四五岁，广东丰顺人，早在20世纪20年代末，她就参加了党的革命斗争。1932年她奉命到上海党中央机关做党内交通工作，以后又在江苏省委做党内交通工作。1934年底，她离开上海，调到哈尔滨满洲省委做党内交通及文件保管工作。由于她吃苦耐劳、不怕牺牲和对党忠心耿耿，很快适应了上海、哈尔滨的地下工作这一特殊社会环境，并克服了工作上和生活上的各种困难，在极其复杂的情况下，完成了党的任务，从没有出过问题。1935 年组织上派她到苏联学习。从此，她结束了从事三年的党内交通工作，来到列宁的故乡，开始了新的战斗生活。

在苏联，沈义被分在列宁学院学习。由于她当时不懂俄语，学习中困难很多，但是她顽强不屈，经过不懈的努力，终于克服了种种障碍，取得了较好的成绩。1938 年 7 月，党组织决定调她回国，到新疆新兵营。她到新疆后，编在干部队；一边做支部宣传工作，一边参加学习。由于共同的工作，共同的革命使命，共同的经历（30 年代初都做过党的地下工作），使曾三和沈义两人走到了一起，并结成了革命伴侣。

他们的婚礼，是在兰州八路军办事处举行的，那是他们从新疆到达兰州几天后，由办事处主任伍修权等同志操办的。新房就设在办事处所在地孝友街 32 号院内的一座小楼内。沈义拿出她仅有的 5 元钱，办了一桌酒席，和办事处的同志们一起热闹了一番，婚礼就这样简简单单地办完了。

婚后，这对革命伴侣便一起奔赴西安去接受新的任务。

八、在延安的日子里

1940 年 3 月，曾三在兰州与沈义结为伉俪后，便双双奉命去西安做党的情报工作。半年多以后，又一起奉命调回延安。

重返延安

1940 年 11 月，曾三和沈义一踏进延安，就感到延安和西安虽然相距不远，却是两个不同的世界。这时，延安虽临近隆冬，但在曾三的心里，一切都像美好的春天一样，到处生机盎然、欣欣向荣，真是“风景这边独好”。

一天，曾三和沈义站在山坡上，只见万里无云，阳光灿烂。远看那扇子形的凤凰山，仿佛一只金色的凤凰，展开了双翅，跃跃欲飞；延河水轻轻地流向黄河的支流，不时奏出潺潺的音乐；雄伟的宝塔山也显得格外壮丽辉煌。这一切，都好像是在特地欢迎着他们。

曾三向沈义指点着延安的山山水水，讲述着延安的种种变迁。

远处，传来一群学生欢唱的《延安颂》，高亢委婉的歌声，使曾三心潮波涌。

参加整风和大生产运动

整风和生产，是全党全军的两大中心任务。曾三这时担任中央社会部二室副主任兼政治处主任，作为领导干部，作为政治工作者，他积极投入这两项工作之中。

全党的整风运动，是从 1942 年 2 月开始的。2 月 1 日，毛泽东在中央党校开学典礼上作了《整顿党的作风》的报告，2 月 8 日，毛泽东又在延安干部会上作了《反对党八股》的报告，从此，轰轰烈烈的整风运动就在全党逐步展开了。曾三亲自聆听了毛泽东的这两次报告，并在机关召开了整风运动动员大会，他向到会干部认真传达了党中央关于整风运动的精神，并按照中央的部署，在机关开始了整风运动。

1944 年 5 月 20 日下午，曾三接到通知，要他到中央党校礼堂去听毛泽东的报告。曾三坐在前排的凳子上，看到主席台上有毛泽东、朱德、刘少奇、周恩来、张闻天、陈云、林伯渠……

会议开始了，毛泽东走到讲台前，满面春光，他环视了一下会场，便开始讲话。他讲到党的历史，讲到党内曾出现的几次大的错误。曾三边听，边迅速地做着笔记。整个会场极为肃静，甚至连咳嗽声也听不到，大家都在聚精会神地听着、记着，唯恐遗漏了什么。

通过整风运动，提高了全党的马列主义理论水平，全党达到空前的团结和统一，为夺取抗日战争和民主革命的胜利奠定了思想基础。

在延安整风运动的同时，为粉碎敌人对延安的经济封锁，毛泽东提出了“自己动手，丰衣足食”的伟大号召。从而，伟大的生产自给运动轰轰烈烈地开展起来了。曾三也参加了开荒生产和纺线活动，在他的带领下，机关的生产运动很快就开展起来。不仅蔬菜自给，增加了油盐肉类等副食品，连粮食也大部分做到了自给。

曾三在总结机关生产运动时说：“机关开展大生产运动，不仅使干部改造了思想，也锻炼了身体，提高了机关工作效率。”

当选为七大代表

1945 年，是我党历史上极其重要的一年。这时，曾三已调到中央机要科担任协理员，被选为中共七大代表。

4 月的一天下午，通讯员给曾三送来一份文件，打开一看，“政治报告（初稿）”几个大字闪现在他的眼前，虽是油印，也极为清晰美观。这份文件，就是毛泽东准备在党的第七次全国代表大会上作的政治报告——《论联合政府》初稿，事先发给代表们征求意见。

曾三打开文件，专心地阅读着。政治报告的一字一句，紧扣着他的心弦。他越看越带劲，越看越入神，恨不能一下子把文件中的字字句句全部印在脑子里。读到末尾，他竟激动得眼里闪着泪花，情不自禁地朗读起来：

“一个新民主主义的中国不久就要诞生了，让我们迎接这个伟大的日子吧！”

文件像万道霞光，照亮了中国革命继续前进的道路，也为曾三指引了继续前进的方向。

1945 年 4 月 23 日下午，庄严的时刻到了。曾三穿着一身洗得干干净净的制服，精神抖擞地走进党的七大会场——杨家岭中央大礼堂。

中央大礼堂，曾三来过不少次，在这里听过不少报告，看过不少演出。但心情从来没有像今天这样激动。是啊！作为党的全国代表大会代表，他怎能不激动呢！会场两侧墙壁上贴着“坚持真理”“修正错误”等大字标语。按号就座后，曾三向主席台上望去，看见悬挂着两面鲜红的党旗，毛主席像就在红旗的正中间。最使曾三注目的是，在主席台上端挂着的横幅：“在毛泽东的旗帜下胜利前进！”

下午 5 时，大会秘书长任弼时庄重地宣布：“现在开会，全体代表起立，唱《国际歌》。”

在雄壮的国际歌声中，党的第七次全国代表大会拉开了帷幕。

任弼时说，我们党经过了无数艰难困苦的斗争，取得了很大的胜利，党的主张获得了中国广大人民的拥护……

接着，毛泽东致开幕词。毛泽东略略环视了一下会场，就用他那浓重的湖南口音讲道：“同志们！中国共产党第七次全国代表大会今天开幕了。我们这个大会有什么重要的意义呢？我们应该讲，我们这次大会是关系全中国四亿五千万人民命运的一次大会……”

曾三听着熟悉的乡音，听着这铿锵有力的语言和精辟透彻的论述，深深地被打动了。他觉得毛主席讲得太好了，太重要了。

毛泽东致开幕词之后，朱德、刘少奇、周恩来、林伯渠和日本共产党领袖冈野进相继发言。最后，开幕式在《国际歌》声中胜利结束。

上书七大

在一个天空布满繁星的夜晚，在曾三办公的窑洞里，一盏油灯散发着柔和的光亮，曾三和李质忠正在认真地交换学习政治报告的体会。

李质忠当时是中央机要科科长，他很年轻，比曾三小十几岁，和曾三都是七大代表。

曾三提出：“大会号召大家团结一致，争取胜利。那么应该如何加强机要干部队伍的建设呢？”

“这的确是个很重要的问题，在延安有一些从事技术性工作的干部不安心工作。你是政治干部，对这种情况也是了解的，你认为产生这种现象的原因在什么地方呢？”李质忠反问。

“不知道我说的对不对啊，这里有主观原因，也有客观原因。主观原因就是干部本人在思想认识上的问题，客观原因则是我们在干部政策上的问题。”曾三说。

“我同意你的看法，对干部本人的思想认识问题可以加强政治思想工作，进行为革命事业献身的共产主义教育。对干部政策上的问题，你看应该怎么办呢？”李质忠说。

“这个问题，老靠我们是无能为力的，只有报告中央，请中央考虑。现在正在开七大，我们可以向大会主席团提出我们的意见和建议，请中央研究一下。”曾三说。

“这是个好办法，你就写吧。”李质忠说。

李质忠走后，曾三给油灯添了点油，拨了拨灯芯，就坐在桌前，开始给大会写书面报告：

主席团：

在毛主席的报告中，提到了几个干部问题，我觉得很好，今天我们就几个技术性部门的干部的问题，提供一点意见，请参考。

据我所知，带技术性各部门的干部都相当普遍的存在着不安心工作的现象，机要部门如此（三局很多干部对我说），参谋人员、医务人员亦如此，总务人员以前更是特别厉害。近两年我很少接近这些同志，在大生产运动开展之后，似乎好了一点。就机要部门来说，不安心的原因：（一）感觉现在岗位单纯，无前途；（二）感觉用脑力太多，身体太吃亏；（三）感到政治、党务、军事工作“发展快”“有地位”。这些基本上是反映了半封建中国社会的“升官”观念，而没有建立起革命的事业心；不以精通事业为荣，而以“升级”为荣。组织部及党校办事、兵部事务部门办事，保健工作者办事，又都要问什么“级”，客观上亦促进他们这种观点：“我本来愿意埋头苦干，但党内存在等级地位思想，这又如何怪我？”要求改行（如不打死，总可以弄个营级团级）的理由就更“充分”了。过去，从生活上照顾这些同志比较多一点，但现在这种照顾既不多，也起不了什么作用，因为不能解决长期的问题。我们去年进行模范工作者运动，今年抓紧学习（中机及晋察冀机要科都这样做了），这种不安心现象已稍见减少，但还没有最后解决问题，在部分同志中还是一触即发或准备乘机爆发。

写到这里，天空已露出了曙光，曾三停了停，站起身来，在窑洞内来回踱步，接着又坐下来继续往下写：

不安心现象既如此普遍，我觉得在党的干部政策上对此应加以考虑。如只拿“党员应该服从组织分配”这一条原则办事，是不能彻底解决问题的。中国革命的长期性，使我们要有长期性的干部政策。究竟如何解决，我不可能提出完全的或成熟的意见，只就个人所感到的，提出几点，请参考：“一、要在全党提倡革命的‘事业精神’，每个党员应以精通一门职业为荣（不是说过去没有提倡，而是说要更多的经常的在全党提倡），继续开展模运，是一个办法。二、从干部求知与政治利益出发（与革命利益统一的），保证在职的技术性干部有更多的学习机会，加紧文化与业务学习，使他们不断提高，脱离简单的技术观点，使技术工作科学化政治化。三、要号召全党从政治上注意帮助各种技术干部，多给以政治学习的机会，但不要使他们脱离群众，也不要在物质生活上过于特别的照顾。四、‘级’的问题，可以考虑。如一般的等级必须存在，最好由中组部拟定一个适用于非党务、政治、军事干部各样带技术性部门的等级标准，以便在规定政治待遇（如入党校）或物质待遇（如保健）时应用之。五、在加强以上工作的同时，我觉得‘不准改行’的规定可以变动，事实上在规定不准改行时也不能绝对执行。可以改行，不能强调改行，不是允许随便改行，但不强调‘不准改行’，就可使一些‘事业精神’还不够的同志免去‘做到胡子白’的顾虑，更好教育、更好争取他们长期干下去。”

这些意见，是否有当，请裁夺，此致布礼！

1945 年 5 月 7 日

书面报告呈上去两天以后，5 月 9 日大会安排了李质忠作《关于在新形势下如何做好机要通信工作》的发言。

看到机要工作受到中央高度重视，曾三笑了。

胜利狂欢中的延安

1945年6月11日，党的第七次全国代表大会胜利闭幕。一进8月，世界的时钟和中国的时钟都仿佛加快了运转，历史的进程在加速。

8月8日，苏联政府对日宣战。苏联百万红军，从东西两个方向，沿着3000多公里的战线，进入中国东北和朝鲜，迅速击溃了日本关东军。

8月10日，日本政府被迫发出乞降照会，当日午夜，朱德总司令签署了延安总部的第一号命令，限令敌伪向八路军、新四军投降；命令我军应即进占所有城镇交通要道，实行军事管控。

8月11日，延安总部又相继发出第二号至第七号命令，命令各解放军，向东北及察哈尔、绥远等省挺进。

8月13日，毛泽东在延安干部会上，作了《抗日战争胜利后的时局和我们的方针》的讲演：

最近几天是远东时局发生极大变动的时候。日本帝国主义投降的大势已经定了。日本投降的决定因素是苏联参战。百万红军进入中国的东北，这个力量是不可抗拒的。日本帝国主义已经不能继续打下去了。中国人民的艰苦抗战，已经取得了胜利。抗日战争当作一个历史阶段来说，已经过去了。

曾三听着听着，心潮澎湃。八年了，这八年，八路军、新四军和根据地人民，受尽了蒋介石和日本人夹击围攻的苦楚。1939年，延安的市区就曾被炸成平地。现在日本侵略者就要投降了，最后胜利即将来临，怎能不兴奋，怎能不激动呢？

8月14日，日本天皇终于宣布愿意放下武器，无条件投降。

这个消息，曾三是从电讯稿上看到的。他高兴得一字一句朗读起来：

塔斯社莫斯科14日电：美国政府经瑞士政府收到下述日本政府通牒，关于日本政府8月14日接受波茨坦宣言的各项规定及美国国务卿贝纳斯8月11日发出美英苏中四国复文，日本谨通知四强政府如下：天皇陛下已颁布关于接受波茨坦宣言各项规定条款，亦准备向日本陆海空部队发布停止作战交出武器的命令。

第三天，8月15日，日本政府正式宣布无条件投降。随后，在停泊在东京湾内的美国密苏里号主力舰上，正式举行了日军受降仪式。日本外相重光葵和参谋总长梅津美治郎垂头丧气地在投降书上签了字。

日本投降的消息传到延安，只见延河两岸，山上山下，大街小巷，鞭炮齐鸣，锣鼓喧天，到处是红旗招展，口号声此起彼落，整个延安都沸腾了。

市民和学生都涌上了街头，陕北公学院，延大和延中的学生们，也纷纷由几十里外赶到了城里参加到欢庆的行列。更引人注目的是大众剧院的演员们，高举着毛主席和朱总司令的画像，进行了化装游行。

这时曾三和沈义也双双步出窑洞，和大家一样，喊呀，笑啊，跳啊。曾三对沈义说：“这幸福，这欢乐，来之不易啊！这是用鲜血和生命换来的。”

“可不是。”沈义笑着对曾三说，“我们得珍惜它。”

这时，卖水果的小贩高兴地向游行的队伍抛出桃子、梨子。一个小贩带头抛出后，其他小贩也跟着抛。他们一边抛，一边风趣地喊道：“我的桃子、梨子不要钱。抗战胜利了，让大家吃胜利果实吧！”

“桃子？”曾三的脸上马上出现了乌云。他对沈义说：“毛主席不是说过吗？蒋介石是要下山摘桃子的，蒋介石左手拿着刀，右手也拿着刀。拿刀干什么？是要打内战的。”

沈义接着说：“我们就照着毛主席的话做，我们也拿起刀来。”“一旦内战打起来，我希望到前线去，保卫我们得来不易的胜利果实。”曾三说。

沈义依偎着曾三，既坚定又甜甜地说：“我和你一起去。”

当天夜晚，满山遍野又是火的海洋，鞭炮阵阵，锣鼓频频。整个延安人卷入了这狂欢之夜。

人们举着火把，把大地照得雪亮。口号声、锣鼓声连成一片。人群越聚越多，杜甫川一带的农民也进了城，桥儿沟鲁迅艺术学院的秧歌队也点着火把，拉着长长的队伍，由清凉山那边过来，和游行的群众会合在一起，声势浩大地向着南区滚滚流动着。

狂欢持续了三天三夜。

开始了档案工作者的生涯

9 月的延安，天高气爽。东西川的枣林和果园里姹紫嫣红，果实累累，呈现着一片丰收的景象。这是抗战胜利后延安迎来的第一个金色的秋天。

9 月下旬的一个上午，秋风习习，曾三迈着稳健的步伐，应约向中央书记处书记兼秘书长任弼时的窑洞走去。

任弼时的窑洞虽然不大，但却干净明亮。任弼时这时正坐在办公桌前批阅文件。当警卫员报告曾三到来时，他停下工作，把椅子向后移了移。

"啊，曾三同志，请坐！"

这是曾三第一次与任弼时谈话。任弼时穿一身灰布军装，脸上显露着含蓄和坚毅，加上他那浓密的黑胡子，使他终年带着特有的风采。

曾三早已知道任弼时也是湖南人，家在湘阴县塾塘乡唐家桥。父亲是一位开明的乡村教师。他 16 岁参加革命，在白色恐怖下，两次被捕入狱，出狱后，仍然在白区坚持斗争。曾三对面前这位年龄仅比自己大两岁的中央领导人，从心里感到无限的尊重和钦佩。

任弼时看到曾三坐下后，自己一边往烟斗里装烟，一边对曾三说：

“曾三同志，今天找你来，主要是谈谈你的工作问题。”

曾三想：“难道真的是让我去内战的前线，这太好了。”曾三边想，边等着任弼时的下文。

任弼时稍微停了停笑着说道：“现在抗战胜利了，我们党需要派大批干部到东北去，到全国各地去。”曾三听到这里，脑海里闪出“真的要派我去”。任弼时接着说：“石磊（曹瑛）同志由于工作需要，也要调到别处去工作。现在中央决定由你接任中央秘书处处长的职务。秘书处是一个很重要的工作，是直接为毛主席、为党中央服务的。这一点你是清楚的。秘书处的科长、室主任，大多数是参加革命一二十年的老同志。像交通科科长王凯，他是从东方大学学习回来的，是老交通。另外，王仲珊、周昆玉也都是参加革命时间比较长的老同志，只有裴桐是从北京来的青年学生。”任弼时吸了一口烟后又接着说：“曾三同志，你长期从事党的无线电工作和政治工作，我们认为你是最合适的人选。相信你是能够胜任这一工作的。”

任弼时说到这里，打量了曾三一下，随后又以商量的口气说道：“你有什么意见？”曾三听完任弼时的话，知道不是去盼望已久的前线，而是去挑一副很重的担子，这是组织对自己的信任，作为一个共产党员，应该无条件地服从组织的决定。他仰了仰头，扶了一下眼镜，望着任弼时回答说：“我服从组织决定，但由于自己水平有限，困难是不少的，我一定努力克服困难，把这项工作做好，决不辜负中央的希望。”

任弼时接着说道：“好，如果你没有什么意见，我们就这样定下来了，以后工作上有什么困难，可以提出来，我们尽量帮助你解决。”

谈话结束了，曾三起身向任弼时告别，任弼时紧紧握着曾三的手，握得那样有力。曾三感到这是党中央对他的信任和鼓舞，使他对未来的工作充满了信心。

九、中央档案大转移

1947 年 3 月，在党中央的统一部署下，曾三奉命率领档案人员护送中央文件档案撤离延安，开始了中央档案的大转移。

中央对档案转移的英明决策

1946 年 6 月，国民党反动派撕毁了停战协定，集结重兵大举进攻解放区，挑起了全面内战。我解放区军民在党中央和毛泽东同志的正确领导下，奋起反击，取得了节节胜利。蒋介石在被我歼灭了三十个旅之后，为了挽救颓势，将过去对解放区的全面进攻，改为对陕北、山东的重点进攻。蒋介石调集了胡宗南、阎锡山、马鸿逵等部二十五万兵力，向陕甘宁边区进攻，并以八万人的兵力直驱延安地区，企图一举歼灭我只有几万人的边区部队，摧毁我们“中央首脑机关”。在这严峻的时刻，党中央和中央军委断然决定采取“诱敌深入根据地，集中优势兵力，歼灭敌人”的战略方针，并准备撤离延安。

党中央自 1937 年 1 月进入延安以后，十几年来，形成和积累了大量的珍贵文件档案，是我党成立以来积累和保存档案最多的一个时期。在这个时候，要疏散和转移档案材料，保证档案材料的安全，是一件重要而艰难的工作。对这个工作，应从哪里着手呢？曾三陷入了沉思……

“要疏散，先集中。”曾三和材料科科长裴桐经过深思熟虑之后，终于提出了这个转移档案的重要措施。这个构思，是他们在深入学习和研究了中央对疏散档案材料的指示后，逐步形成的。

早在 1946 年 3 月 17 日，党中央在《关于清理党的秘密文件及处理办法给郑位三、李先念、梁广的指示》中曾经指出：环境比较困难险恶时，各地可以将各种秘密文件凡不需要保存者加以焚毁，以免遗失。“万一必须保存应当妥善保管”。但有些地区和机关，只注意了“焚毁”，而忽略了“妥善保管”这一重要方面，以致烧了一些不应该烧的档案材料，使工作受到了一定的损失。针对这一情况，1946 年 10 月中央机关准备疏散档案材料时，毛泽东作了如下指示：“疏散工作不要惊慌失措，档案材料的片纸只字不要落入敌人之手。”

曾三遵照中央和毛泽东的这些指示，组织材料科和速记室的部分人员，积极开展了中央文件档案材料的集中整理工作。参加这一清理工作的有裴桐、黄英夫、谷先南、李锦文、田风起等人。他们深深懂得所整理的这些档案材料，是党的历史记录，是中国革命的见证，张张件件都和党的革命事业紧密相连。经过几个月紧张的清理工作，终于完成了简单的档案材料分类。

中央的文件档案归类后，把需要的文件档案又进行打包打捆，准备转移。面对大量的档案材料，怎样转移？这是摆在曾三面前的一大难题。

曾三召集裴桐、王凯、王仲珊、周昆玉、卫文秀等中层领导干部进行了研究，确定了“确保重点，兼顾一般，根据不同情况，采取分别对待”的方针，并以“坚壁、埋藏和运走”等几种不同形式予以处理。经中央办公厅同意后，他就和裴桐等人开始了中央档案材料的疏散和转移工作。

分批护送档案

1946年10月的延安，天高气爽，金黄色的谷穗随风飘荡，它向人们展示着又一个丰收季节来临了。

这时，虽然大规模的内战已经爆发，有些机关正在疏散，但延安仍像往常一样平静。月亮已经升起了，曾三办公室的灯光还亮着，他们正在和一个青年谈话，谈中央档案转移问题。

这个青年十八九岁，中等身材，长得有些清瘦。在带着腼腆的笑脸上，显示出少年老成。这个青年叫田风起，他先是冀中平原抗日根据地的一个儿童团长，后进入抗日军政大学学习，学习结束后，被分在中央秘书处速记室，任速记员。这次被抽来参加中央档案材料的清理工作，干得很出色。前几天西北局和陕甘宁边区政府，有一批档案材料需要送往保安坚壁起来，曾三得知后，想把中央的一些档案材料，也随同西北局的档案一起转移到保安去。保安自1933年刘志丹建立苏维埃政权以后，一直就是革命根据地，那里的群众基础好，又是山区，离延安仅100多公里，是坚壁档案的一个比较理想的地方。派谁去呢？曾三和裴桐等人经过反复研究后，决定派田风起去完成这一任务。

曾三对田风起说："今日我找你来，是向你传达组织的决定，经过领导反复研究，决定派你跟西北局的同志一起，护送一部分中央档案材料转移到保安县永宁山区的宁条梁，并委托西北局代管。这次转移的材料，主要有《六大以前》《六大以来》《两条路线》《军事文献》《抗战以来重要文献汇集》《华北座谈会参考材料》《红军长征记》等文献资料，还有陕甘宁、晋察冀边区和北方局等报送的中央文件，其中属于晋察冀边区政府的文件比较多，这是因为它是中国共产党领导下的比较早的敌后根据地之一，法规制度建立得比较早，也比较健全，比较系统。彭真当时主持那里的政法工作，有名的《双十纲领》、人民军队的二十条等文件也包括在内。这些虽然是晋察冀边区政府报中央的地方性文件，但也是极为珍贵的历史档案资料。因此，你的责任还是相当重大的。”

“这次档案疏散，你是第一批，你要尽一切努力保护好这些档案材料，在敌情十分紧急、万不得已时，可以将文件埋藏起来或者烧掉。片纸只字，不能落到敌人之手。”

说完了，曾三感到对档案材料转移的伟大意义还需要再强调一下，于是他又继续说：“我们平常讲，保卫马列主义，现在保卫党中央的文件，就是具体的保卫马列主义。”

田风起边听，边点头称是。

最后，曾三又期望，又带鼓励地说：“田风起同志，这次组织上派你一个人外出，远离机关，独立作战，任重而道远，组织上相信你有这个能力和胆量去完成这一任务，你有什么困难没有？”

“没意见，服从组织安排，保证完成任务。”田风起简短地回答说。

“好，没有什么意见，就这样定下来了，具体事情明天裴桐同志再跟你详谈。”

田风起从曾三办公室出来后，月亮已升得很高了。月光洒在大地上，好像白天一样，延河水在静静地流着，宝塔山巍然屹立，此时此刻，他更感到延安是多么美啊！他像要远行的游子一样，对革命圣地延安，产生了一种说不出来的眷恋之情。

回到宿舍后，田风起躺在床上，想到即将别离战友，别离延安，即将到来的新战斗生活……久久不能入睡。

曾三送走田风起后，没有马上去休息，他仍在考虑着档案材料的转移问题。他想田风起是能够完成档案转移任务的。但这毕竟是第一次档案材料的转移，没有经验，要搞好这一工作，还需要精心的安排，万万不可粗心大意，明天再找裴桐和有关人员研究一下。于是他又考虑起下一步的具体行动方案来……

曾三和裴桐经过几天的研究，决定由延安县政府五六名民工，8头毛驴，担负起文件档案的运输工作。西北局为护送家属小孩和档案材料，成立了一个五六十人的机关游击队，担任武装护送任务。队长是西北局总务科的科长宋炳详，也是这次转移的总负责人。为了安全起见，档案人员和机关游击队员一样，每人也都配备了枪支和手榴弹，一旦遇到敌人，可以立即投入战斗，曾三和西北局商量后，将田风起也编入西北局游击队，做一名战士，并兼任游击队的文化教员。为了应付意外情况，上级还特地给这支游击队配备了一门六〇小炮和一挺机关枪。

队伍要出发了，杨家岭秘书处材料科窑洞前来了不少送行的人。8头毛驴，每头毛驴背上驮了两个箱子，民工们也都入队牵着毛驴等待出发。

曾三和裴桐以及王凯、王仲珊、周昆玉、卫文秀等人都来为田风起送行。曾三和裴桐还把毛驴驮的箱子检查了一遍，看拴得结实不结实，磨不磨毛驴腿，等等。

临上路时，曾三握着田风起的手，再三叮嘱说："你这次护送中央档案，远离机关，责任重大，路上要多加小心，党相信你会胜利完成这一光荣使命的。"

"请领导放心，我一定好好完成任务！"

要启程了，田风起向曾三等送行的人挥手告别。

队伍出发了，这是一支长长的队伍，几十头毛驴有驮着档案箱子的，有驮着行李和小孩的，在西北局游击队的护送下，他们从杨家岭、枣园徐徐向西河口和保安方向行进着。

田风起和护送档案的民工赶着毛驴，走在队伍的后边，他边走边不断地回头，他在向同志和领导告别，向延安告别，向宝塔山告别，心中充满了依依不舍的惜别之情。从来不爱唱歌的他，不由得在心里默默诵起《延安颂》：

夕阳照耀着山头的塔影／月色照着河边的流萤／清风吹遍了坦平的原野／群山结成了坚固的围屏／啊！延安／你这庄严雄伟的古城／

到处传遍了抗战的歌声。……

队伍继续向前行进着，经过两天的行军，他们渐渐接近永宁山区的宁条梁了，这里地处深山，山峦起伏，林木茂密，地形险恶，人烟稀少。

经过三天的行军，终于到达了目的地——保安县宁条梁西北局机关农场。

这里已经给他们腾出了窑洞，中央档案材料占了一个窑洞，西北局及陕甘宁边区政府的档案文件占了两个窑洞。他们各自守护着自己所保管的档案文件。

1947 年 1 月，在战火频频之际，曾三派徐思顺前往保安宁条梁去看望田风起，并了解档案材料保管的情况。临行前曾三向徐思顺交代说："你这次去保安，任务是看望一下田风起，并了解一下那里的档案文件的保管情况。因这条路比较偏僻荒凉，又是山区，听说那一带常有土匪出没，我们有的干部曾遭受过他们的伤害。为了安全起见，给你配备一匹马和一支匣子枪，以防万一。路上要多加小心，千万不要麻痹大意。"

徐思顺是位参加过长征的干部，很有战斗经验，他现在在中央秘书处做文书处理工作。20 几岁，中等个子，双眼炯炯有神，一看就是一个身经百战的红军战士。

第二天，徐思顺通过行政秘书领取了一支匣子枪和一匹马。行政秘书告诉他，这支匣子枪可以用，但有毛病，就是打一枪，放一次子弹，但不能连着打。徐思顺就这样骑着马，挎着这支有毛病的匣子枪上路了。由于路途崎岖难走，走了一多半路程，天就渐渐黑下来了。于是他就在保安的西河口住了下来。这里是中央办公厅行政处的一个骡马店，比较安全。

第二天出发前，这里的同志告诉他，在宁条梁这条路上最近土匪活动比较频繁，要多加小心。

起程了，徐思顺由西河口出发，向着康家沟及保安宁条梁方向奔走。越走人烟越稀少，山也越高，树木林立，稍不小心就有迷路的可能。徐思顺虽然身经百战，但八九年没有打仗了，此时此刻又孤身一人，不免有些紧张。他边走边注视着四周的动静，始终处于紧张状态。经过五六个小时的驱马奔走，他终于平安地到达了目的地。

徐思顺的到来，带来了曾三等领导和同志们对田风起的问候，使田风起倍感欣慰。田风起向徐思顺汇报了档案转移和保管的情况，徐思顺又对档案材料的保管情况进行了检查，认为保管得不错。

徐思顺返回机关后，向曾三如实作了汇报。曾三对田风起的工作和徐思顺这次保安之行，非常满意。

在第一批档案材料疏散转移以后，曾三接着又派惠兆祺护送 13 箱档案材料到陕北清涧县寺家塬子坚壁起来，并委托清涧县委负责管理。这 13 箱文件，主要是党中央文件，其中有中央会议记录，毛泽东、周恩来等领导同志的手稿等，准备在军情紧急时，运往黄河以东的晋绥地区。

另外，还有六夹报纸和两箱有关政治、经济、政策、文艺、条例、丛书等档案材料，曾三派人送到瓦窑堡吴家寨子，由中央办公厅行政处代为管理。

这几部分档案材料疏散转移以后，曾三的心情轻松了许多。不久，他又投入中央重点档案的转移工作上去了。

撤离延安

1947 年，延安的初春仍然带着寒意。曾三和裴桐率领材料科的全体人员，牵着十几匹驮档案材料的毛驴，在武装部队的护送下恋恋不舍地离开了杨家岭，向山西转移。在这支队伍中，有参加过长征的黄英夫、杜思如，还有李锦文等同志，他们一边走，一边不时地回头。

看着延河的流水，再看看宝塔的身影。回想起八九年来在延安的革命生涯，不禁感慨万千。

一路上，敌机跟踪盘旋，有时炸弹就落在附近。为了确保机关人员和档案的安全，曾三决定变白天行军为夜间行军。夜间行军，要翻山越岭，稍不留神，就要跌跟头。但他们毫不畏惧，跌倒了再爬起来，继续向前行走。在这支队伍中，数曾三年龄大，他和裴桐一样，身上都背着党的最核心机密文件，这是根据中央1946年11月3日关于“一切密件，应指定专人妥善携带，不允许随便放在车子或牲口上”的指示精神，而“身体力行”的。在曾三的带领下，经过八九天的行军，来到了黄河岸边的吴堡川口，准备在这里过河东渡。为了防备国民党反动派袭击渡口，渡河前，曾三和武装部队有关人员做了精细的安排。渡河的时间，安排在翌日破晓。第二天，天刚蒙蒙亮，曾三他们就来到了渡口，上了船。

黄河在它发怒咆哮的时候也是非常凶猛的，但今天，显得格外驯服，让党的珍宝顺利地渡到了东岸。

黄河东岸，是晋绥边区的地界。经过几夜的急行军，曾三他们来到山西临县的胡公地区住下来，等待中央的命令。

1947年3月18日，胡宗南的军队逼近延安南郊。傍晚，毛泽东、周恩来等才撤离延安，抵达延川县永坪镇以南几里地的刘家渠休息，后又在子长县任家山组织了3月25日的青化砭战役。战役告捷后，中央五大书记及工作人员到了枣林沟。中央在这里召开了会议，决定中央一分为三，分为前委、工委和后委。前委，即中央，由毛泽东、周恩来、任弼时三人组成，继续留在陕北指挥全国革命战争；工委，由刘少奇、朱德、董必武组成，驻河北省平山县西柏坡，领导全国的群众运动、土地改革和建设根据地工作；后委则由叶剑英、杨尚昆负责，驻在山西临县三交镇附近，以筹划补给和联络组织撤退工作。在这新形势下，根据中央的部署，中央秘书处也分为三部分转移，王仲珊主管的文印科人员分散使用；曾三和裴桐率领材料科全体人员随后委转移到山西；周昆玉、卫文秀率速记室人员随工委转移到平山；王凯则率领交通科人员驻山西三交镇，负责后委与中央各地区的联络工作。

这次中央会议，决定精简中央机关，只留下最必要的人员随前委行动，而将大部分人送到后委所在地。留下的部分代号为三支队。任弼时任司令，陆定一任政委，到青阳岔后，为了保密，中央领导人都用化名：毛泽东化名李德胜，周恩来化名胡必成，任弼时化名史林，陆定一化名郑位。

枣林沟会议后，4月2日，中央工委书记刘少奇、朱德前往华北途经山西临县三交镇，曾三特地由临县胡公地区赶来，向刘少奇和朱德汇报了中央档案转移的情况。刘少奇和朱德听完曾三的汇报后，当即作了如下指示：

在当前战争环境下，一定要把全部档案按照重要、次要、机密和非机密分为甲乙丙三类。凡是机密文件，一份也不要落入敌人手里。现在，坚壁在清涧的文件临敌遇险，一定要派人把机密性强的文件取回。

刘少奇和朱德向曾三作了口头指示后，认为档案转移问题事关重大，于是在4月5日刘少奇和朱德又联名向中央发了一份电报，电称：

中央：

（一）曾三所管文件，除带来六箱外，其余均在陕甘宁边区，由西北局曹力如保存，在安条岭有十五箱（为《六大以来》《两条路线》等），交清涧县委书记保存，在清涧以东四十里之某地二十箱（《向导》《新青年》《红旗》及抗战初期各地报告等），已告曾三派人将清涧文件中一切带秘密性者取出外，望中央直接负责告西北局保管与处理该两批文件。

（二）现存河东文件，除曾三的文件外，有机要处二十箱（历年电报等）、中组部二十箱（干部结论及表格）、一局八箱（历年军事文件），尚存二局、中社部、城工部各有数箱。现决定除各机关本身少数文件自己负责带走不得遗失外，所有曾三、机要处、中组部、一局文件，均集中交曾三保管，并由贺龙同志负责一切安全保障之责，暂时保存在贺龙同志处，以后听中央命令转移，并已令曾三将所有文件分为三类：甲、重要而不秘密者（如《向导》《红旗》及已印刷之各种决定）；乙、秘密而不十分重要者（如某些电报及西北局财政计划等）；丙、又重要又秘密者。

上述分类，以便在必要时或埋藏或销毁，或务必带走，无论如何不得遗失。

关于上述决定，中央有何指示，望告。

朱、刘

印五日

1947年4月7日，中央复电表示完全同意朱德、刘少奇关于中央档案资料转移问题处理意见，并以任弼时的名义，电告西北局副秘书长曹力如：

前中秘曾三交你保管在安条岭之文件十五箱（主要是《两条路线》《六大以来》《军事文献》等书，其次为一部分抗战后四〇年以前各根据地文件及各种废旧印章），原交代在无法保存或转移时烧毁。在目前敌人乱窜情况下，请再检查原藏地区是否确保安全；请你们负绝对保管责任，在危急时彻底烧毁。

西北局接到这个电报后，坚决执行了中央的决定。

深入敌区抢救坚壁档案

曾三由三交镇返回胡公地区后，即召开会议，传达刘少奇、朱德有关指示。会后，曾三和裴桐反复研究，在敌军重围中，把党中央大批机密文件档案抢救出来，是一项重要而又严峻的任务。要做到万无一失，必须派勇敢机智、责任心强的干部去。派谁去好呢？最后决定派谷先南和杜思如去。谷先南当时是材料科的副科长，是一位参加工作比较早的同志，他工作精细，富有工作经验。杜思如是红小鬼出身，十几岁就参加了长征，他年富力强，勇敢机智，有一定的战斗经验。临行前，曾三和裴桐向谷先南、杜思如交代了这次行动的具体任务，是把坚壁在十家塬子的 13 箱档案分为三类进行处理：一是把重要而又机密的文件档案取回来；二是把次要而机密的文件档案就地销毁；三是把重要而不机密的材料坚壁在原处，等以后再取。最后曾三特别嘱咐他们说：

“你们这次去清涧抢救档案文件，是临危受命，任务重，环境险恶，路上要多加小心，遇到问题要大胆冷静，在清涧县委的指导和配合下，要千方百计完成这次中央交给的光荣任务。”

“请领导放心，我们一定完成任务！”谷先南和杜思如齐声回答说。

二人西渡黄河后，经过几天的奔波，找到了清涧县委，县委对这次行动非常重视，一面派人去十家塬子侦察敌情，一面抽出干部和武装民兵组成小分队，配合他们工作。

经过侦察，十家塬子村的一营敌军已出村而去。谷、杜抓住这个有利时机，带领小分队迅速到达十家塬子坚壁档案文件的地方。

这是几间长期无人居住的破旧窑洞，位于半山腰上，塬宽沟深，易于隐蔽，敌人做梦也想不到在这里会埋藏着中国共产党的重要机密档案文件。这些文件中，有毛泽东的手稿，周恩来的笔记本，党中央的文件和会议记录以及文件汇编等。这么重要的档案文件，绝不能落到敌人手中。

杜思如带领几名民兵隐蔽在最适当的地方，担任警戒，随时准备迎击敌人；谷先南则挑选档案文件，将准备带走的文件装了四箱子，还有一箱准备继续埋藏在这里。另有七箱不重要的文件材料照片，当即烧毁。他们整整忙了一个通宵。第二天破晓，村里派来两名驭手和两头毛驴，将四箱档案驮好。正整装待发之际，敌军来了，这时他们索性把要埋藏而还未埋藏的一箱文件材料也一起带走。在谷先南、杜思如的指挥下，沿着山沟向东北方向转移。由于他们熟悉地形，巧妙地躲过了敌人的视线，所以一枪未放就钻出了包围圈。经过一天一夜的急行军，终于到达了黄河边，进入晋绥革命根据地，胜利完成了从敌区抢救档案的任务。

谷先南、杜思如回来后，向曾三、裴桐作了汇报，曾三和裴桐对他们这次出色地完成任务非常满意。

1947 年 4 月 24 日，曾三就档案材料的转移和处理情况向任弼时作了详细汇报，并作了自我检查。认为有些档案材料是不应该销毁的，如某些速记稿、许多相片、《中央电讯》等都很可惜地烧毁了。所以曾三认为交地方干部保管文件的办法，很值得检讨。因为越到下面越不了解档案材料的重要性，就越难认真负责。曾三认为这些文件险遭不测与处理失当，自己应该负主要责任，并请求处分。

在兴县的日日夜夜

1947 年 4 月初，中央后方委员会决定，由延安撤退出来的中央办公厅秘书处和机要处、中央组织部材料科、总政资料组等单位，组成一个临时材料保管委员会，由曾三负责并指导档案的清理和转移工作。这些单位的 40 余名同志，共携带 92 箱档案材料向山西兴县转移。1947 年 4 月上旬，到达山西兴县曹家坡附近的刘家曲。各单位在曾三的指导下，对档案开始了整理工作。

遵照刘少奇、朱德的指示精神，中央秘书处制定了《按重要性与机密性处理文件的规定》，按照这个规定，需将全部档案材料分成甲类（最重要的机密文件）、乙类（次要的机密文件）、丙类（不重要的机密文件）、丁类（公开的重要文件）。曾三他们在工作中还感觉到，从丁类内还可分出戊类（公开的次要文件）。

根据中央指示，甲、乙两类必须由干部照管，武装护卫，丙类在军情紧急而又无法转移的情况下可以烧毁，丁类（包括后来分出的戊类）可以坚壁保存。坚壁保存起来的档案要有被敌人取去的思想准备，所以机密的档案不能采取这种手段。

正因为文件的性质不同，处理的方法也不同，所以正确地对档案材料进行分类是件非常严肃、细致的工作。曾三组织了四十多人用了将近两个月的时间才初步完成了整理任务。然后按不同类别分别作了转移处理。

为使中央及时了解档案材料及时转移、分类情况和今后打算，曾三于1947年6月11日写了《关于中秘材料工作总结》。

《总结》很有见地地提出了两个重要问题：一个是怎样分类的问题；一个是档案干部要研究档案的问题。

怎样分类？曾三写道："除绝密文件外，不分中央地方，不按地区分类，而改为按性质分为总类、党务、政权、军事、民运、国民党区（包括海外）及党内刊物（综合性的）七类；其次，再按内容按地区分纲分目，如总类又分为思想领导、战略方针、党史及（全面性的）调查研究等纲。各类分交一个同志保管，并进行整理（分纲目、分重要性与机密性）与研究。"曾三当时的这个提议很利于保持文件的历史联系。

档案干部怎样做研究工作？曾三写道："材料在分类保管后，必须好好整理，好好研究，首先要阅读文件，了解内容，分纲目登记，然后把中央的方针，各地区的决定、实际做法、群众反映与经验等加以比较研究，这样就可以得到系统的知识。同时注意收集关于同一问题的公开材料，找些书报杂志读读，帮助很大。研究材料要专门，管理甲类文件的同志不必兼攻乙类文件。如文件很多，还可以偏重于一纲一目的研究。在研究中不可求之过急，要有长期打算，日积月累，自然会有成绩。”曾三在这时已经很有远见地提出了档案干部不仅仅是保管档案，提供利用，还需要搞些研究工作。

为了慎重起见，曾三于6月21日亲自将总结送往山西临县三交镇，再由那里的机要交通送往中央。

曾三在领导中央档案的清理和转移的同时，还兼管了各地报送中央的文件刊物的接收保管和整理工作。1947年7月13日，关于各地送来文件由曾三接收等问题，任弼时给李维汉、李克农、李涛并告曾三的电报中称：

各地区送到三交镇的文件刊物，均由曾三负责接收保管，并请曾三负责组织看守材料的同志，将所收到的文件刊物中有关各种政策（土地、财经、武装等）、党的组织状况和思想动态的材料加以整理，分别写成汇报（每件需简单扼要，不要太长）送罗（李维汉）、李（李克农），除分别送有关部门参考外，请罗、李负责选出其中重要者转送此间，帮助我们了解各地区的情况。为便于管理交通业务和便利接收各地文件，王凯可住在克农处并受李指导。

在山西兴县，曾三还组织工作人员阅读文件材料，提高研究能力。1947年7月，曾三还参加了晋绥分局召开的土地会议。8月3日，曾三从晋绥分局回来后，积极筹备组织成立土改工作团，中央秘书处和中央机要处共有11人参加，连村干部共15人，搞了3个自然村。

曾三在山西兴县刘家曲住了近一年。1948年3月23日，在西北战场上解放军转入反攻的形势下，中共中央离开了陕甘宁边区向河北转移，同时命令曾三和材料保管委员会也向河北转移。这样，曾三带领材料委员会工作人员及档案材料保管又转移到河北。

从容东进西柏坡

1948 年 3 月，西北战场取得了节节胜利，敌我力量发生了根本性的变化。在这种情况下，中央留在陕北的目的已经达到。为了统一指挥全国的解放战争，夺取全国的胜利，中央决定，中央前委和中央后委都集中到中央工委所在地——河北省平山县西柏坡。

1948 年 3 月 21 日，毛泽东、周恩来、任弼时和中央机关的其他同志一起，离开了陕北高原的米脂县杨家沟，经过达吉镇、螅蜊峪，于第三天上午到达了吴堡川口的黄河渡口，由这里渡过黄河。24 日又经过碛口、塞门到达山西临县三交镇附近的双塔村。这里是中央后委所在地，一些中央机关的后勤人员和家属住在这里。毛泽东、周恩来、任弼时在这里住了两天，于 26 日由双塔村出发，经临县城、窑头、白文、康宁到达蔡家崖。这里是贺龙领导的晋绥军区司令部所在地。蔡家崖属山西兴县，晋绥分局和边区政府也都驻在这里。

毛泽东、周恩来、任弼时等中央领导同志的到来，受到了晋绥广大干部的欢迎，他们都迫切地希望能见到这些领导同志。4 月 1 日那天，毛泽东在晋绥干部会上发表了讲话。曾三也由刘家曲赶去开会。这次会议是在一个小礼堂里举行的，会场里坐满了人，曾三和其他同志一样，都聚精会神地聆听了毛主席的讲话。散会后，在回刘家曲的路上，毛泽东讲话的声音仍在曾三耳边回旋：

“无产阶级领导的，人民大众的，反对帝国主义、封建主义和官僚主义的革命，这就是中国的新民主主义革命，这就是中国共产党在当前历史阶段的总路线和总政策……”

4 月 2 日，毛泽东又应晋绥日报社的邀请，去报社与编辑人员进行了谈话。4 月 4 日，毛泽东、周恩来、任弼时率领中央机关有关人员离开了蔡家崖，踏上了与中央工委会合的征途。

在中央机关离开蔡家崖后，曾三也奉命带领中央材料保管委员会的几十名干部并携带档案材料，沿着中央机关行走的路线，向着西柏坡进军了。

在队伍出发的前几天，曾三就通知各部门做好充分准备，并召开了全体人员动员大会。

在会上，曾三讲了当前的形势，传达了中央关于转移的决定，他说：

“一年来，西北战场的局面发生了根本性的变化，中央留在陕北的任务已经胜利完成。为了夺取即将到来的全国范围的胜利，毛泽东、周恩来、任弼时、陆定一等同志已向河北转移。前委和后委的一些干部和家属在杨尚昆同志的率领下，已从双塔村向西柏坡步行前进。我们这次奉命转移，是向胜利进军。到了西柏坡，中央机关就会合了。这次行军，虽然比延安撤退时条件好多了，但大部分同志还要步行，还要翻山越岭，有时还要经过游击区。

因此，大家要有敌情观念，要保护好文件，还要遵守三大纪律和八项注意。为了安全到达，路上我们要发扬革命友爱精神，团结互助，为了胜利完成这次档案文件的转移任务，做出自己的贡献。”

这次转移，是在胜利声中从容东进，队伍比由延安撤退时扩大了。在这支队伍中，不仅有中央秘书处材料科的人员，还有中央机要处、中央组织部和总政治部的人员以及一部分家属。

为了有秩序地从容地转移，曾三和许迈、裴桐、常可均、谢国宝等人研究决定：这次转移分两批走，曾三和许迈、裴桐、常可均、谢国宝等人和押送档案材料的人员先到代县，其他人员晚两天走。

曾三作了动员和部署以后，各部门都抓紧去做转移准备。档案材料经过清理和分类，由原来的 90 箱精简为 64 箱。其中，中央秘书处 25 箱，中央机要处 9 箱半，中央组织部 27 箱，总政治部两箱半。为了便于携带和运输，装档案材料的箱子，全部由木箱改为铁皮箱子。运输工具仍然是毛驴，一个毛驴驮两个箱子。

曾三带领队伍出发的这一天，天气晴朗，翻身后的农民已忙着下地春耕了。整个农村到处呈现出生机勃勃的景象。队伍集合后，曾三和裴桐等人照例检查了每一个箱子，看拴结实没有，档案箱子数量对不对，等等。一切检查无误后，曾三才下命令出发。

队伍出发了，晚走的人员和孩子以及老乡也都出来送行，并频频招手：

“代县见！”

“再见！”

大队人马徐徐前进，曾三不时回头向刘家曲望去，向老乡们招手。他有些恋恋不舍，他忘不了这里的乡亲，忘不了这里的战斗生活。

行军路上，晋绥分局派来的向导老张不时向曾三介绍沿途的情况。老张，看上去 30 岁左右，是晋北人，因为他熟悉晋北这一带的情况，所以领导特派他来给曾三一行人做向导。

这次档案材料的转移，仍然由贺龙领导下的晋绥军区担任保卫工作。行军途中，每隔五六十里地就设一个兵站，所以还是比较安全的。

行军路上，大家比较轻松活跃。有的唱山歌，有的讲故事，说说笑笑，不知不觉就走了二三十里路。在这支队伍中，最引人注意的是李锦文，他中等身材，穿戴随便，不拘小节。他是山西人，操一口家乡口音，一会儿哼起山西小调，一会儿又说起山西风情，一会儿谈起革命轶事，一会儿又讲起关向应的故事：

“关政委（因他担任过一二〇师的政委，因此，大家习惯上这样称呼他）是东北人，满族。他是我们晋绥根据地的创始人之一。他 1924 年就加入了青年团，而且当年就去苏联东方劳动大学学习。关政委非常爱好文艺，可是由于家境贫寒，没念过多少书，于是他就抓紧时间自学，如果遇上咱们这样的行军，他就一边看书，一边走路，学习、行军两不误，所以后来成为学识渊博的人。……”

李锦文曾经当过关向应的机要秘书，因而谈起关向应来，充满了无限的崇敬。

曾三听说李锦文讲关向应的故事，连忙向前赶了几步。听了一会儿，称赞说：

“讲得好，讲得好！”

李锦文听了，不好意思地说：

“讲得不好，我不过是随便说说。”

“哎，不错，不错，继续讲下去嘛，这是很好的革命传统教育。”

曾三初识李锦文，是1946年冬天。那是在关向应逝世四五个月后，李锦文被分配到中央秘书处做档案材料工作时。在曾三的鼓励下，李锦文清了清嗓子，又继续说道：

“关政委喜欢文艺，可惜他由于操劳过度，过早地离开了我们。我还记得他有这样一首诗：

月色在征尘中暗淡，
马蹄下迸裂着火星，
越河溪水，
被踏碎的月影闪着银光，
电火送着马蹄，消失在稀微的灯光中。

关政委在养病期间，经常向我们工作人员朗诵，所以至今，我仍然背得烂熟。一背这几行诗，我就想起了关政委……”

“是啊，为了人民的解放，牺牲了多少同志啊！”黄英夫带着浓重的闽南口音说了一句。接着，队伍中有人又让谷先南讲讲他和杜思如深入敌后抢救档案的故事。队伍在行进着，前面的一站是岢岚县城。老张向曾三讲述了岢岚县城的情况。

岢岚县城，地处晋西北丘陵地带的高处，在该县的正中部。县城城池高大宏伟，实属山西省之少见，岢岚县城始建于五代后汉，已有1000多年的历史了。

进城后，曾三他们被安排在县贸易公司的大院内，前几天毛泽东、周恩来、任弼时、陆定一等中央领导人东进时，也曾住在这里。这个院子很大，大家住的房间都已打扫得干干净净，每个房间里还生上了一盆炭火，红红的火苗暖烘烘的，行军带来的寒气一下子就被驱散了，冻红的双手和面颊也很快就暖和过来了。

休息了一会儿，县委的负责人来看望曾三他们，接着又陪同曾三一行去城墙观赏。这个城周围 7 华里，有东、西、南、北 4 个门，东门叫“万阳门”，西门叫“丰城门”，南门叫“文明门”，北门叫“戢门”。城上有古楼 12 座，城墙高达近 13 米。登上城墙，可以俯览全城的景色。曾三站在城墙上眺望，看到整个城镇显得非常干净利落，城市的工商业和服务业也很兴旺，街上的行人来来往往，很是热闹，在晋西北，这算得上是最繁华的城镇了。

陪同的县委负责人向曾三介绍说，相传宋朝大将杨继业镇守三关与辽作战时，曾守此城，立过帅府行。当时，城楼耸立，帅旗高悬，进出城门实为壮观。所以，当地留下一句顺口溜：“南京北京建得好，不如岢岚城门高。”

曾三带领队伍，在这里休息了一夜，第二天清晨吃过早饭，又踏上了征途。

队伍离开了岢岚县境，渐渐进入了五塞辖区，这里属晋西北黄土高原地带，气候比较寒冷。老张边走边向曾三介绍说，五塞虽然地处高寒地带，但这里生产条件比较好，素有晋西北“小乌克兰”之称。

这里的人爱唱山歌，声音高亢嘹亮。而唱的内容大多是青年男女之间的爱情，其中不少是由河曲传来的。老张的话音未落，就听到前边山坡上传来高亢有力的歌声：

正月（格）里，正月正，
正月（那）十五挂上红灯。
红灯（那个）挂在（哎）大门外，
单（那）等我五（那个）哥他上工来。
……

听着这歌声，李锦文也跟着哼了起来。他说，我们山西人就爱唱山歌，特别是晋西北一带，男女老少都爱唱，刚才唱的是河曲小调《五哥放羊》，还有《走西口》《绣荷包》也很有名。特别是《提起哥哥走西口》那个小曲，特别好听。说完李锦文情不自禁地哼了起来：

提起（了那）哥哥（呀）走西（那个）口，
止不住小妹我泪蛋蛋流。
一把（把那）拉住（那个）哥哥的手，
该叫你在（呀可）该叫走。
……

“再来一个！”队伍中不知谁喊了一声。“不唱了，不唱了！”李锦文笑着说。

队伍在这欢笑声中继续前进。不久就到了神池县城。

神池县城北依雀儿山，南邻黄花岭，西接五连山，扼守在大涧口之西。神池县城不大，城西有一水潭，出无源，去无迹，旱不涸，雨不长，鱼、藻不生，故名神池。神池县也因此得名。这个县城原来街道纵横，井然有序，构成大小不等的“井”字形。但由于日本鬼子的严重破坏，现在到处呈现着残墙断壁的荒凉景象。曾三和裴桐等人看了后，心情都非常沉重。他们在这里住了一夜，次日，就向代县方向转移了。

由神池县城去代县，要绕到东南，经过宁武，然后再向东北，经广武、雁门关，才能到达。

队伍在向导的指引下，由神池向宁武进军。宁武是个古城，居县境中心，平均海拔 1500 米左右。向导向曾三介绍说，宁武县城有一座钟鼓楼，光绪辛卯年间建，它高耸入云，雄伟壮观。可惜遭到了日军的严重破坏。曾三带着队伍进城后，看到了这座古城要塞，这里也到处是断垣残壁，弹痕累累。城里人烟稀少，空空荡荡，其荒凉程度比起神池县城来，更是有增无减。曾三他们休息片刻，便又上路了。

“雁门关到了！”“雁门关到了！”队伍里发出了喊声。

早在神池的时候，大家就知道要过雁门关，因为这个关口很有名气，人们都想亲眼看一看雁门关到底是个啥样子。队伍到雁门关后，曾三命令停止前进，让大家欣赏一下雁门关的古迹风光。向导带领曾三等人登上了雁门关的门楼。曾三举目四望，只见远处峰峦错耸，沟壑纵横。这种景象，曾三过去很少见到。裴桐看到这种奇峰削壁的气势，也不禁为之感叹。

接着，向导又指引曾三和裴桐等人俯览关外，那是一片开阔地带。向导说，这是古代经常打仗的地方，是个古战场。……

曾三接着他的话音说：

“雁门关是古代反对外来侵略者的关口要塞，传说战国时代的赵国良将李牧率兵屡胜匈奴，就在这个地方。这里不仅是古代反对侵略者的关口要塞，而且在现代战争中，也是有名的战场。比如一一五师开赴前线抗日，首战告捷，就是在距此不远的平型关。”

雁门关，又名西径关，与宁武、偏关合称为“三关”，素有“三关冲要无双地，九塞尊崇第一关”之称，为历代戍守要地。

曾三环视了古战场以后，忽然想起了唐代文学家李华的那篇著名《吊古战场文》来了。他说：

“《吊古战场文》描写了古战场鸟兽绝迹、空旷荒塞的景况，以及战争给人民带来的苦难悲凉景象。它的开头几句，我至今记得：

‘浩浩乎！平沙无垠，复不见人。河水萦带，群山纠纷……’”

“关于古代战争的频繁和当时边关兵将的枕戈待旦，抵御外来侵略者的生动景象在唐宋时代的卢照邻、李白、陆游等诗人的诗篇中，都有很生动的描写。汉代的大将军李广、卫青和霍去病，都是在雁门关立下了战功而大震威名的。李白的《塞下曲》中赞扬说：‘骏马似风飘，鸣鞭出渭桥。弯弓辞汉月，插羽破天骄。阵解星芒尽，营空海雾消。飏成画麟阁，独有霍嫖姚！’”

曾三听了老张的介绍后，赞扬说：

“你的古典文学修养不错，记性也好，真不简单。”

老张听了曾三的表扬，自谦地说：

“领导过奖了。我不过是在中学时就喜欢文学，参加革命后，有空也喜欢读点唐诗宋词，所以唐宋诗人关于描写雁门关的一些诗句还能背得出来。”

这时，裴桐看到大家兴致勃勃，怕耽误赶路，就提醒说：“曾处长，在这里停留的时间不短了，今天要赶到代县，还有几十里路呢！”

老张听后，也赶忙说：

“真的，时间不早了，我们赶快出发吧！”

由雁门关到代县，一直是下坡路，所以从很远处就望见了代县城郭。一进城，就看到了城内高大的钟鼓楼，真有“声闻于天”的气势。代县是个大城，过去称为代州，生活条件比较好。

曾三他们被安排在县委、县政府大院内。在这里，他们要等着兴县刘家曲人员来后再一起向河北转移。

代县是晋绥和晋察冀两大解放区连接的地方。到代县后，向导以及护送档案的民工都完成了他们的使命，以后的任务就交由中央运输队担任了。曾三让护送的人员在代县休息几天再回去。

过了几天，兴县刘家曲最后一批人员也来到了，这样，两支队伍又会合了。

在曾三来到代县以前，担任下段运输任务的中央运输队已提前到达这里，等待他们的到来。这次交通工具有了较大的改善，因为中央运输队既有毛驴，又有大车。在这里休息了几天以后，曾三就带领着队伍离开了代县城，沿着山区公路向着东北方向推进了。

走了一两个小时以后，进入了一条山沟，路越走越窄，好在中央运输队的同志无论是赶毛驴的，还是赶大车的，都是一些熟练驭手。所以路再窄，山再高，都能得以顺利通过。

这支特殊的队伍，经过一天的艰苦跋涉，在太阳快要落山的时候，终于顺利地到达了宿营地。这个村子比较大，是山西繁峙县所管辖的地方。这里离五台山不远，而要去河北必须翻过五台山。次日，是一个晴天，曾三他们告别了这里的乡亲，又上路了。

几十个人的队伍，加上大车和毛驴，浩浩荡荡地沿着一条高低不平的路向前走着。走了近两个小时，就开始往上爬坡，这里已经接近五台山了，他们现在正在五台山的后山，这里本来是十分陡峭的，几乎是直上直下，但自从修了盘山公路以后，毛驴和大车就可以通行了。可是路还是比较凶险，一边是山坡，一边是一眼望不到底的深渊。为了安全通过这段山路，曾三让驭手们多加小心，不要走得太快。这支队伍走过弯弯曲曲的山路，终于出了五台山。

离开五台山，过了龙泉关，又顺沟走了一段路，便进入河北境内。路越走越平了，不知不觉就到了阜平的下关村。这里的人们还不富裕，曾三在未到这里以前，就听河北籍的驭手们说过“阜平不富，平山不平”的话。他们在这里住了一夜，第二天又向着阜平的城南庄前进了。

城南庄，是晋察冀军区所在地，曾三他们到来时，毛泽东还住在这里，周恩来和任弼时等已率领中央机关的同志到达了西柏坡。曾三他们在这里休息了几天后，也带领队伍由这里出发，经小觉去西柏坡与中央机关会合。

十、在西柏坡

1948 年 5 月 8 日，曾三率领中央材料保管委员会的几十名人员，携带着大量档案材料，胜利地到达了目的地——河北省平山县西柏坡。

西柏坡和东柏坡

西柏坡，是一个只有七八十户人家的小山村。它坐落在滹沱河北岸一个马蹄形的山弯里，是一个河谷小平原。村后是重重叠叠的崇山峻岭，山上松柏苍翠，花草繁茂。村前河渠纵横，杨柳成行，好似一片江南风光。1947 年 6 月，刘少奇和朱德率领中央工委来到这里。当时的中央工委对外称“工校”，校长是胡服（刘少奇）。其中速记室部分人员跟随刘少奇和朱德先期到达，并参加了 1947 年 7 月在这里召开的土地会议。曾三带领的中央材料保管委员会护送档案任务完成了，于是，中央机要处、中央组织部、总政治部的人员都带着各自保管的档案材料回到了自己的单位。中央组织部驻在南庄，中央机要处驻在北庄，中央秘书处驻在东柏坡。而分散的原中央秘书处的文印科、交通科和速记室又都归回了中央秘书处。曾三住在东柏坡，这里距离西柏坡有三四华里，位于西柏坡的正东方。这个村子不大，只有三四十户人家，村的背后是奇峰耸拔的高山，像一座屏风挡住了西北的风沙；

村的西面和东面都是山坡，坡上长满了松树、柏树，坡下是一块块农田，每次雨后，山坡、树林都被冲洗得干干净净，连空气都格外清新。虽然经过了 20 多天的奔波，但现在来到这个幽静的环境，曾三心情无比的爽快。然而曾三是个善于思考和肯于钻研业务的人，他一天也不肯休息，刚刚安顿下来，就又构思明天的“工作蓝图”了。

中央秘书处的新蓝图

中央秘书处的各个科、室，经过一年多的分散重新会合在一起以后，随之面临着全国即将解放的大好形势。在这种形势下，中央秘书处的业务工作和组织机构应该如何设置，曾三带着这个问题召集了王凯、裴桐、王仲珊、周昆玉、卫文秀等中层领导干部进行座谈。

在会上，曾三首先谈了他的设想，曾三说：“中央秘书处是直接为毛主席和党中央领导同志服务的。怎样才能服务得好，机构的设置是个很重要的问题。机构既不能过于庞大，必需的机构又不能缺少。我初步设想一下，准备在秘书处设置以下科室：材料科、交通科、文秘科、总收发科、速记室、行政秘书处等。大家认为怎么样？每个科室的任务应该包括哪些？”

座谈中，大家各抒己见，发言非常热烈。最后，曾三根据这次座谈就中央秘书处的业务和组织问题拟定了一个草案。后又经过反复斟酌修改，于 1948 年 6 月 1 日上报给周恩来、任弼时和杨尚昆，并就这一问题又写了一封请示信，信的全文如下：

杨主任转周、任：

中秘业务，有一条管理机要秘书工作，自枣园办公处成立以后，既没有做，所以这次写业务，就索性取消了。

政治局会议记录员问题，请考虑。

在组织方面：总收发与文印，在目前条件下是分不开的，但依干部情况看，一、二月以后，似可以合并，以王仲珊同志为科长。（王为三八年到中秘之油印员，四一年即任文秘科副科长，印厂厂长，四五年任文印科长）

敬礼！

曾 三

1948 年 6 月 1 日

在将关于中央秘书处的业务与组织（草案）上报中央的同时，曾三还抓了材料科的业务建设，帮助和指导裴桐制定了《中央秘书处材料科工作细则》和《中央秘书处材料科发借党内文件条例（对外用）》两个重要文件。这两个文件的制定，都经过了曾三的精心修改，反映了曾三 20 世纪 40 年代的秘书档案工作的思想。由于《中央秘书处材料科工作细则》不是普通的一般工作细则，而是涉及中央各个部门的工作，因此，曾三是将这个细则报请中央秘书长审定，经批准后才正式执行的。

不寻常的考试

为了加强中央的速记工作，曾三到达东柏坡以后，就与周昆玉、卫文秀等人研究培养新生力量，以适应形势发展需要的问题，并请求中央组织部从晋察冀调来一批青年学生和干部进行培训。

1948 年 5 月中旬，曾三派交通科的贾振华牵着马，去南庄中央组织部接新来的速记班学员。这批人员中，有学生，有记者，还有文工团的演员和大提琴手……他们的年龄绝大多数都在 20 岁以下。这批青年学员的到来，给中央秘书处增添了无穷的活力，一向较沉静的机关生活突然活跃起来了。

曾三是喜欢年轻人的，面对这帮新来的学员，他非常高兴，并在第二天就与周昆玉、卫文秀一起和新来的青年见了面。

曾三向他们介绍了中央秘书处的机构、任务以及人员情况，并鼓励大家说：

“你们到中央来工作，这是党对你们的信任，希望你们努力学习，掌握好速记技术，更好地为毛主席、党中央服务。这个任务是无比光荣的，以后你们能经常见到毛主席、少奇同志、恩来同志和朱总司令及弼时等中央领导同志。”

一听到能看到毛主席和其他中央领导，大家都兴奋得几乎要跳起来，于是使劲鼓掌来表达内心的喜悦。

“啊！我们能见到毛主席啦！”有的学员激动得情不自禁地喊了起来。

“是的，以后你们可以常见到毛主席和其他中央领导同志。”曾三看到大家那天真高兴的样子，便又补充了一句。

曾三和周昆玉看着这些新来的生机勃勃的年轻人，都会心地笑了，感到自己也年轻了许多。

为了了解这批年轻人的文化水平和书写能力，在5月的一天举行了一次不寻常的考试。当时，速记班的13名学员都集中在速记室内。这些一向爱说爱笑的年轻人，这时鸦雀无声，坐在自己的座位上，每个人面前放着一沓纸。他们脸上的表情既兴奋，又带着几分忧虑和焦急，不知考官考什么，出什么题目，答卷能及格吗？能使考官满意吗？……他们在静静地等待着，等待着考验时刻的到来。

曾三在周昆玉的陪同下，迈进了速记室。今天曾三是主考官。首先由周昆玉向大家简单地宣布了考场的纪律和要求，接着曾三向大家讲了考试的内容、意义和具体要求。他说：

“这次考试很简单，就是速记班的所有学员每人抄一份列宁的《共产主义运动中的‘左派’幼稚病》的第二章‘布尔什维克成功的基本条件之一’。全文2000字。具体要求是：

第一，照原文抄，要求标点符号等等都要与原文相同，一字不差；第二，字迹工整，不要涂改；第三，书写流利，卷面干净，格式美观大方。这几点要求并不高，这是做速记工作和秘书工作最起码的要求。因为考虑到大家初到机关，所以这次考试的时间比较宽裕，今天上午抄完就行。”

曾三讲完，周昆玉给每人发了一本列宁的《共产主义运动中的“左派”幼稚病》一书，考试就开始了。

学员们个个聚精会神地抄了起来。这时，整个考场只有刷刷的书写声和断续的翻书声。

曾三由于工作忙，讲完话以后就悄悄地离开了考场。因为怕影响学员们的考试，所以没有向任何人打招呼。他走出了速记室，这时，夏天的阳光照在身上，他感到有些热，于是加快了脚步，向着自己的住所走去。

周昆玉仍留在考场。大约10点半钟有人交卷了。到11点半的时候，考试全部结束。周昆玉看到卷面，感到抄写得都比较整洁，他带着满意的微笑，收起了卷子，迈出了考场。

第二天，周昆玉和卫文秀按要求将卷子送曾三审阅。

曾三是个对工作非常认真的人，他想了解每个学员的书写情况，因此，对于这13份卷子都要一一过目。当他刚拿起一份卷子要看时，通讯员来了，通知他马上去开会。散会回到办公室时，已是傍晚时分了。

晚饭后，曾三顾不上休息，就坐在油灯下看起卷子来。他一边看着列宁的《共产主义运动中的“左派”幼稚病》的第二章“布尔什维克成功的基本条件之一”，一边看卷子，凡遇有着重点或容易抄错的地方，他都仔仔细细地与原文进行核对。

曾三边看卷子，边评论着：“这份卷子字写得不错，比较秀气、流利。”他一页页地往下看，并不断地说：“不错，不错，没抄错。”又过了一会儿，“啊，这里漏了几个着重点。”曾三默默地念道：“这样半世纪的辛苦阅历，才挣得了马克思主义这个唯一正确的革命理论。”

他一边默念，一边用红铅笔在“辛苦阅历”和“挣得了”七个字下面把抄漏的七个着重点工工整整地加上去。接着他又一字一字地往下看。

“啊，这里错了！”当他看到一份卷上将“资产阶级底反抗”错写为“资产阶级的反抗”时，就想：当然，文法上看，用“的”字并不错。但作为速记员应该忠实于原文，这也是速记员最容易出错和疏忽的地方。曾三想着就用红铅笔将其中的“的”字勾划出来，改为“底”字（当时晋察冀解放区出版的翻译本将“的”译成“底”——作者注）。凡遇到掉字、错字、别字和多字的地方，他都用红笔勾划出来，以引起抄者的注意。

卷子看了一大半，他发现错得较多的是在“的”“底”“地”三个字的用法上。例如:“习惯底力量”“革命理论底正确”以及“认真地”“有效地”，有几个人误抄成“的”字。再一个错的比较多的是漏掉了着重点。例如：“反对强大的敌人”“在于小生产底力量”，等等，有的往往就把着重点抄漏了，这都是由于匆忙和不很细心导致的。他想要培养出一批合格和优秀的速记员，今后必须加强对待工作要非常认真、仔细的教育和严格的文字训练。这时，他感到有些疲倦，便站起身来，伸了伸腰，然后到院子内，踏着月光来回走了一会儿，感到轻松了许多，接着又转回屋内继续看卷子。看着看着，他突然被一份卷子吸引住了。这份卷子的字体写得极为工整，卷面也很干净，他一字一字地往下看，看完竟没有发现错漏的地方，他急忙去看书写人的名字，“张长行”三个字跳进了他的眼帘。为了鼓励上进，曾三用毛笔在这份卷子上写了以下批语：

“字迹工整，书写流畅，内容抄写无误。”

看完了所有的卷子后，他又挑出几份较好的卷子，作了批语，以资鼓励。

已是午夜时分了，这时除了滹沱河潺潺的流水声以外，整个村庄都是静静的。劳动了一天的农民们早已进入了梦乡。曾三合上卷子，他感到这批青年人都非常可爱，有的抄写得虽然还不尽善尽美，有的还有错别字，但他们的书写都非常认真，有很大的潜力。他于是发出了“后生可畏”的感慨。

过了两天，曾三对这次考试作了总结，他说：

这次考试大家成绩都不错。写字不仅是门面学问，对于速记工作和秘书工作来说，也是极为重要的。这次考试，错的较多的是在“的”、“底”“地”三个字的用法上。例如“习惯底力量”“革命理论底正确”以及“认真地”“有效地”，有几个人将其中的“底”和“地”字都误抄成“的”字。再一个错误比较多的是漏掉了着重点。例如“反对强大的敌人”“在于小生产底力量”，等等，有的就把着重点抄漏了。这些都是由于疏忽和粗枝大叶所造成的。当然，把“底”“地”都改成“的”，在文字上也是行得通的。但我们这次考试的要求是照抄，不是更改文字。粗心大意是速记工作的大敌，也是秘书工作的大敌。在党中央做速记工作，不同于一般机关，工作稍有疏忽，就可能给党的工作造成不可挽回的损失。速记工作是党中央秘书工作的一部分。中央秘书处的工作有以下几个特点：

首先是政治性。我们是为党中央、毛主席服务的，任何一项工作都带有很强的政治性。这就要求大家要养成一种严谨细致、一丝不苟的工作作风。其次是机要性。我们为党中央工作，无论是处理文件，还是参加会议，都带有很大的机密性。因此，我们的工作又属于机要工作性的范畴，要求大家要有高度的保密观念，不该问的不问，不该说的不说，不该看的不看，养成一种良好的保密习惯。第三是技术性。秘书工作不纯粹是文字工作，有许多工作带有很强的技术性，例如，速记工作就是一门技术性很强的工作，要搞好速记工作，必须在技术上狠下功夫，做到记得快、记得准，翻译准确，文字流畅。第四是时间性。要求做到及时、迅速和准确。第五是被动性。由于我们的工作是为党中央服务的，许多工作都是由党中央决定的，例如，速记工作，什么时候开会，不是中央秘书处所决定的；开会时要不要记录，要记录是速记记录，还是汉字记录，这些都要由领导来决定。这就要求我们平时练好本领，所谓“养兵千日，用兵一时”嘛。

最后，我顺便说一下，这次考试让大家抄列宁的《共产主义运动中的“左派”幼稚病》第二章，即“布尔什维克成功的基本条件之一”，不是随便选的，是经过研究后决定的。列宁在这一章中，针对“左派”共产党人否定集中领导，否定严格纪律的问题，总结了布尔什维克党的经验，提出了党的集中领导和党的纪律是布尔什维克成功的基本条件之一。

毛主席也一贯重视和强调党的纪律问题，并多次阅读列宁的这一著作。在延安整风时，毛主席就说过，身为党员，铁的纪律就非执行不可。孙行者头上套的箍是金的，列宁论共产党的纪律是铁的，比孙行者的金箍还厉害，还硬，这是上了书的，《共产主义运动中的“左派”幼稚病》上就有。

现在，我们的解放战争正在乘胜前进，为了克服我们革命队伍中存在的无纪律和无政府状态，保证革命战争的彻底胜利，今年 4 月毛主席在百忙中又重读《共产主义运动中的“左派”幼稚病》第二章，并在书的封面上写了一个重要批语：

“请同志们看此书的第二章，使同志们懂得，必须消灭现在我们工作中的某些严重的无纪律或无政府状态。”

中宣部在 6 月 1 日转发了毛主席的这一指示，要求全党学习《共产主义运动中的“左派”幼稚病》第二章。现在我们正在组织大家认真学习毛主席的指示和列宁的这篇文章，老同志要学，你们新来的同志也要学，这是个很重要的文件，如果我们党没有铁的纪律，没有人民的拥护，我们就不可能取得全国的胜利。

曾三同志讲完后，学员们感到既新鲜，又重要，于是大家报以热烈的掌声。

这次考试和曾三的讲话，对于这些初出校门的青年来说，是一次重要的启蒙教育，对他们以后的秘书工作产生了深远的影响。

速记和参谋两个训练班开学典礼

1948年7月的一天，盛夏的骄阳洒在滹沱河沿岸的大地上。这时虽然只是上午8点多钟，但人们已经感到有些闷热了。速记训练班的13个人穿戴整齐，早饭后三三两两由东柏坡出村向东方走去。路上大家兴高采烈，有说有笑，很快就到了目的地——作战部所在地夹峪村。这天，是中央秘书处速记班和军委作战部参谋班开学典礼的日子，会场就设在军委作战部的会议室里。上午9时，当曾三、李涛同志陪同杨尚昆同志步入会场时，全场起立，顿时爆发出阵阵掌声，表现出这些未来的速记员和参谋们对领导的欢迎和爱戴。参加开学典礼的，还有中央秘书处速记室主任周昆玉、副主任卫文秀和有关中层领导，以及老速记工作者和老参谋人员。

会场布置得很简单，主席台上放了两张桌子，并排放成一个长方形，上面铺了一块白布，桌子后边放了几把木椅子，显得非常简洁和朴素。

开学典礼，由中央秘书处处长曾三主持。他身穿白色衬衣，灰布裤子，显得格外精神。他面带笑容，宣布开学典礼开始。这时会场爆发出阵阵掌声。他说："参加今天开学典礼的有中央军委的秘书长、中央办公厅主任杨尚昆同志，军委作战部部长李涛同志。"曾三的话音未落，会场上又一次爆发出热烈的掌声。曾三接着在讲话中首先讲了速记工作和参谋工作的重要意义。他说："速记工作和参谋工作都是党的秘书性工作，都是为党中央服务的。毛主席和中央领导同志在会议上的报告、讲话，需要速记人员进行完整的记录，整理记录的文字要准确完整，所以速记工作不仅要博闻强记，还要文理通顺。参谋工作也是一项极为重要的工作。党中央、毛主席和中央军委的领导，在研究作战方针和部署军事行动时，也需要参谋们提供切实可靠的情报，等等。这些工作都是很重要、很光荣的，也是很辛苦的。希望你们努力学习，以优异的成绩完成学业，以便今后为党中央做好速记和参谋工作。”

接着是李涛同志讲话。他也是湖南人，出生在湖南桂阳（今汝城）一个知识分子的家庭。他是中央军委作战部部长，被誉为中央的高级参谋和活字典。他胖而魁梧，在炎热的夏天，他站起来，一边讲话，一边不停地扇着手中的扇子。他讲话的声音粗犷而洪亮，抑扬顿挫的节奏非常清楚。他首先祝贺两个训练班开学，接着也讲了参谋工作和速记工作的重要性，最后预祝大家胜利完成这一学习任务，为今后的工作打下良好的基础。

李涛部长讲完话以后，曾三同志站起来请军委秘书长、中央办公厅主任杨尚昆同志作指示。这时会场上又一次响起了热烈的掌声。在掌声中，杨尚昆同志用他那浓重的四川口音说：

“今天不是来作什么指示，主要是向大家来表示祝贺的，祝贺速记和参谋两个训练班开学，这是机关工作中的一件大喜事。它说明我们机关的秘书工作队伍和参谋工作队伍又增添了新的血液和生力军。现在为迎接全国的解放，正需要大批的干部来从事秘书和参谋工作。我代表中央军委和中央办公厅，对你们来参加学习，表示热烈的欢迎和祝贺！”这时会场上再一次爆发出热烈的掌声。停了停，他又继续说：“刚才曾三同志和李涛同志都讲了秘书工作和参谋工作都是非常辛苦的，要求是极为严格的，出不得半点差错，是无名英雄。但同时又是光荣的，是中央不可缺少的一项重要的政治性工作。希望你们好好学习，练好本领，为迎接全国的胜利而奋斗……”

三位领导的讲话，给了新学员们极大的鼓舞，使他们认识到在党中央、毛主席身边工作，是一件多么光荣而又重要的任务啊！

典礼结束后，速记班的学员们就投入紧张的学习之中。任教的老师是郭云腾，他1944年开始做速记工作，1946年，他曾随同叶剑英在北平参加过军调处会谈的速记记录工作。非常巧合的是会谈三方，中国共产党周恩来、国民党张治中、美国马歇尔都带有速记员，而更加巧合的是这三方速记员使用的又都是《汪式速记》。

这批学员们学习的热情非常高涨，除了每天一小时读报以外，全都学速记。大家冒着酷暑，不怕苦，不怕累，天天汗流浃背地在练习线条。上课时练，下课后还练，甚至晚上还有人偷偷跑到教室去练。

领导看到这批学员这样拼命地学习，一方面感到高兴，觉得速记工作后继有人；另一方面又关照大家别把身体累垮了，室主任周昆玉、卫文秀同志常常劝大家该休息时还是要休息，要做到劳逸结合。

事后，曾三在给中央的报告中说："速记训练班学习很紧张，天气炎热也不肯休息，当时我们领导上是'泼冷水，往后拉'的。"

学习结业后，曾三将速记班的学员全都留在了中央秘书处做速记工作。

为中央领导服务的"材料简报"

滹沱河的水，在哗哗地向东流着，和煦的微风，吹在人们的脸上，有一种温馨的感觉，这预示着一年一度的春天又来临了。

跨入 1949 年以后，曾三的工作更为繁忙了。为减轻他事务工作上的负担，组织上特给他配备了一名秘书，作为他工作上的助手和参谋。这位秘书叫延永生，这个 20 岁的青年小伙子，是陕北绥德人，中上等的个子，一双有神的眼睛，干起事来干净利落。常言说："米脂的婆姨，绥德的汉"，真是一点也不假。他从十几岁就由老家绥德奔赴革命圣地延安，并进入当时有名的延安中学学习。他在来中央秘书处之前，曾在党中央毛主席身边工作过两年。在那里他工作兢兢业业，精明能干，曾受到人们的赞扬。有一次出于误会，他代人受过，而毫无怨言。当时领导他的汪东兴后来曾评价说："延永生是个好同志，人很精明，也很能干。"

“延永生！”曾三朝着房门外喊着。

延永生一边答应，一边走了进来。

“你去叫一下裴桐同志，请他到我这里来。”

裴桐很快就来了，一进门就问：“曾处长有事吗？”

“你先坐下，有事想和你商量一下。”裴桐坐在曾三办公桌旁的凳子上。“裴桐同志你还记得吧，去年任弼时同志提出过这么一个意见，要我们将收到的文件刊物中有关各种政策、党的组织情况和思想动态的材料加以整理，分别写成汇报送有关部门参考。但由于当时处于战争环境，又不断地转移，没有完成任弼时同志交给的这项任务，也就没有能够为中央领导同志服务好。现在已经安定下来了，是不是可以开始着手这项工作了？”

“曾处长，我看可以，也不能再拖了。”

“这次主要是将从党内材料与书报资料中发现的各个地方在执行政策等方面的问题写成汇报，送中央参考，就叫它‘材料简报’吧。裴桐同志，这是一个很重要的工作，意义很重大，要做好这项工作需要一定的政策水平和文化水平，得你亲自去做，你看行吗？”

“行，我马上着手进行，写好后送你审阅。”

“裴桐同志，这可是个经常性的工作，可要占你大部分时间了。”

1949 年 2 月 28 日，曾三在对 10 个月的工作进行总结时还谈到了这项工作的意义。曾三说：

“中央秘书处是为中央机关服务的，是具有机要性与技术性的重要政治工作。今后特别需要把我们的业务工作水平提高一步。要下决心精通业务，研究业务；要科学化、专业化。工作上要有长期打算，要反对那种被动思想，要主动地提高工作效率，改进业务。就整个中央秘书处来说，要做到能主动地提出工作意见，从党内材料与书报资料中发现问题，提供中央参考。最近裴桐同志写了一个材料简报，送中央书记处，这就是改进。”

牢记党的两个“务必”

1949年3月5日到13日，中央在西柏坡召开了具有伟大历史意义的七届二中全会。会场就设在西柏坡中央机关一个大食堂内。会场布置得庄严、简朴、大方。出席这次会议的有中央委员34人，候补中央委员19人。列席会议的11人。

会前，曾三为这次会议准备了速记人员，但中央决定这次会议不用速记，只用汉字记录。参加记录的有曾三、廖鲁言、师哲、伍云甫四位同志。

会议结束后，根据中央部署，曾三及时向全处传达了这次会议的精神，他说：这次会议是在中国人民革命取得全国胜利的前夜召开的，是一次极其重要的会议。毛主席在会上作了重要报告，指出了全国胜利后党的各项基本政策。最后，毛主席循循善诱地说：

“我们很快就要在全国胜利了。……因为胜利，党内的骄傲情绪，以功臣自居的情绪，停顿起来不求进步的情绪，贪图享乐不愿再过艰苦生活的情绪，可能生长。因为胜利，人民感谢我们，资产阶级也会出来捧场。敌人的武力是不能征服我们的，这点已经得到证明了。资产阶级的捧场则可能征服我们队伍中的意志薄弱者。可能有这样一些共产党人，他们是不曾被拿枪的敌人征服过的，他们在这些敌人面前不愧英雄的称号；但是经不起人们用糖衣裹着的炮弹的攻击，他们在糖弹面前要打败仗。我们必须预防这种情况。夺取全国胜利，这只是万里长征走完了第一步。……只是一出长剧的一个短小的序幕。剧是必须从序幕开始的，但序幕还不是高潮。中国的革命是伟大的，但革命以后的路程更长，工作更伟大，更艰苦，这一点现在就必须向党内讲明白，务必使同志们继续地保持谦虚、谨慎、不骄、不躁的作风，务必使同志们继续地保持艰苦奋斗的作风。……我们不但善于破坏一个旧世界，我们还将善于建设一个新世界。”

讲到这里，曾三停了停，接着又说：在这方面党中央、毛主席为我们做出了榜样。会议根据毛主席的提议，还作出了六条规定：

1. 禁止给党的领导者祝寿；

2. 不送礼；

3. 少敬酒；

4. 少拍掌；

5. 禁止用党的领导者的名字作地名、街名和企业的名字；

6. 不要把中国同志和马、恩、列、斯并列，禁止歌功颂德现象。

听了曾三的传达，大家无不欢欣鼓舞，我们要胜利了！毛主席又高瞻远瞩，给我们敲响了警钟。在讨论中，曾三又组织大家学习了郭沫若同志的《甲申三百年祭》。在会上，裴桐还向大家详细介绍了《甲申三百年祭》发表后，受到毛主席和党中央的重视。中央宣传部和总政治部还专门发了通知，要求全党全军都要认真学习这篇文章。

向北平进军

在离开西柏坡前夕，毛主席又语重心长地告诫我们说：我们就要进京了，我们进京可不是李自成进京，他进京就腐化了，我们共产党人进京是要继续干革命，建设社会主义，一直到共产主义。临行前，毛主席还兴致勃勃地形容说：“我们进京赶考去！”

按照党中央的统一部署，中央秘书处的工作人员押送党中央的文书档案材料，乘坐三辆卡车，提前两天离开西柏坡，途经石家庄、保定，然后直接到达北平西郊香山的昭庙。

1949 年 3 月底的一天上午，天空晴朗，阳光普照，春风吹拂着复苏的大地。这时，一辆深绿色吉普车从西柏坡东边的峡峪村开出来，沿着滹沱河北岸，一直向东驶去。

车上坐的是曾三和他的秘书延永生及警卫人员王登龙等人。他们是在中央领导和秘书处人员全部进入北平后，最后离开西柏坡的。

这条路是黄土大道，由于年久失修，坑坑洼洼，坎坷不平。曾三他们坐在车子上虽然有些颠簸和不适，但由于是胜利地向北平进军，他们的心情还是非常高兴的。

曾三坐在车子里，不时地回忆着毛泽东在七届二中全会上的讲话，心情非常激动，于是他对车上的延永生他们说："毛主席在七届二中全会上讲，在中国共产党领导下，夺取全国胜利，这只是万里长征走完了第一步。如果这一步也值得骄傲，那是比较渺小的，更值得骄傲的还在后。胜利以后的路程更远，更艰苦，也更伟大。进城以后，该有多少工作在等待着我们去做啊！"

吉普车继续向前行进着，午后到达了石家庄。在石家庄休息了一天，参观了中直机关在石家庄开办的几个工厂企业，观览了石家庄的市容，第三天，他们就由石家庄到了古城保定。在保定住了一个晚上，次日就又出发，直接到了北平西单丰盛胡同 23 号。这是中央办公厅机关在北平城里设立的临时接待处。这是一所很大的院子，分三个院。是原国民党军阀石友三的公馆，北平解放后被没收为国有。曾三在这里住了几天，以后就搬到了香山昭庙，与中央秘书处的人员会合了。从此，曾三带领全体人员由农村进入了城市，将去迎接新的任务。

附：西柏坡时期的中央秘书处

1948 年 5 月，中央前委、后委先后到达西柏坡与中央工委会合。毛泽东也于 5 月下旬到达了西柏坡，这时中央五大书记也在西柏坡会合了。随着中央行动的变动，中央秘书处的各个科室，经过一年多的分散，1948 年 5、6 月间，在西柏坡又重新会合在一起。面临着全国即将解放的大好形势，中央秘书处的业务工作应如何开展，组织机构又应该如何调整和设置，这是摆在当时领导面前的一个亟待解决的问题。

首先，恢复机构，建立机关。1948 年 5 月 8 日，曾三、裴桐带领材料科到达西柏坡后，即把工委秘书科的班子即速记室、交通股、文书股接收过来恢复中央秘书处，并由晋察冀调来速记学员 13 人，成立训练班。6 月又奉命成立总收发科，并建立“山河”邮局。

其次，确立业务范围和工作方针。当时中央秘书处的主要业务是：收集与保管党内文件和档案；发行党内干部读物；缮印党内文件；建设党内交通；担任中央速记记录；管理中央总收发工作，如文件出入、人客来往、书信寄递，以及书报发行等事宜。中央秘书处的工作方针，当时制定的主要有四条：一是严密收发保管，保护文件机密；二是建立会客制度，保障机关安全；三是利用文件材料，供给各部委研究；四是树立政治作风，提高工作质量。

再次，建立组织机构，确定业务范围。中央秘书处设处长 1 人，下设四科一室，即材料科、文印科、交通科、总收发科和速记室。

中央秘书处处长：曾三

曾三，湖南人。早在 1924 年中学时代，就在恽代英、李维汉和萧三等同志影响下，参加了湖南的革命活动，1925 年入党。长期做党的地下工作。到中央苏区以后，他又参加了党的无线电通信的创建工作。接着他又参加了长征和抗日战争。曾任中央社会部情报二室主任，中央机要科协理员。1945 年被选为七大代表。1945 年 9 月被中央任命为中央秘书处处长。

处长掌握全处业务，对全处人员进行政治思想教育，领导全处人员完成各项工作任务，提高业务和政治理论水平。

处长的另一项重要任务，是为中央政治局会议做记录，担当中央政治局会议记录员。

下设机构人员：

（一）材料科科长：裴桐

裴桐，北平人，学生出身。1937 年参加抗日战争，1938 年到延安。

先在马列学院图书馆工作，后在马列学院学习。1940年调中央秘书处工作。他写得一手好字，1945年党中央召开七大时，会场上的标语就出自他的手笔。他的文字水平也很高，是中央秘书处有名的秀才和笔杆子。他工作向来任劳任怨，从不计较个人名利，是一位难得的德才兼备的秘书工作者。

材料科是一个藏龙卧虎的地方，成员大多是一些身经百战的人物。主要有黄英夫、沈义、徐思顺、杜思如、李锦文、侯信等。

黄英夫，福建龙岩人。在中央苏区时做过报务员。1934年10月长征开始后，由于他为人耿直，对党忠诚，性格坚强而又机智，所以被中央派做共产国际顾问李德的警卫员。遵义会议后，中央又派他做中央重要文件的保管员。中央的一些重要文件都是黄英夫爬雪山、过草地背过来的，他是党内文件保管上的一大功臣，素有党内“老保管”之称。

沈义（女），广东人。很早就参加革命。20世纪30年代，被派往上海党中央做秘密交通员，她和上海有名的党内“三剑客”（夏子栩、陶桓馥、葛琴）一样，也是出生入死为党递送情报的女英雄。以后，党又派她到东北哈尔滨做地下工作。不久，又受命前往苏联学习。回国后1945年调中央秘书处工作。

其他如徐思顺、杜思如，也都是长征过来的年轻干部，在延安时他们就从事党内文件的发行工作。李锦文和侯信都是抗日战争爆发后参加革命的，是“三八”式干部。李锦文原是关向应同志的秘书，关向应同志去世后才调到中央秘书处工作的。

材料科的业务主要有三个方面：

1. 收集中央及地方党、政、民运、经建各种材料，分类加以保管，以备中央研究、参考以及编修党史之用。但电报、干部材料、情报材料、军事材料暂不归本科保管。

2. 管理党内干部读物的发行事宜。

3. 把收集保管的各种材料加以整理介绍，向中央各有关部门提供某些意见。

（二）文印科科长：王仲珊

王仲珊，山西人。学生出身，师范毕业。1938年调中央秘书处工作。他写得一手好字，所以，凡需要用毛笔抄送毛主席或其他中央领导人的文件材料，都是由他抄写的。为此，他的字在延安时曾受到毛主席的好评。

科员主要有金玉章、苏培良、李仲涛、石军等。

文印科的任务主要有两项：

1. 缮印中央机关党内文件。

2. 在目前条件下，不设立印厂，如有文件要铅印时，由本科商请新华社印厂代印，本科负责校对及保密之责。

（三）交通科科长：王凯

王凯，福建福州人。他是一位传奇式的人物，人称“党内老交通”。他工人出身，1921年就去工厂做工，并多次参加罢工斗争。在中国工人运动领袖之一的王荷波（也即他的大哥）的影响下，1923年就加入了中国共产党，随即被派往苏联学习。1925年回国后的第二年，根据党中央秘书长王若飞的安排，他做了中央机关的专职交通员。1928年4月，由于叛徒告密，王凯被捕入狱，被国民党反动派判了无期徒刑。在狱中，他是秘密党支部书记，领导全体难友与敌人进行了不屈不挠的斗争，敌人几次想杀害王凯他们，但慑于他们绝食斗争的威力，未敢下手。王凯在狱中度过了十年漫长的铁窗生活，直至1937年抗日战争爆发后，国民党反动派才不得不执行国共合作的决定，按照共产党方面提供的名单，将王凯等人无条件释放。王凯出狱后，仍做党内交通工作。

交通科的工作人员主要有江青志、刘长泰等人。

交通科的业务范围主要是：

1. 负责建设中央与中央局、中央分局之间的党内秘密交通，主要为递送党内文件，必要时解送重要物资，护送高级干部。但递送公开信件、书报以及衣物等，属于邮政性质的工作，非本科业务范围。

2. 中央秘书处交通科，对各地区党内交通工作有了解情况、调整工作、提出改进意见之责。

（四）总收发科科长：王敬先

王敬先，江苏人，原在中央社会部工作，1948 年 6 月成立总收发科时，调来中央秘书处工作。科员主要有延永生（延永生后任曾三同志秘书）、田风起、曹玲等。总收发科的任务有以下四个方面：

1. 保障首脑机关的安全与安宁。
2. 管理机要通讯员。
3. 书信寄递，书报发行等事宜。
4. “山河”邮局。

（五）速记室主任：周昆玉，副主任：卫文秀

周昆玉，河南人。1939 年 1 月，在延安中央青委学习速记，后调中央秘书处做速记工作。毛泽东在延安文艺座谈会上的讲话，就是由她和其他同志共同记录的。

卫文秀，山西人。1942 年 3 月，在延安中央秘书处学习速记，学习结束后，即在中央秘书处从事速记工作。

速记员有韩毓虎、田逢禄、李长江、吕海峰、张耀军等人，他们都是抗大七分校毕业的，1946 年 6 月，在延安中央秘书处学习速记的。在西柏坡期间，在周昆玉、卫文秀组织领导下，参加了全国土地会议、全国工商会议以及全国妇女工作会议的记录工作。

速记训练班教员：郭腾云

郭腾云，山东人。1944 年 7 月，在延安中央秘书处学速记，结业后即在中央秘书处从事速记工作。据说 1946 年 1 月他曾随李克农在北平军调处执行部做速记记录工作。1948 年 6 月任中央秘书处速记训练班教员。

速记训练班的学员有：章禹、刘贺梅、邓军、杜敬波、皖来、贾真、高铮、梅雁、王瑾、张长行、田真、李瀚泉、侯保国等。

速记室的任务是：

负责中央各种重要会议和中央领导人谈话的记录，以便保存或发表（必须送请演讲人亲自校阅），尤须注意保存主席及中央各同志之言论。

帮助中央各同志写文章，其方法可由中央同志口述，由速记员记下再交作者修辞审校。

（六）行政秘书：任光庭

负责全处的行政事务，以及警卫、勤务人员的管理。

中央秘书处组织机构表

- 处长
  - 材料科
    - 科长
      - 材料保管员
      - 收发
      - 公开书籍管理（修养同志）
    - 副科长
  - 交通科科长
    - 收发
    - 交通队长　队员 1
  - 文印科长　油印员
  - 总收发科科长
    - 书报信件
    - 会客传达
    - 第一收发
    - 第二收发
  - 速记室主任　副主任
    - 速记员
    - 学员 3
  - 山河邮局局长
    - 业务员
    - 投递员
  - 行政秘书
    - 警卫员
    - 勤务员

下卷

曾三与新中国档案事业

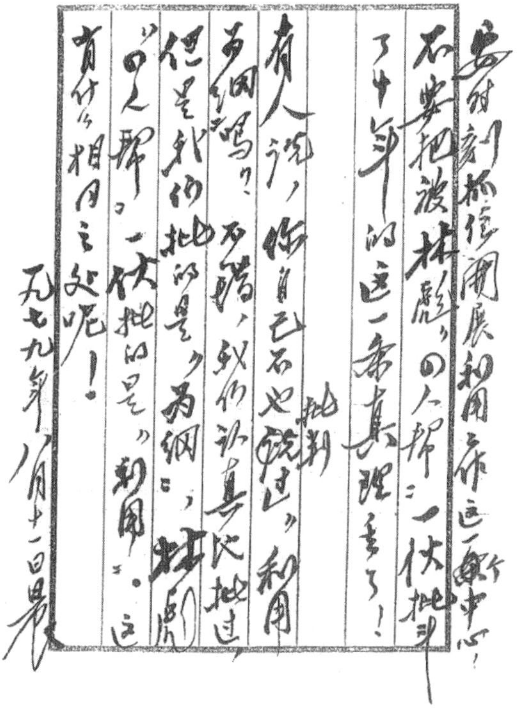

要对新档案开展利用工作这一个中心，不要把被林彪、四人帮一伙批斗了十年的这一条真理丢了！

有人说，你自己不也说过“批判利用为纲”吗？不错，我们认真地批过，但是我们批的是“为纲”，林彪“四人帮”一伙批的是“利用”，这有什么相同之处呢！

一九七九年八月十一日晨

一、初进北平

曾三是1945年在延安的时候开始担任秘书处处长的。而秘书处早在1926年7月的四届三中全会上就成立了。前任有王玠然、王首道、曹瑛等。而我党中央的第一个秘书是毛泽东。毛泽东曾经两次担任秘书。据1936年陈潭秋写的《中共第一次大会的回忆》中说:“中共第一次大会是在7月底开的……秘书为毛泽东。”毛泽东第二次担任秘书是在1923年6月召开三大的时候，虽然那时只有420名党员，但中央已经感到需要有专人来做秘书工作了，于是大会决定由毛泽东担任中央局秘书。虽然这个秘书要负责保管文件，但它的职责范围大于现在所指的秘书，实际上相当于、甚至高于现在的秘书长，因为他是中央局五成员之一，要协助委员长（也就是现在的总书记——作者）处理日常工作，并和委员长共同签发文件。

曾三从1945年9月下旬开始，担任中共中央秘书处处长，除了为中央领导同志服务外，主要是在战争环境中负责党的档案的集中和不断转移，从陕北转移到晋西北，又从山西转移到河北平山西柏坡。

北平和平解放后，秘书处就在1949年3月随同党中央进驻北平（新中国成立时改北平为北京）。因为秘书处是中央文件的总收发，是直接为毛泽东等中央领导同志服务的，所以就和中央办公厅一起设在北平西北郊的香山。秘书处在大琉璃塔底下的一座叫香山昭庙的喇嘛庙里工作，这座雄伟的建筑，是个独立的四合院，便于保密，文件档案的保管比较安全。

毛泽东住在香山寺下面的“双清别墅”，这是座不大的庭院，住房不多，是一排坐北朝南的一主两辅具有清代建筑风格的白墙红窗的平房，1949 年 3 月 25 日，毛泽东就开始工作、生活在这里，大约住了半年。这里非常幽静别致，有山、有水、有花草树木和竹林。因还有从山石中流出的两股清泉，所以被乾隆命名为“双清”，后人在此建造了别墅，故称为“双清别墅”。

朱德、刘少奇、周恩来、任弼时等中央书记处书记住在香山寺北侧的来青轩，和毛泽东住的地方有一条小路相连，甚是方便。刘少奇住东房，朱德和任弼时住北房，周恩来住在离任弼时家只有数步之远的西边的上方。

当时中央机关对外公开的牌子是劳动大学。

香山远离城市的喧嚣，是一个具有悠久历史的风景名胜区。香山因有大石似香炉而得名，山中松柏参天，峰峦叠翠，伴随着潺潺小溪，风景秀丽如画。一到秋天，满山红叶，更是“层林尽染”“分外妖饶”，真是风景这边独好。

但当时中央领导和中央办公厅要安置在香山，还是经过周密调查，慎重考虑的。1949 年 1 月 19 日，中央先派中央直属机关供给部副部长范离到北平调查，并带回叶剑英给杨尚昆的信，信中说：“我们认为地区的选择，以香山为适当，只需牵动一家（慈幼院）就可基本解决。”慈幼院有房子 3000 多间，是光绪进士熊希龄创办的一所“扶贫助孤，亦工亦农”的慈善学校。毛泽东就曾评价说：“一个人为人民做了好事，人民是不会忘记的，熊希龄是做过许多好事的。”

同年 2 月 3 日，中央又派中央社会部副部长李克农赴北平作全面调查。2 月 8 日，李克农给杨尚昆去信说：“昨日（7 日）与北平警备司令程子华去香山一带看住址，已决定住该地。”中央，特别是上面提到的五大书记，经过仔细研究后同意进驻香山，并在西柏坡成立了转移委员会，由杨尚昆、曾三负责。

早在头一年的 1948 年 11 月，中央警卫团就成立了一支 150 人的便衣队，暗中保护中央领导同志的安全。1949 年 3 月 10 日，在中央机关进驻前的 15 天，便衣队便被紧急调入北平，对沿途、驻地做了大量的布防工作。

中央同意迁往香山是有多种原因的，主要还是从安全考虑的：一是，因为从东北等地来的特务集中到了北平，北平和平解放后，北平原来的一些特务潜伏下来了，他们在伺机而动。傅作义的警卫团后来就曾经瞒着傅作义，直接听从军统特务头子毛人凤的指挥，企图包围香山，后被解放军缴了械。二是，因为傅作义刚起义不久，他的一些机关住房还没有腾出来，傅作义的司令部就设在中南海大院内。三是，青岛还未解放，青岛离北平比较近，国民党飞机飞北平比较容易，随时有来空袭的可能。香山四面环山，和市区相比就安全多了，为了防备敌机的轰炸，香山四周的山顶上，如“鬼见愁”就安置了高射炮，机关附近的山上都挖了防空洞。毛泽东住的双清别墅就挖了两个防空洞，特地在毛泽东进驻香山的 10 天前竣的工，施工战士出于对主席和总司令的热爱，在两个洞口的上方分别刻着“毛主席万岁！”“朱总司令万岁！”毛泽东看见后让人去掉了。

周恩来曾经这样说过：“香山双清别墅，这是毛泽东发布渡江作战、解放全中国命令的地方，要记住这个地方。”

1949 年 11 月，中央领导同志和中央办公厅迁到城里中南海办公，秘书处也从香山迁到离中南海约 1 公里地的丰盛胡同 23 号。

进城以后，为了干部的安全，秘书处跟办公厅的其他机关一样，制定了严格的安全制度。干部晚上要离开单位出去的话一定要两人以上，当时所有的干部（包括曾三）都是住在单位的宿舍里。因为从星期一到星期六早上起床以后要政治学习一个小时，从星期一到星期五和星期日晚饭以后还要政治学习两个小时，所以只有星期六晚上才有空暇时间外出。当时有一位同志正在和《人民日报》的记者谈恋爱，星期六晚上想同女朋友约会，但机关规定一个人不得外出，于是他不得不向本科的一位好友求助，让陪他一块前往，这位朋友也只好经常做“电灯泡”了。一次，有个同志星期六晚上没有请假出去了，到熄灯的时间还没有回来。曾三、王仲珊、裴桐等领导同志都很着急，并向北京市公安局报了案，公安干警连夜出动，却一夜没有消息。原来他是住到亲戚家里去了，第二天才回来。曾三在全处大会上对他进行了公开批评，并作了处理。

因为秘书处接触的是中央机密，为了防止泄密，秘书处规定了严格的保密制度。“三不”就是其中之一。“三不”就是“不该问的不问，不该看的不看，不该说的不说。”曾三再三强调：“大家要守口如瓶。”即使是做同一项工作，也不能互相看，互相问，互相说。有一次，有个同志到他爱人的办公室去，当时他爱人正在看文件，就把他轰了出来，因为这违反了“三不”规定。这就是秘书处的纪律，大家都自觉地遵守这个纪律。但也有人在不知道违反了纪律的情况下违反了纪律。有个刚从农村基层领导岗位上调到材料科整理组的女同志，看到一个文件里谈到几年后要在解放军中实行军衔制度。她认为大家都是党中央机关的干部，都是经过了严格审查，信得过的，她就跟别人说了，因此受到了曾三在全处大会上的批评，并让她在科内作了严肃、认真的检讨。

二、秘书处的组织和任务

新中国成立初期，秘书处下设：办公室、材料科、速记室、收发室、文印室、小印厂、总务科、机要交通科。小印厂负责印刷中央文件。材料科负责档案、资料工作，下面设三个组：整理组、保管组、资料组。当时办公室主任是王仲珊，材料科科长是裴桐，速记室主任是周昆玉，机要交通科科长是王凯，整理组副组长是田风起，保管组组长是沈义（曾三的爱人），资料组组长是侯信，韩毓虎是速记员，孙劼之、李凤楼是材料科科员，延永生是办公室秘书，李秉训在文印室，她打字的速度每年都是室内第一，连续几年被评为先进工作者。

由于新中国成立后秘书处的工作量快速增加，工作日益繁重。在文书处理工作方面：将中央文件送到全国各地；将全国各地的报告分发给中央各领导同志。在档案工作方面：要建立和指导党的系统的档案工作。曾三是秘书处处长，没有设副职。所以，他要管的事很多，肩上的担子很重。同时，他还要协助杨尚昆做些办公厅的工作，他差不多每天都要很晚才能从中南海回到丰盛胡同的家。秘书处的日常工作，实际上是由王仲珊、裴桐去管了。他感到工作繁多，急需设一个副职。

曾三对杨尚昆说："杨主任，我现在实在忙不过来，能不能设一个副处长？"

杨尚昆回答得倒很畅快："曾三同志，这点我知道。你的工作是很重的，我也在考虑给你增加副手的问题。我有亲身体会嘛，我也需要副手。将来你的工作还会更多，担子还会更重。你的要求，我同意了。"

曾三听了很高兴，忙说："那就请杨主任尽快给我们配备一个。"

“一个？不，是两个。”杨尚昆说。“那太好了！”这是曾三没有料到的，他正纳闷：杨主任今天怎么这样痛快？

“不过，不是从外单位给你调去，而是从你们单位内部出。你们那里有很多从延安来的同志，有一定的工作能力。曾三同志，你回去好好考虑一下，把名单报给我。”

“好吧，我一定照办。”

曾三回到秘书处，把几个科级干部排了排队，反复进行了研究，最后决定提升王仲珊和裴桐。经报杨尚昆和中央组织部同意后，他俩被任命为秘书处副处长。随后，又将材料科撤销。将它下属的组改成科，成立整理、保管和资料三个科，原来的组长也就提升为科长。

秘书处的任务是什么？1941年制定的《中央秘书处的任务及其组织》中，作了这样的规定：中央秘书处“是中央政治局与书记处实际赖以执行工作的机关，是中央各部委、各地区党和中央书记处及政治局联系的枢纽”。

曾三自1945年担任秘书处处长以来，一直在摸索、总结秘书工作，特别是新中国成立初期的秘书工作的经验和特点。曾三强调说：“新中国成立初期的秘书工作，主要是要总结和继承解放区党、政机关秘书工作的实践经验。并在这一基础上，逐步建立一套适应社会主义建设时期的秘书工作的组织和制度。”他反复强调说：“秘书工作不是简单的技术性的工作，是具有高度的政治性的工作，没有一定的政治、文化水平，没有高度的政治责任心，是做不好的。”

为了提高秘书人员对秘书工作的认识，曾三在和同志们交谈也好，在大会上讲话也好，多次提出了他经过多年实践总结出来的“三性”的论点。曾三所说的“三性”是什么呢？

一是机要性。秘书工作，无论是文书处理、档案、速记、打字、机要文印以及机要交通等，都具有很大的机密性。每个工作人员都要做到“三不”，要守口如瓶。又由于我们的工作是直接为党中央服务，在工作中必须做到一丝不苟，不出任何差错。哪怕是一个字，一个标点，也不能搞错。如将反革命的“反”字抄漏了，将“列强”错写成“列宁”，就会造成不良的政治影响和政治错误。曾三一再强调说：“这就要求我们具有高度的政治责任感和坚强的事业心啊！”

二是被动性。我们的工作，一切都要按照党中央及中央领导同志的要求去做。无论是会议记录、中央文件的办理，以及文件的印刷、文件的传递等等，都要按照上级及有关领导的指示办理，不能有丝毫的动摇。所以，曾三要“每个秘书工作人员，必须有自我献身精神，要做默默无闻的英雄，无论白天黑夜都要严阵以待，有了紧急任务，都要做到‘召之即来，来之能战’”。有一天深夜，田家英来电话说：“主席（那时，党中央机关的同志称毛泽东为主席）等着要解放前的某某会议文件，让马上送去。”曾三对大家说：“什么叫被动性呢？这就叫被动性。能不及时完成任务吗？”

三是技术性。秘书工作一般都带有技术性，有的还带有很强的技术性，速记、打字、印刷等就是这样。曾三再三强调：“从事这些工作的同志都要钻研业务，在技术上要精益求精。”并要大家练兵比武。

曾三对“三性”的提出，使秘书处的工作人员增强了对任务的光荣感和责任心，激发了他们的积极性和主动性，更加坚定了他们为党中央、为毛泽东等中央领导同志服务，为社会主义革命和社会主义建设服务的决心。这“三性”的论点，虽然是曾三根据秘书处的工作总结出来的，但它也适合全国的党政机关，具有普遍性。

为了加强党的文书处理工作，1954 年，在曾三的参与或直接指导下，并经中央办公厅批准，先后发出了《关于文电处理工作的几项决定》和《关于统一文件纸型与格式的规定》。这两个文件，对于统一文电的管理、秘书人员的职责，以及行文关系等，都作了详细的规定。它对于改革旧的公文程式，建立新的、统一的文书处理制度起到了重要的作用。

曾三还针对当时各中央局、分局及各省（市）委向中央的报告中所存在的问题，作出了一些改进的规定。他提出文书处理要求眉目清楚，分清对象，尽量注意党政比较合理的划分，凡属于政务方面的事项，要请示政府，如有重大问题，政府党组会请示中央。除书记、副书记写的综合报告以外，一般都要求一报一事，报告要尽量简单扼要，以节省中央领导同志的时间。

1957 年 2 月 1 日，秘书局（这时“处”已改“局”）所办理的文件处理业务，交由办公厅机要室同电报合并处理。从此以后，曾三就专心致志地把主要精力放在中国档案事业的建设上，一般就不再过问文书处理工作了。

三、《文件处置办法》的发现和鉴定经过

前面已经说过，中央秘书处是为毛泽东等中央领导同志整理和保管文件材料的地方，而具体的保管单位就是材料科。进北京以后，材料科科长仍然是裴桐。到 1952 年中央秘书处进行改组，王仲珊、裴桐担任副处长，材料科撤销，将原来的材料科下属的三个组提升为科，改为整理、保管、资料三个科。

当时中央秘书处整理的档案有两大部分，一部分是从延安带过来的，这部分档案进京以后一直在整理着；再一部分就是刚接收的中共中央华东局送来的十几箱档案。

1949 年上海刚解放不久。华东局办公厅就给中央发来电报，说他们接收了一大批历史文件，问怎么办？中央立即在 9 月 18 日发出回电，电文是由杨尚昆起草，毛泽东修改，周恩来签发的。电文的内容是："大批党的历史文件，十分珍贵，请你处即指定几个可靠的同志，负责清理登记，装箱，并派专人护送，全部送来北平中央秘书处。对保存文件有功的人员，请你处先予奖励。"草稿中原为"有功的同志"，毛泽东把它改为"有功的人员"，这就是说，虽不是同志，只要有功，也应该奖励。

可能是时间来不及和没有人力，或因为是中央文件不便拆看，华东局没有对文件进行任何整理，而是原封不动的，一股脑儿装进了统一制定的大厚木箱，送到北京。

这可是解放前中央和上海中央执行局等机构保存在上海的一万多份珍贵文件和一部分珍贵资料。而保管它的地方，也就是我们常说的"中

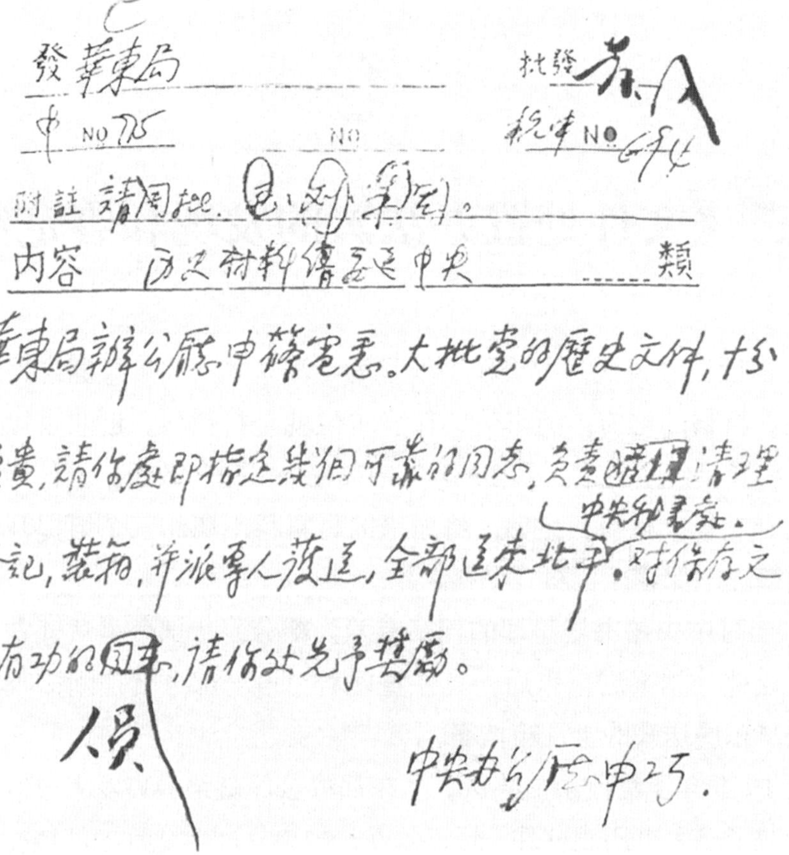
發 華東局

中 NO 775　NO

附註 請周批。恩、劉、朱閱。

内容 历史材料運至中央 ……類

華東局辦公廳申請電悉。大批党的歷史文件，十分寶貴，請你處即指定幾個可靠的同志，負責清理登記，裝箱，并派專人護送，全部運來北平（中央秘書處）。對保存之件有功的同志，請你处先予獎勵。

中央办公厅申25.

央文库”，它是1936年在周恩来的领导下成立的，成立以后它历经了日军占领时期、国民党统治时期，尝尽了艰辛与苦辣。保管人员换了四任：第一任是张唯一；第二任是陈唯人、韩慧英、妹韩慧茹，陈唯人有三个孩子，他装成阔人，住高级住房，吃得却很差，在肺病严重时整理了一下档案；第三任是缪谷稔、郑文道；第四任也就是最后一任是陈来生，他从1942年接管一直保管到1949年上海解放。这次也是他把十多箱档案护送到北京的（他后来被授予少将军衔），由裴桐按照箱子的数量接收。档案就存放在据说是敌伪时期存放鸦片的库房，这个库房是泥石砌成，没有木质结构，倒也结实和防火。

1952年开始整理时，曾三指定由赖世鹤负责保管和分发，并参加整理。但这些珍贵的文件和资料绝大部分都没有进行过整理，也有的只是做了些初步加工，什么叫初步加工呢？当时在保管时为了减少文件的面积，好多保存些文件，就把文件四边没有字的白纸部分剪去了，这很可能就是陈唯人肺病严重时做的。

我们在整理的时候就将每份文件加上一个文件笺，没有标题的需要根据内容重拟标题；没有作者或虽有作者但用的是代号的，比如：刘少奇、周恩来就有几十个代号，还有些一般的地方领导、单位名称也有用代号的，这就需要根据内容和代号注明作者（有的代号指的是谁，还需要从文件的相互关系中去发现）；无作成时间的，需要根据内容与其他文件的关系确定作成时间。所以，整理历史档案并不是一件简单、容易的事情。

《文件处置办法》（简称《办法》）就是在我们整理华东局送来的中央文库的档案中发现的。这份文件没有作者，没有作成时间，正文前面还有一行批语："试办下，看可否便当"，也没有落款。我当

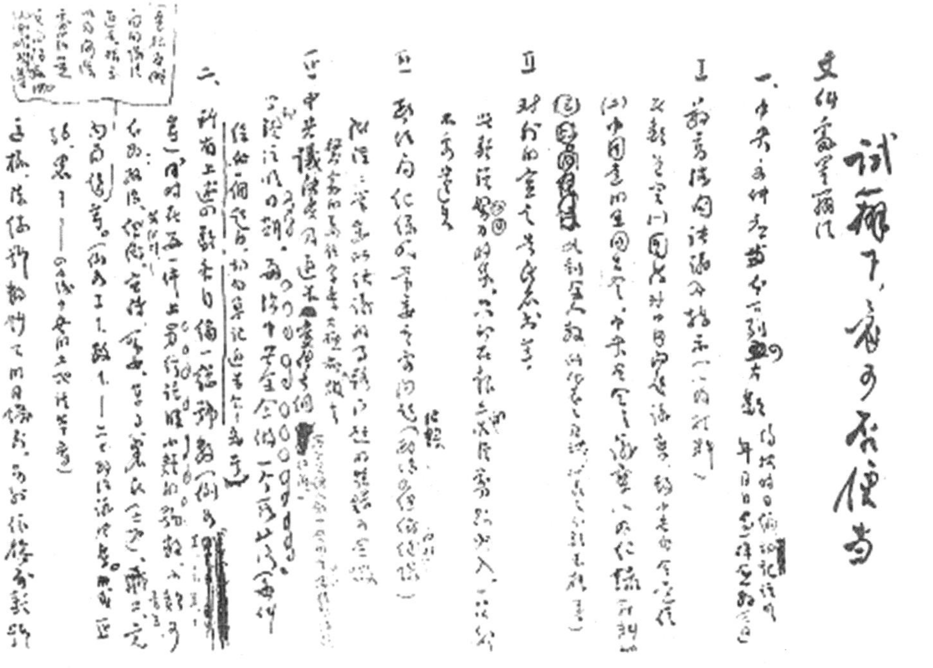

时只是一个刚从大学毕业参加工作不久的学生，对一些领导人的字迹还不能辨认，对我党一些重要的具体历史事件也不清楚，不能从这份文件的字迹和内容判定出作者和作成时间。但感到这是一份极其重要的历史文献，因为这是我们在整理历史档案中发现的我党最早的一个关于档案工作的指导性文件。

我们立即向当时的秘书处副处长裴桐作了汇报，裴桐又立即向当时的处长曾三作了汇报。曾三一眼就看出正文前的批示是周恩来的手迹，曾三对裴桐说："这个批示是谁写的？恐怕你也看出来了，这是周总理写的。这个文件是谁起草的呢？这字迹你可能还不太熟悉"，停了停，曾三接着说："这个起草人是瞿秋白。"

起草人和批示人已经搞清楚了，剩下的就是怎么判定作成时间的问题了。曾三认真反复地看了这份文件，提出了三点情况和裴桐商量：一是，《办法》中提到一份 1929 年 6 月的国际文件，所以《办法》的作成时间应该是在 1929 年 6 月以后；二是，周恩来是 1931 年 12 月离开上海去江西瑞金，既然是瞿秋白起草，周恩来批示，那就应该是他们两人都在上海的时候，那就是 1931 年 12 月以前；三是，瞿秋白和周恩来是 1931 年 1 月以前在一块工作，既然在一块工作，那就更方便一个起草，一个批示，那作成时间就应提早到 1931 年 1 月以前了。根据以上情况的分析，曾三和裴桐商量的结果是：这份文件的作成时间，应该是在 1929 年 6 月至 1931 年 1 月之间，最后估计为 1930 年。所以，在 1952 年出版的第 5 期《材料工作通讯》上刊出《办法》的时候就注明为 1930 年。

后来，曾三仔细一琢磨，又感到将作成时间估计为 1930 年有些不对头。为什么呢？这就得先了解瞿秋白这一年在干什么、他的地位是什么。曾三把裴桐叫到办公室，和裴桐商量，曾三说："原来我们是把周恩来和瞿秋白在一起作为一个根据来分析的，现在看来，应该得出相反的结论。"曾三接着说道："瞿秋白曾经担任过临时中央政治局常委负责人，1930 年六届三中全会在上海举行的时候，就是由瞿秋白、周恩来共同主持的，在这次会议上他们两人又都被选为政治局委员。正是由于他们同在一起的这种工作关系，不可能出现由瞿秋白拟定的文件，还要经过周恩来批办的情况。同时那个时候，瞿秋白也不可能有时间悠闲地坐到中央文库去起草关于怎么整理档案的文件。”经过曾三这么一分析，裴桐突然醒悟过来，赞同道：“是这么回事。”曾三接着说：“这种情况只能发生在1931年1月，六届四中全会以后。为什么呢？”曾三自问自答：“因为在这次会议上，瞿秋白被批判犯了‘调和路线错误’，遭到王明等‘左倾’教条主义分子的打击，被排斥在中央领导机关之外。瞿秋白虽然当时遭到这样沉重的打击，但他仍然一如既往地关心着革命斗争和党的事业，经常去文件阅览处阅读文件，并同鲁迅合作从事革命文化运动。”

裴桐禁不住插话道：“真是个好同志，不埋怨，不气馁。”

曾三也说：“是呀，是个好同志。在这个时候周恩来让瞿秋白起草《办法》，由他批办是可能的。”曾三一边指着办法中写的一行小字，一边对裴桐说：“你瞧瞧这一行小字，‘四中后中央的土地法草案’，‘四中’再加上‘土地法’，这就肯定是1931年1月六届四中全会以后起草的了。”裴桐完全同意曾三的真知灼见。说明原来的判断是错误的，有错就改嘛，曾三和裴桐就将文件作成时间改为1931年。1954年，曾三在党的第一次全国档案工作会议上就公开订正说：“我们在档案中已发现有1931年中央机关的《文件处置办法》。”后来，我又访问了年近九旬的、当年任中央秘书处处长、新中国成立后曾任全国工商联秘书长的黄玠然。根据他的回忆，也证实了这个《办法》是在1931年制定的。他说，1931年周恩来对他说：“要阿秋（瞿秋白）提出几条整理文件的规定出来。”

虽然起草人、批办人、作成的年代搞清楚了，但还有三个问题不清楚：一是，为什么要制定《办法》，是为全党制定的，还是为哪个部门制定的？二是，年代虽然清楚了，而无具体的月日。三是，周恩来为什么要让瞿秋白起草这个文件？

关于为什么要制定《办法》？我们又仔细地研究了这份文件，文件后面的“总注”引起了我们的注意，“总注”是这样写的：“如可能，当然最理想的是每件二份，一份存阅（备调阅，即归还），一份入库，备交将来（我们天下）之党史委员会。”

这里讲的“入库”的“库”，是指中央文库。1926年，四届三中全会决定设立中央秘书处，秘书处下设文书科，文书科又下设文件密写处、文件阅览处和文件保管处。1930年4月19日，中央在《对秘密工作给中央各部委全体工作同志信》中规定：各机关“不需要的文件，必须随时送至保管处保存”。这样，保管处也就被称为“中央文库”了。

而《办法》是在中央文库保存的15000多份文件资料中发现的，有些当时经过初步整理的文件也是按照《办法》的要求进行分类整理的。我们在整理当时军队、苏区和白区地方党的文件中并没有发现《办法》的副本。这就说明《办法》只是为整理中央文库的文件资料而制定的，并没有发到全党。后面谈到的1931年4月9日的中央决定就很好地印证了这一点。关于为什么让瞿秋白起草的问题，我们又查了一下有关档案。1931年1月，瞿秋白遭到错误排斥以后，并没有消沉，而是一直关心党的事业。他曾从事过宣传、文化工作，有这方面的工作能力，并且由于他曾是中央领导人之一，熟悉文件情况。所以在4月9日的中央政治局常委会议上，根据周恩来的提议，作出了让瞿秋白去文件保管处整理文件的决定。既然要整理文件，就要有整理文件的办法。周恩来让“阿秋提出几条整理文件的规定出来”就是执行中央的决定，是符合组织原则的。

关于文件作成的具体月日，从1931年4月9日的中央决定看，《办法》的作成时间应该是在4月9日以后，那么是在哪日以前呢？曾三认为应该是在4月25日以前。为什么呢？曾三说：这一天，顾顺章在武汉被捕叛变了，因为他是中央政治局候补委员，又是中央特科负责人，直接受周恩来领导，知道很多中央机关和中央领导人的情况。所以顾顺章一叛变，中央马上授权周恩来采取应急措施。周恩来立即通知凡是顾顺章知道的机关、干部必须迅速转移。瞿秋白也就很快转移到茅盾家里去了，以后又隐蔽到鲁迅家里从事文化工作。这时，瞿秋白就不可能再去中央文库了。所以曾三说：文件作成时间不会迟于 1931 年 4 月 25 日，把它定为 4 月 15 日前后比较合适。

当时，我们就是这样在曾三的亲自领导下来整理中央秘书处保管的历史档案的。这也是新中国成立初期中央秘书处的主要工作之一。

四、《材料工作通讯》问世

1951 年的春节，虽然已经过去一个多星期了，在这寒冷的深夜，夜空的宁静还时而被此起彼伏的鞭炮声打破。曾三坐在写字台旁边的靠背椅上，闭着双眼，似乎已经睡着了。不，他是在沉思。他想的是：从新中国成立到现在已经一年多了，全国的档案工作在保管和整理上仍然存在着混乱的现象。很多档案工作者不知道什么叫档案，不知道什么叫资料，很多单位没有专职的档案工作人员，档案可以不经批准就随便销毁。这种现象是不能允许继续存在下去了，必须尽快改变。想到这里，曾三突然站了起来，在房间里来回踱步，自言自语道："现在首要的任务是做舆论工作，先办一个刊物，宣传档案工作的重要性，交流整理档案工作的经验，引起档案工作者和有关领导的重视。"

同年 3 月，在曾三的建议下，中共中央办公厅召开了党中央各部委档案工作第一次座谈会。在座谈会上，大家提出了档案保管不善，档案、资料不分等问题。希望中央办公厅能出版一个档案刊物，介绍苏联的档案理论与实践，指导全国的档案工作，交流档案工作方面的经验。

曾三把会议的情况向中央办公厅主任杨尚昆作了详细的汇报，杨尚昆听了汇报后，非常支持办一个全国性的档案刊物，并让曾三去做筹划工作。

刊物要办了，可是起什么刊名呢？曾三一回到单位就和裴桐商量着。

“叫《档案工作》，现在还不行，因为这个刊名包括不了我们所要研究的范围，还是叫《材料工作通讯》吧。”曾三对裴桐说，“这是因为我们的档案科就叫材料科，大家习惯把档案称为材料嘛。很多单位还分不清什么是档案，什么是资料。材料工作既可包括档案工作，也可包括资料工作。叫《材料工作通讯》就是既要研究档案工作又要研究资料工作。”停了停，曾三又接着说：“叫它‘通讯’，因为它不是学术性、理论性的刊物，它主要是交流中央各部委整理档案和资料工作中的经验，互通情报嘛。”

“这个刊名可以，大家容易理解。那多少时间出版一期比较合适呢？”裴桐问。

“开始的时候恐怕只能不定期出版，这不是人力问题，也不是经费问题，主要是稿源问题。”曾三接着说：“大家在这方面都没有经验，理论方面也比较生疏，来稿一定很少，这是个无米之炊呀，困难是不少的。”

“我的意见是，发行面不应该太广。曾处长，您看发行到哪一级比较合适呢？”

“正因为大家在这方面都没有什么理论和经验，写出的看法和做法，很可能有错误和不正确的地方。所以只是探讨性的。发行范围小，错了，危害也不大。发行范围大了，危害就大了，要纠正过来就更困难。为了避免以讹传讹，杨主任的意见是，只发行到党中央各部委秘书处，政务院秘书厅，军委办公厅直属的档案室、资料室，各中央局、分局办公厅秘书处的档案室和资料室，并规定不得下达，只印几十份。这个刊物由我负责。你是材料科科长，编辑工作就由你负责，你看怎么样？”接着曾三同志笑了笑，“裴桐同志，这可是个无米之炊呀，难为你了。”

“当然困难是有的，好在还有苏联的经验可以介绍，也可以组织一些稿件。曾处长，您就可以写写嘛。”

“啊！先点我的将啦。我是要写的，我准备写一篇《关于档案工作的几点意见》。谈一下如何建立档案工作，档案和资料如何区分、怎样整理，以及现有档案室工作的几个问题。”曾三接着说：“裴桐同志，你也可以写一篇专门谈‘档案与资料的划分与整理’的文章。”

“我可以试一试。”裴桐回答道，“刊名是不是请曾处长写一下？”

“你的字也不错嘛，刊名就由你写吧。刊物我们争取早点出版。这工作很急，任务很重，事情不少，可增加你的负担了。”“这没有关系，我也很希望这个刊物能早点问世。”“你先考虑一个编辑计划，然后我们再研究一下。”1951年5月30日，《材料工作通讯》创刊了，这不仅是新中国成立后第一个全国性的，也是全国唯一的一份研究档案工作、交流档案工作经验的刊物。所以曾三主张第一期只是经验交流。介绍了华东局、华北局对档案工作的意见、总结和全国总工会的暂行办法。第二期也只是为了介绍和学习苏联档案工作的经验，翻译了米加叶夫的《苏联国家档案馆的档案材料及研究》这篇文章。

当时的档案工作者如饥似渴，迫不及待。裴桐向曾三汇报说：“现在收到各地不少来信，有的还来了长途（当时的电信事业不像现在这样发达，很少有打长途电话的。——作者），认为《通讯》对他们的业务工作帮助很大，要求扩大发行，有的要求发行到省委一级，有的要求发行到地委一级，认为这样可以更好地指导地方上的档案工作。”

“好哇！这是个可喜现象，说明档案工作已经开始被重视，说明档案工作者为了要做好档案工作，迫切要求学习档案业务。”曾三接着说：“可是，我们对档案理论的了解还很肤浅，档案工作的经验也还很欠缺，就怕以讹传讹呀。”

“发行到地委一级范围是广了一点，是不是可以先发行到省委一级。”裴桐问。

“就这样吧，从第三期开始发到省（市）、自治区党委秘书处，并且只给一份。”

当时摆在全国档案工作者面前的一个很重要的难题，就是怎样区别档案与资料的问题。这个问题不解决，其他所有问题都无法正常进行。

这是大家非常关心的问题，迫切需要得出一个正确结论。

曾三向裴桐布置道：“从第三期起就开始组织讨论，一定要有个完整计划，先发什么，后发什么，最后怎么总结。”

裴桐谈了他的想法，并和曾三一起商讨了一些具体安排。

所以，从第三期起就组织了对这一问题的讨论。在讨论中除了刊出了一些读者来稿外，还刊出了曾三的《关于档案室工作的几点意见》、裴桐的《档案与资料的划分和整理》和《对档案与资料区分的再认识》、吴宝康的《重新认识档案与资料的区分》四篇重量级文章。

这次讨论经历了两年的时间，使广大档案工作者有了这样一个明确的认识：档案是“一定机关、团体或个人在工作中形成的文书总合”。这个认识基本上反映了档案的外延与内涵。所以，曾三这次提出和组织的讨论对实际工作具有非常重要的直接指导意义，促进了档案事业的迅速发展。

当时负责这个刊物的只有曾三和裴桐两个人。选稿、改稿、校对、跑印厂（当时秘书处下面设立了一个小印厂，专门印中央文件）都是裴桐亲自去做。而对用稿的拍板和最后一遍的校对则由曾三负责。

当时曾三和裴桐对刊物的机构设置、职务安排并没有在意，既没有设置总编辑之类的职务，也没有设置编委会和主任之类的头衔。曾三和裴桐都为这个刊物做了很多的工作，付出了很多的心血。但他们却丝毫不计较名誉地位，只是默默无闻地做需要他们做的事。

出版到第九期的时候，才发行到中央人民政府和军委各部门，这当然还远远不能满足全国档案工作者的需要。

五、在中国人民大学成立档案专修班

1949 年底，苏联专家米留申是随着一个庞大的顾问团来到中国的，不是我们请来的。他来了后就要求到处参观、访问。曾三特地从政务院（1954 年改为国务院）秘书厅调来王明哲全程陪同。总的来说，他还是尽力做了一些对我们有益的事，讲了一些对我们有帮助的话，我们还是很感谢他的。

他每到一个地方就提建议、作报告，并介绍苏联档案机构的设置和档案工作的情况。他说，苏联在 1930 年就已经创办档案学院了（1932 年改称为历史档案学院），他说中国也应该有这么一座学校。

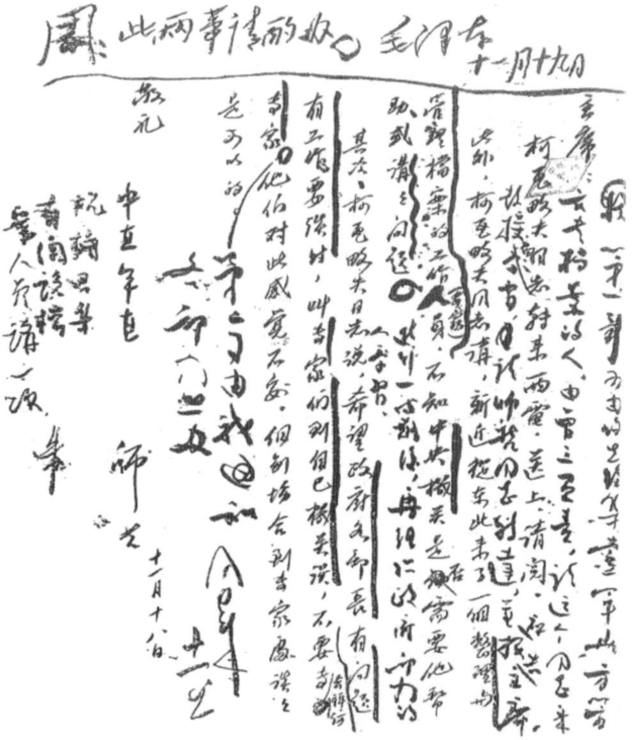
周：此两事请酌办。毛泽东 十一月十九日

曾三和裴桐都是没有想过的，

没有这个思想准备，耳目为之一新。新中国成立前，也只是在 20 世纪三四十年代的时候，有人先后在武昌、重庆办过两所这类的私立学校，也只是中专性质。现在，一个档案工作者要接受大学专业教育，成为档案专业的大学毕业生，这就提高了档案工作者的地位，是档案工作者的光荣，还有利于新中国档案事业的发展。他欣然采纳了这个建议，立即向当时的中共中央副秘书长兼办公厅主任杨尚昆汇报了这个情况。要办档案学院的问题很快就惊动了毛泽东、刘少奇、周恩来等中央领导同志，他们马上就拍板同意。由于得到了中央的批准，办一个培养档案专业人才的高等学府就这样板上钉钉，定了。

不久，杨尚昆告诉曾三说："我们已用中央办公厅的名义同中央组织部、中央宣传部进行了联系，取得了一致意见。决定把这个创办档案专业的任务委托给中国人民大学，吴老（吴玉章）也大力支持。"

1951 年 11 月 21 日，曾三给中国人民大学校长吴玉章和副校长胡锡奎、成仿吾写了一封感谢信。信中说："我们提议由人民大学成立档案系，安（子文）部长、乔木部长、杨主任都同意的，今又得您的赞助，十分感谢。"

办档案系的问题，领导上同意了，人民大学同意了。但怎么办呢？曾三感到很困惑。一是，没有档案专业的教员；二是，没有办档案专业的经验。从全国也调不出一个能讲档案课的。很多人对什么是档案，档案怎样整理立卷、怎样分类，都不清楚。所以只有请苏联专家来讲课，请他们帮助我们培养师资了。

华灯初上，夜色深沉。在曾三的内屋是卧室、外屋是客厅的平房里，曾三和裴桐正在研究怎样办档案系的问题。

裴桐说："苏联档案专家米留申来过中国，是不是请他来？"

"你和我想到一块去了：他很合适。他上次来中国的时候，到全国几个大城市跑了跑，曾深入一些机关，了解我国档案工作的一些现状，也曾经对我国档案工作的改革提出过一些建议。"

随即，曾三在给中国人民大学三位校长的信中说：去年苏联专家米留申来过，现在他虽然回去了，如决定办档案系，最好还是再请米留申来，并且最好聘二人。

后来，曾三对裴桐说：“米留申来不了啦。他不是一般的苏联档案专家，他是苏联中央档案管理局副局长。”

裴桐为难地说：“我们对苏联在档案专业方面有哪些专家也不熟悉，也不知道应该请谁。曾处长，您看是不是就由他们派吧。”

曾三说：“我看，也只有这样了。我已向杨主任汇报过，主席、总理、小平同志都很关心这件事。”

1952 年 8 月 15 日，周恩来率领一个庞大的中国政府代表团访问莫斯科（副团长是陈云、李富春），征询苏联对我国“一五计划”的意见，并商谈在此期间对我国的援助事项。中央还特地交给了周恩来另外一个任务，这就是为马列主义学院（现在的中央党校）和中国人民大学档案系请苏联专家的问题。周恩来到达莫斯科后就和苏联中央政治局委员、苏联部长会议副主席马林科夫谈了这件事，马林科夫同意了，但由于苏联正在放暑假，未能很快确定人选。8 月 30 日人选确定后，周恩来就在当天以他自己的名义给中央拍回了一个电报，其中谈到去档案系讲课的是教授谢列兹聂夫（他是 1952 年从莫斯科历史档案学院毕业的研究生，获副博士学位，后被评为副教授）。这个电报马上送到了毛泽东、刘少奇面前。毛泽东圈阅了，刘少奇除了圈阅以外，还在电报上对杨尚昆作了批示。

我不知道在中国还有哪所大学在请外教的时候，受到毛泽东、刘少奇、周恩来等党和国家领导人这样的关怀和操心。这也算是中央领导对档案事业的情有独钟吧。

苏联专家的问题解决了，但不能只靠一个专家就办一个系。所以，选拔、培养中国自己的教员，就成了迫在眉睫的事情。曾三和裴桐商量以后，决定从中央秘书处调田风起、李凤楼去。并征得政务院（新中国成立时叫政务院，1954 年 10 月才改为国务院）秘书厅的同意，从秘书厅秘书处调王明哲去。（因为王明哲在 1950 年全程陪同过苏联专家米留申，对苏联档案方面的一些知识有所了解。）一个苏联专家和三个中国档案人员就这样组成了一个文书、档案的教学班子。但这样还不成，一个讲俄罗斯话，三个说中国话，没有办法沟通，还需要一个翻译。根据当时的情况，要找一个既懂俄语、又懂档案的翻译是不可能的。曾三和裴桐首先想到的是曹岩华，他虽然不懂档案，但他在米留申来华的时候当过翻译，翻译一般的关于档案方面的报告还是能够胜任的。但不幸的是，他下落不明，一时找不到。于是，决定向中央编译局要一个懂俄语翻译的，条件是：不光能笔译，还能口译，年龄还要轻，有培养前途。后来就调来了梳着两条小辫子、身材苗条的韩玉梅。

搞档案系除了要学习文书、档案课程以外，还有一个必修课，那就是历史，特别是《中国政治制度史》。所以，校方又从历史教研室（那时也没有成立历史系）调来韦庆远，培养他开设历史课。

另外，苏联专家还建议必须讲授《党章》及《党的组织机构史》，因为这些学生将来主要是整理党的档案的。曾三和裴桐认为这个建议是对的，就在 1952 年 11 月 14 日给杨尚昆、习仲勋、安子文写了一封请示信。11 天以后（11 月 25 日），曾三再一次书面请示，并具体提出准备请中央组织部副部长龚子荣讲《党章》，由中央秘书处副处长裴桐讲《中国共产党组织史》的问题，并附去了教学大纲。最后经领导同意开设了这两门课程。

裴桐看过很多历史档案，了解各个时期党的组织机构情况，但他没有时间去重新翻阅这些档案，就让范垂学、赖世鹤、赵敏英三个人帮他搜集材料和进行初步整理。

可是，除了上面做的准备以外，档案系应该怎么办、应该设置什么课程全然不知。根据当时存在的实际情况，人民大学提出了是不是先办档案专修班的意见。曾三觉得也只有这样了。

随即，由中央组织部调来田奇担任档案专修班副主任着手筹备工作。可是，由谁来担任班主任呢？被誉为“活档案”的裴桐当然最合适。

可是裴桐是曾三的左右手呀，曾三离不开裴桐，很多工作都是裴桐做的。裴桐不能走。“那么，谁去呢？”曾三思索着，并转问裴桐。

“华东局秘书处副处长吴宝康可以担任这个工作，他在档案工作上做出了一些成绩，关于档案和资料的区分、关于档案机构的设置和上下级之间的关系等问题，华东局办公厅都首先提出了自己的看法，并形成了文件。在《材料工作通讯》上，吴宝康同志也连续发表了不少档案理论方面的文章，是个既有理论又有实践经验的档案工作者。”裴桐真心实意地向曾三推荐了吴宝康。

“我看可以，他是合适的人选。”曾三点了点头，同意裴桐的推荐，“他有一定的文化、理论水平。他的年龄也不大，跟你的岁数差不多吧？”

“好像是同年。”裴桐答道。

曾三接着说：“因为他还年轻，接受新鲜的东西会比较快，在他学习了苏联的档案理论以后，再经过一段时间的教学实践，他可以成为一个杰出的档案教育工作者。你这个意见很好，就请他担任班主任吧。”

“他在华东局是副处长，是不是可以平级调。”裴桐提出他的想法。

“我也是这样考虑的。我想让他担任中央秘书处副处长兼档案专修科的班主任。但这还需要报杨主任同意后，由中央组织部去调。”

1952年8月底，吴宝康正在上海整理行装准备来北京之际，曾三特地给吴宝康打了一个长途电话：“你是吴宝康同志吗？我是曾三呀，你都准备好了吧？档案专修班已经筹备得差不多了，苏联档案专家已经到了，从中央编译局调去了一个小翻译，将来再配备两个。教员嘛，已从中央秘书处、政务院秘书厅和人民大学历史教研室调去了四个。其他的教职人员等你来了之后再配备，欢迎你来北京工作，希望你来‘人大’创业。”

吴宝康没有想到曾三那么忙，在他临行前会这么热情地给他打来长途电话，关心他、鼓励他。吴宝康很激动地回答说：“我很高兴去北京，我很愿意去‘人大’工作。”

“你动身的准备工作做得怎么样了？”

“一切都准备好了，组织上很照顾，我们全家都去，最近就动身。”

“这很好，我再一次表示欢迎你，欢迎你们全家。”

吴宝康从上海调来以后，对于他的工资由哪个单位发的问题，曾三还是颇费了一番心思。因为档案专修班是双重领导，有些事情还归中央秘书处管。田风起、李凤楼就由中央秘书处发工资，但秘书处是包干制，是供给制的另一种形式，除了发单、棉制服以外只发很少的零花钱。当时我们也是包干制，吃大灶，除掉了伙食费以后，一个月只剩下几元钱。人民大学就不同了，是薪金制，收入比较高，所以，韩玉梅调来的时候为了提高她的生活水平就由人民大学给她发工资。吴宝康调来的时候，曾三也出于这种考虑由人民大学给他发工资。

后来裴桐在接到吴宝康的一封来信后才知道一些情况，就向曾三反映说：“吴宝康同志在华东局的时候和我们单位一样是包干制。来到人民大学以后，根据我们和‘人大’的协商是由‘人大’发工资。‘人大’是薪金制，吴宝康同志除了有爱人以外，还有母亲和三个子女，他在华东局时，母亲和子女的生活费，还有雇保姆的费用是由公家负担。改薪金制后，负担就加重了，生活水平降低了。”

曾三“哦！”了一声，接着说：“这倒是一个实际问题。我们不能把他从地方调到中央来．反而降低了他的生活水平。”曾三站了起来，在房间里来回走着，突然他停下来问裴桐道：“你考虑了没有？你认为怎么解决比较合适呢？”

“我这样想。”裴桐回答道：“王明哲、田风起、李凤楼同志都是由原单位发工资，吴宝康同志是中央秘书处副处长，是不是可以把他的工资关系转到秘书处来呢？这样就可以将他的工资由薪金制改回为包干制。”

曾三点点头，沉思了一下说：“这是一个比较好的解决办法，我把这个问题向杨主任汇报一下，等中央组织部批准后，就由秘书处发工资。”后来，这个问题就这样顺利解决了。

1952年11月15日，中国人民大学档案专修班正式开学了。这是新中国，也是中国有史以来建立的第一所档案高等教育机构。标志着新中国档案高等教育进入了初创时期。

毛泽东、刘少奇、周恩来等中央领导同志关心、惦记着的档案学院怎么样呢？后来成立了吗？——成立了，但又消失了。

情况是这样的：一年以后的1953年就成立档案专修科，三年以后的1955年成立了历史档案系。那么，周总理一直惦记着的档案学院呢？在历史档案系成立的第二年，也就是1956年4月16日以前，国务院在讨论《关于加强国家档案工作的决定》时，周总理还说："为了培养更多的档案干部，可以把中国人民大学档案系扩大一点嘛。"什么叫扩大一点嘛？就是成立档案学院呗。

1959年国家档案局在周总理的授意下，召开了"研究成立档案学院"会议，参加会议的有国家档案局的曾三、张中、洛风、王仲珊、郝化村、卫文秀，以及中央档案馆的裴桐、中国人民大学历史档案系的赵德芳、刘正业。会议作出了以下决定：

1. 一致同意成立档案学院的建议，具体问题由国家档案局的曾三局长和中国人民大学的聂真副校长交换意见。

2. 由曾三、聂真、张中、王仲珊、马纪孔、吴宝康、赵德芳、刘正业等同志组成筹委会。

3. 先摸情况，而后报告中央。

周总理见到报告后，同意在北京创办档案学院。于是各项筹备工作积极进行。后来，因为国民经济遇到暂时困难，周总理很无奈，特地要杨尚昆转告曾三，"档案学院暂时停办"。

随着经济情况的好转，1985年，国家档案局再一次提出成立档案学院的问题，马上得到中共中央办公厅和国务院办公厅的大力支持，档案学院终于被批准成立了。这是我国档案界的一件大喜事，是档案学教育史上的一个里程碑。

国家教育委员会和国家档案局对档案学院的成立都寄予很大的期

望，在档案学院批准成立前的一个月（1985 年 6 月）就在全国档案学专业教育改革座谈会上，对即将成立的档案学院提出了明确的要求，希望它能够义不容辞地成为“两个中心”“一个基地”。所谓“两个中心”，就是要求档案学院成为高等学校档案学教育的中心和档案学研究的中心；“一个基地”，就是要求档案学院成为培训高等学校档案学师资的基地。这就使档案学院担负起了一个更加艰巨而又光荣的历史重任。

第二年（1986 年）国家档案局给了档案系一笔经费，系领导选择了不脱离中国人民大学的扩建之路，而是使档案系扩大为档案学院，这总算了却了上自党中央第一代领导人，下至我们普通档案工作者的心愿，圆了大家一个期盼已久的梦。

但“好花不常开，好景不常在”，突然传来，档案学院消失了，换名了。一听，我们都懵了，只得仰天长叹，天呀！

六、《档案工作》出版

经过《材料工作通讯》两年的宣传，以及档案工作者的学习和研究，大家已经能分清什么是档案、什么是资料了。曾三认为再叫《材料工作通讯》就不合适了。这个刊名既不确切，也含糊不清。

“曾处长说得对。”裴桐回答道，“当时叫《材料工作通讯》有它的客观原因，那时档案和资料不分，所以叫‘材料’，现在经过了这两年的学习和宣传，对档案工作的概念比较明确了，再叫‘材料’的确是个问题。是什么‘材料’呀，是谁家的材料呀。我们把‘文件’叫材料，纺织厂把‘棉花’叫材料，机械厂把‘钢铁’叫材料。所以，各个不同的部门有不同的材料。《材料工作通讯》从刊名上看，人家就不知道是什么性质的刊物。”

“听说，苏联一本著名的小说《钢铁是怎样炼成的》，有的新华书店也闹了笑话，把它放在工业类的书架上。”曾三笑着说。

“我也听说过。我这么想啊，我们这个刊物要是放在书店的书架上，也有可能分到工业类去的。我看就改为《档案工作通讯》吧。”裴桐答道。

“我看‘通讯’二字也不用要了，就叫《档案工作》吧。虽然苏联科学院有些学术性刊物在后面也加‘通讯’二字。根据我们的字义，‘通讯’是指消息报道，顶多只包括报告文学。现在我们要把《档案工作》办成既有经验交流，又有理论研究的综合性刊物。”曾三接着说：“但是这个刊物暂时还不能公开发行。除了因为文章不都很成熟外，更因为文章的内容涉及机关内部情况。也可以不叫‘秘密刊物’，但得注明是‘内部刊物’。仍由（中共中央）机要交通局投递，免费发行。刊名嘛，裴桐同志，还是由你来写吧。”

《档案工作》第一期，经过几个月的筹备，于1953年7月1日，中国共产党诞生32周年的时候出版了，这是档案工作者给党的一份虔诚的献礼。

原先《材料工作通讯》是由曾三负责，裴桐担任编辑。《档案工作》出版就成立了编委会，委员为曾三、裴桐、吴宝康三人，另外成立了编辑部，只配备了两个编辑，由范垂学、赖世鹤担任。

当时的《档案工作》主要还是介绍苏联的经验。因为很多的档案工作者过去从来没有接触过档案，更不会整理档案，为了提高他们的业务水平，只得借助苏联的经验，刊出了对以下两方面的介绍：一方面，是苏联文书、档案工作理论的介绍；另一方面，是对运用档案理论结合中国档案工作实际情况的经验介绍。刊出后，各地如饥似渴，纷纷自发组织学习，有22个省、市还组织了小型学习班，影响很大。根据当时全国档案界的情况，曾三决心要在《档案工作》上组织两次大讨论。

一次是关于“档案工作应如何为党在过渡时期的总路线服务”的大讨论。这是一次全国性的思想大讨论。曾三之所以要组织这次大讨论，是因为1953年我们党提出了我国过渡时期的总路线、总任务。毛泽东还着重指出：“这条总路线是照耀我们各项工作的灯塔，各项工作离开它，就要犯右倾或‘左倾’的错误。”全党、全国人民都要为实现过渡时期的总路线而奋斗。

但当时有很多档案工作者情绪不稳定，不安心工作。认为这个工作太简单，是老太太干的活，有把锁，把房门锁上就行了，看不到工作与总路线的关系。为了使档案工作者认识到自己工作的重要性，认识到自己的工作与总路线的关系，帮助他们树立正确的世界观，做一个又红又专的档案工作者，就是一件非常必要的事情。所以从1953年12月出版的第5期开始，我们就根据曾三的指示引导读者对这一问题展开讨论。

不久，就收到许多的来信来稿，在1954年出版的7、8、9三期上就刊出了12篇。第10期还刊出了吴宝康的《论档案工作的意义及其目前存在的问题》的文章，曾三之所以要安排刊出这篇文章，是为了在对这次讨论总结之前，先对一些主要问题作个全面阐述，使读者明确当时要整顿与改革的档案工作的主要内容是什么。紧接着，在第11期上，根据曾三的安排，刊出了《档案工作怎样为我国过渡时期的总路线总任务服务？》的讨论总结。这篇总结是曾三让裴桐起草，编委会讨论通过，以编委会的名义发表的。

总结说：要“使档案工作者能适应总路线对它的要求，为我国的社会主义建设服务”。根据这一总的要求和当时的具体情况，曾三特别强调要使档案工作者明确今后的四项任务，曾三反复说：“一定要把这四项任务写进去。”

哪四项任务呢？一是宣传与学习苏联档案工作的理论与实践；二是有步骤地改善机关文书处理与档案室的工作；三是主动提供领导上和各部门所需要的材料；四是把解放前的历史档案就地安全保管起来。

这四项任务的提出，就使得档案工作人员心里豁亮了，方向明确了，知道应该怎么去做了。很多读者纷纷来信来稿表示：愿意在档案工作上发挥积极主动的创造精神，出色地做好本职工作。

随后，又组织了由“谁负责立卷好”的大讨论。这是自《材料工作通讯》讨论“档案和资料区分问题”以后的又一次全国性的业务大讨论。立卷，原来一直是档案部门的事，这是历史原因造成的。因为档案部门接收和保管了大批零散的历史档案，对这批档案进行立卷，就成了档案部门义不容辞的责任。对现行文件应该由谁来立卷好？根据苏联的经验是：文书部门立卷好。但文书部门对这一点反应很强烈，说什么“文书部门立卷，档案部门干什么？”意思是说，以后档案部门只是光吃饭不干活了。其实，当时档案部门也有很多同志不知道将来不立卷后还有哪些工作要做。在一次《档案工作》编委会上，曾三提出来应该对文书、档案部门的同志和各级领导做些宣传工作，裴桐、吴宝康都很支持。于是，1954 年在《档案工作》上开展了对这个问题的讨论。并且推广了中华全国总工会等机关实行文书处理部门立卷的归档制度和改进档案室工作的经验。这次讨论为 1954 年 12 月制定的《中国共产党中央和省（市）级机关文书处理工作和档案工作暂行条例》和 1956 年 4 月国务院制定的《关于加强国家档案工作的决定》中规定由文书部门立卷，奠定了思想基础和理论基础。1955 年 1 月，刘少奇在签发《暂行条例》时，希望档案工作者能继续进行改革。

这两个文件的制定和刘少奇的批示，就在全国解决了由文书部门立卷的问题。

当时还有一个重要的问题，就是大区撤销的问题。曾三在这个时候非常担心的问题是：这些大区的档案怎么办？怎样才能完整地保存下来而不受到损失？曾三向杨尚昆和中央领导同志打报告、提建议，还在《档案工作》上组织文章，大力宣传保存大区档案的重要性。并在第 14 期上刊出了中共中央办公厅颁发的《关于中央局撤销后档案集中管理的办法》和中央人民政府政务院颁发的《关于大区行政机构撤销后档案集中管理的办法》两个文件。这两个文件的制定（可以说是由曾三促成和参与的），就使得大区的档案能够完整地保存下来。

所以说，《档案工作》在对大区撤销后机关档案必须集中管理问题上的配合宣传，做得比较好，也取得了很好的效果，它的功劳是不可没的。

《档案工作》在出版了几期以后，读者反应强烈，甚为欢迎。但也收到一些档案工作者的诉苦信。裴桐把编辑部向他汇报的情况向曾三汇报说：“有的机关收到《档案工作》后，认为是‘内部刊物’不给档案室的同志看，有的读者在信中说：‘党委办公室的同志把《档案工作》锁起来，我们看不着，希望你们能发函，帮助我们解决这个问题。’”

“啊！？有这种事，真有意思。”曾三又奇怪，又好笑，“所谓‘内部刊物’，是指档案工作者看的‘内部刊物’，搞档案工作的不让看，把它锁起来，我们还办这个刊物有什么用。裴桐同志，根据档案工作者的意见，你让编辑部起草一封信，普遍下发给有关的所有办公室吧。”后来裴桐把这个任务交给了赖世鹤。

到 1955 年 2 月，《档案工作》出版了 18 期。这时国家档案局已经成立了，由曾三兼任局长。曾三提出：将《档案工作》由中央秘书局移交给国家档案局出版。曾三说：“因为国家档案局的首要任务，就是指导全国的档案工作。办刊物就是为了更好地完成这个任务嘛。国家档案局是政府部门，由国家档案局出版有更多的便利，并可由邮局公开发行（当时，党委系统的刊物不能交邮局发行，只能由中央机要交通局投递）。”所以，从 1955 年 3 月开始，《档案工作》就由国家档案局出版了新的第 1 期。

七、新中国成立初期党的各省（市）委档案工作情况

中共中央办公厅召开的党的第一次全国档案工作会议将要在 1954 年 12 月于北京举行。曾三对裴桐说：“我现在有种想法，由于各地的汇报和我们下去的调查，我们对前几年各地的档案工作情况已有所了解，这次来开会的代表有 100 多人，各省（市）的都有，我们可以在会议前搞一次座谈会，让他们谈谈当地的文书、档案工作情况。这样，我们就可以了解最新的情况，看看比前几年有什么改进没有，还存在哪些问题。”裴桐很支持曾三的这个想法。

在代表到京之后，会议开始之前，中央办公厅秘书处的工作人员，就遵照曾三的指示作了一次调查，分别和各地秘书处处长、档案科负责人进行了一次座谈，我当时也参加了这一工作。这次调查事先由曾三、裴桐拟定了详细的调查提纲，分成几个小组，对全国所有的省（市）委的文书、档案工作，一个不漏地进行了了解。

1. 档案机构有了，名称五花八门

在座谈中，大家都对新中国成立以后各地的档案工作从无到有、逐步建立起来感到非常兴奋。新中国成立初期，各机关刚刚建立，又经常忙于中心工作，很多单位还没有顾得上配备档案人员，档案的管理相当混乱，丢失和随便销毁的状况也很严重。

自从 1951 年 4 月中共中央办公厅、中央人民政府政务院分别召

开了党和政府秘书长会议以后，情况大有好转。因为两个在同一时期召开的会议不仅强调了档案工作是一项机要工作、强调了档案工作在国家建设中的重要作用，而且在党委秘书长会议上，制定了《关于加强文书处理工作和档案工作的决定》。在全国政府秘书长会议上讨论通过了《公文处理暂行办法》（由中央人民政府政务院于1951年批准执行），对机关文书、档案工作的基本原则和做法作了统一的规定。

所以，这以后各省（市）委都有了管理档案的机构，当然有的成立得比较晚，比如湖北省委的档案室就是到1953年才成立的。

各地的档案机构大多设在办公厅秘书处下面，但在名称和业务范围上则五花八门，不尽相同。有的叫档案科，有的叫档案室，也有叫股、叫组的。辽宁省委虽然叫档案科，但还要管资料。湖南省委干脆叫“党刊、档案组”，顾名思义，除了要管档案以外，还要管党刊。陕西省委则叫材料科，管档案、图书和发行。北京市委则叫资料组，负责文书立卷和保管工作。云南省委原来也叫资料科，后来由于中国人民大学档案专修班毕业回去的学生据理力争，才于1953年8月改为档案科。

也有的档案机构设在办公室下面，福建省委就是这样。福建省委办公厅下设一室、三处、一局（办公室、秘书处、行政处、机要处、机要交通局）。档案组是作为办公室所属的第四组。

北京市委、上海市委负责档案的部门则是直属办公厅领导。北京市委负责档案工作的资料组与秘书组、机要科、文书科、人民来信组、行政处平行，直属办公厅。上海市委则在办公厅下设立三个办公室、三个处、二个科，第一处下设秘书、文印、收发、保密、会议、接待、档案等部门。

听到汇报到这里，曾三很欣慰地插话道：“档案机构虽然在名称上五花八门、隶属关系也各异，但作为一个独立的机构；1954年已经在全国大部分省（市）委建立起来了。”裴桐接着说：“这可是这五年来办刊物、办学校、各地办培训班，特别是中央发文件大力支持的结果。”

2. 虽配备了专职干部，但人少流动大

机构建立了，人员也就逐渐由兼职变为专职。到1954年，各省（市）委有档案干部123人（女46人，男77人）。从政治条件看，党员110人，团员13人；从文化程度看，小学4人，大学6人，最多的是初中，有73人；从工作年限看，最长的5年，只有2人，两年以下的占77人，其中还有25人是1954年下半年才调来的。

从这里可以看出，档案干部一是配备的比较晚，二是调动频繁，工作年限长的太少。就拿浙江省委来说，原来档案干部6人，一来中心工作就全部抽调下乡，1954年只剩下2人了。

档案干部最多的是辽宁省委，有7人，倒不是因为这个省委特别重视档案工作，特地做了这样的人事安排，而是因为辽宁省委是刚由辽东、辽西两省合并而成，把两个省委的档案干部集中到一处了。档案干部最少的省委，如：四川、贵州、甘肃都只有2人。

3. 开始做了立卷工作，但量和质都有差异

这时，档案干部人数虽然很少，但毕竟有了一支专职的档案干部队伍。他们通过学习业务知识和自己的实践经验，已经使工作有了初步进展，取得了一些成绩。全国已有18个省（市）委做了立卷工作。云南省委的同志还特地千里迢迢地带来了他们立的一个卷，请中央秘书处的同志给看看。我们研究了这个卷，卷立得不错，是运用了机构、年代、问题等特征的。当然，各地立卷的年份多少不一，粗细亦异。有的只把一年的文件立了卷，有的只把两三年的文件立了卷，但也有几个省委，如福建、山西已把1949年至1953年的文件立了卷。湖北省委更把建省以来到1954年4月的文件全部立了卷。有的省（市）委卷立得比较粗，方法也比较旧。如原辽东省委立了3000个卷，只用卷宗夹起来，也没有标题。黑龙江省后来和嫩江省合并，在立卷时却把两个省的档案混在一起，破坏了他们各自的完整性。江苏省委的个别有关领导则爱用十进分类法，认为根据过去的经验这个方法不错。也有的省（市）委，卷立得比较细，方法也比较新。如：甘肃、陕西、

青海等省委都是按六个特征立的卷。原辽西省委立了 5000 个卷，都用三瓣夹夹起来，有标题和卷内目录。江西、江苏、福建、湖南、云南、贵州、广西、热河省委和上海市委除了是按六个特征立卷以外，还从 1954 年开始试用了案卷类目。上海市委的案卷类目分十五类、五十属类、五百几十条款。但立卷后进行装订的单位比较少，福建省委档案组的同志就说："文件还未搜集齐全，经常在立卷后又从其他地方跑出文件来，装订了还得拆，不如不装订。"

曾三听后认为："这五年来，各省（市）委的档案工作还是取得了一些成绩。档案机构建立了，干部初步配备了，大部分省（市）委进行了立卷工作，这都是好的一方面。"

4. 档案保管不当，发生霉烂、随便销毁等现象

到 1954 年，还有不算少的一部分省（市）委没有进行立卷工作，有的装在麻袋里，有的放在木柜里，有的锁在箱子里，没有目录，没有统计数字。由于保管不善，1954 年安徽水灾就使部分文件遭水泡后霉烂了。

对新中国成立以前的文件各地都差不多没有整理。当时我们在进行调查时，对历史文件的情况作了专门的了解。很多省（市）委都保存有历史文件，有的保存的比较多，如江苏省委有历史文件 2 万多份。而这些历史文件都是很珍贵的历史档案，如陕西省委保存有 1941 年至 1948 年西北局的文件 8704 份，其中有刘少奇、林伯渠等同志的手稿。热河省委保存有 1946 年以后冀察热分局及西满分局的文件 12947 份，敌伪材料 466 份（另外还有负责同志从后方带去的 1942 年的文件），其中有锦、热、蒙三地调查、满洲帝国蒙政十年史和解决蒙古问题的历次会议记录。贵州省委还保存着杨勇带去的关于军事方面的文件，但由于没有整理，是什么时间的，是什么地区的，一共有多少，全然不知。福建省委原来还保存有 1933 年左右的闽浙赣区党委的文件，不知道多少份，只知道是两箱，由曾镜冰交给了张鼎丞，以后的事就不知道了。

对历史文件没有整理。有的省（市）委因为人力不够、业务能力又低，一时还顾不过来。但也有不少省（市）委对历史档案不重视，认为事过境迁，没有什么用。如山东省委 1950 年就曾把太行、太岳、晋绥的历史文件（其中有反“扫荡”的文件）烧了一部分。当时秘书处处长认为是烂纸堆，呈请秘书长焚毁，秘书长也就马马虎虎地批准了，烧了也没登记。

各地随便销毁现行档案的情况也很严重。如湖北农村工作部把 1953 年的文件销毁了一半，江苏省委宣传部 1953 年将下级来文全部销毁了，广西各部委的文件大部分销毁掉了。上海市委的同志说：“我们没烧过文件，只烧过底稿。”裴桐对曾三说：“您看，这多愚昧，这不正好把原件给烧掉了吗？”曾三说：“是呀，还振振有词呢。”

5. 文电分开管理，造成“两地分居”

当时文电采取分开管理的办法还是很普遍的。由于文来电复、电来文复，就人为地造成“两地分居”。更有意思的是，各地还采用“假电报”的形式，这种“假电报”，名之为“代电”或“陆送电报”。实际上就是陆送文书。如南京市委和江苏省委同在南京，来往文书就常用“代电”这种形式。他们的想法是：文件是秘书看，电报才是书记看。用电报这种形式就可以使领导亲自批阅或过目。这样文件和电报形成的数量差不多。比如安徽省委 1949—1954 年的文件是 5 万多份，同时期的电报也有 4 万多份。所以普遍感到电文分开管理的办法使用起来很不方便。机要部门对积存的大量电报的保管也感到负担很重。而机要部门只有保密的观念，并没有立卷的概念，所以电报销毁的情况更为严重。湖南、贵州省委将 1952 年以前的电报全部烧掉，湖南省委有时还用电话发文，不留底稿，广西省委则将 1953 年以前的电报全部烧掉。后来他们也感到这是个问题。福建省委机要部门整理了一个材料：《电报档案管理的根源、弊病和出路》，要求解决这个问题。

在一些干部比较健全、制度比较完善的省委，已开始对文电采取集中管理的办法。湖北、安徽、陕西、辽宁、吉林、黑龙江等省委已将1953年以前的电报集中到档案室。其中湖北、陕西是采取将文电合在一起立卷的，黑龙江则是采用代理卡顶替电报和文件一块立卷，其他的几个省将文电分开保管。我们在调查的时候，各省（市）委的同志都“希望中央秘书处和中央机要局联合发一指示，上面一变，下面也就跟着变了”。

6. 档案部门忙于立卷，无暇顾及本身业务

几年来，立卷工作一直由档案部门做，这是历史造成的。解放后各地的档案机构成立得比较晚，有的刚成立一年左右。档案机构成立以前，文件都散落在承办人手里，如北京市委秘书组的每个同志都保存有文件。特别是省（市）委的领导同志为了用材料方便，都愿意把文件保存在自己身边。上海市委的一位领导调动工作，文件是整麻袋移交的。所以档案部门除了接收大批的零散文件以外，还要继续做些搜集工作，有不少省（市）委还接收了一批解放前的历史文件。根据这种情况，档案部门只好忙于做立卷工作，而本身职责范围内应该做的编制档案材料目录、索引、专题卡片、编印文件汇集等工作反而无暇顾及了。

由文书部门立卷是有利于保持文件之间的有机联系的。因为他们最了解文件的来龙去脉和相互关系，能把卷立得更好。但这是一项新的工作，障碍还是不小的。他们一是不会，不知道怎么立卷，要从头学起。但不是学不会，档案部门还可以做些指导工作。二是不懂，认为让他们立卷，是加给他们的额外负担。有的还对档案部门说：“让我们立卷，你们干吗？”很多档案部门的同志反映说：“这项工作既难办又好办，只要中央作一规定也就迎刃而解了。”

听到这里，曾三笑笑，插话道：“是这么回事，我们这次将要召开的党的全国档案工作会议，就是为了解决文书、档案部门存在的这些问题。我们为什么要制定《中国共产党中央和省（市）级机关文书处理工作和档案工作暂行条例》呢？不就是要让大家明确档案管理、文书处理部门立卷、文件和电报统一管理的原则吗？不就是为了要帮

助大家解决这些问题吗？”

曾三接着说：“以上问题的出现，是因为档案工作是一门新的、生疏的工作，对它的业务内容和它的重要性，单位领导还不了解，又加上他们经常忙于中心工作，对机关本身的一些具体业务也就顾不过来了，对档案部门既没有措施，也没有检查。”

有的同志就跟着汇报说：“青海省委秘书处的同志就说嘛：我们主要是凭档案工作者的良心进行工作的。”

大家在汇报中都认为，各省部委和地、县委的档案工作，问题更多，情况更严重。一般都没有建立档案机构，没有配备专门的档案人员，文件没有集中，档案没有立卷，销毁现象更加严重。

曾三最后说：“以上情况只是在一次调查会上反映出来的，未必准确、完全，但也说明在 1954 年召开全国档案工作会议的必要性和紧迫性了。”

八、党的第一次全国档案工作会议的召开

1954 年 11 月初，曾三向杨尚昆汇报了全国党的档案工作情况，提议召开党的第一次全国档案工作会议，制定一个条例。曾三认为：当前制定档案制度，颁布各种条例，是刻不容缓的事情。杨尚昆同意了，让曾三写一个书面报告，同时着手开会的准备。11 月 20 日，曾三写了一封关于召开党的第一次全国档案工作会议的请示信，在信中谈到会议的时间、内容和与会人员的范围，请杨尚昆转报中央批准（杨尚昆当时是党中央副秘书长兼办公厅主任，分管档案工作）。杨尚昆同意了。所以，曾三（他是中央办公厅副主任——作者）就用中央办公厅的名义发函全国，通知与会人员在 12 月 1 日以前来到北京。

与此同时，曾三正忙着赶写他在会议上的报告。

时间一天天过去，曾三倒数着天数，还有 5 天，还有 4 天，还有 3 天。怎么开会的请示报告还没有批下来？是不是杨主任还没有一个恰当的时机，向中央领导同志汇报？是不是杨主任认为只要误不了开会就行，不着急？可是，曾三心里却是十五个吊桶打水——七上八下，忐忑不安。各地代表都已陆续到达，能不能按时开会呢？曾三坐在办公桌前，一方面在赶写一份报告，一方面如坐针毡，不时站起来，在房间里来回踱步。只有两天了，怎么办？曾三拨通了给王仲珊的电话。

“王仲珊同志吗？杨主任批下来了没有？”

“还没有。一收到，我就给您送去。”

“你给办公厅去个电话，问一下情况。”

“是。”王仲珊答应着：“我马上就打。”

11月30日，离开会只有一天了，曾三收到了中央办公厅送来的杨尚昆的急件，杨尚昆在曾三的原信上作了如下批示：

退曾三同志：此事已报小平（仲勋同志亦在），已经批准了。

杨尚昆

11.30

曾三马上拿起电话：“裴桐同志，你马上到我办公室来一趟。”

于是，由中共中央办公厅召集的党的第一次全国档案工作会议于12月1日按期在北京开幕，会址在北京厂桥华北局招待所。参加会议的有全国各省（市）委的文书、档案工作者的代表100多人，会议进行了8天，于12月8日闭幕。

曾三在会议的第一天上午作了《关于党的档案工作的一般情况和今后任务的报告》，在报告中回顾了1949年10月以来的档案工作的一般情况，提出了党的档案工作的新任务。曾三强调说：要改进机关文书处理工作健全机关档案室；要收集历史档案，筹建党的历史档案馆；要研究制定党内文件材料的销毁标准和鉴定制度；要建立党的档案工作的管理机构，加强对档案工作的领导。说明制定《中国共产党中央和省（市）级机关文书处理工作和档案工作暂行条例》的必要性和重要性。曾三在最后特别提出了要“边做边学，稳步前进”。

曾三说：“必须一方面学习苏联档案工作的理论和经验，一方面在实际工作中稳步前进。在学习苏联经验方面，应当具有虚心的态度和实事求是的精神，反对保守思想和机械搬用。”曾三认为对苏联的先进经验，保守、不学不对，贪多、冒进也不对。一定要研究实际情况，根据条件来决定具体步骤。曾三为了使大家更好地理解这个问题，特地举了一个例子说：“我们这次拟定的《暂行条例》还只应用于中央和各省（市）级机关。对地、县级机关，可根据这一条例的基本原则，总结现有经验，或者进行典型实验，取得经验，再来制定适用于地、县委机关档案工作的专门条例。”曾三环顾一下四周，提高嗓音说：“总之，我们要把握‘边做边学，稳步前进’的方针，既不能故步自封，也不能不顾条件地冒进。”

会议最后一天是杨尚昆的讲话和曾三的总结。

杨尚昆针对当时有些人不重视档案工作和随便销毁档案的现象，生动地叙述了我们党历来是怎样重视档案工作的，又是怎样使一些“国宝”得以保存下来的。杨尚昆说：在长征那样艰苦、危险的环境下，虽然烧掉了不少文件，但还是背出了两箱子档案（不包括中央领导同志自己保管的——作者）。杨尚昆又谈到在胡宗南进攻延安，我们撤退的时候，烧掉了很多文件、很多书籍（在撤退以前，根据中央和毛泽东同志的指示，对档案进行了整理、分类，一些重要的档案已经转移出去了——作者）。杨尚昆看了一下曾三，又面对大家接着说：“《两条路线》这本书没有烧，还是曾三同志把它背出来的。”杨尚昆对当时烧了那么多文件很惋惜，他说：“不烧不行呀，叫敌人拿去了就泄露了机密。同志们，现在就不能再随便烧掉文件了。再那样做，子子孙孙就要骂我们。说我们岂有此理，为什么连这点历史遗产也没有给他们留下来。”

这次会议，通过了《中国共产党中央和省（市）级机关文书处理工作和档案工作暂行条例》，这是新中国成立后第一部全国性的文书档案工作条例。这个条例，从起草，到发到全国征求意见和反复修改，共花了两年多时间。

裴桐在向曾三汇报各组讨论的情况时说：“大家认为这个《暂行条例》很好，有利于改进今后的文书档案工作。但是，这个《暂行条例》只对档案部门有约束作用，对文书部门没有约束作用。《暂行条例》规定文书部门立卷，他们可以不听。他们不是就说嘛，‘文书部门立卷，档案部门干什么？’大家希望这个《暂行条例》能够得到中央的批准。中央批准了，用红头文件发下去就不一样了。”

“对，是有这么一个问题。”曾三接受了这个建议。在会议结束

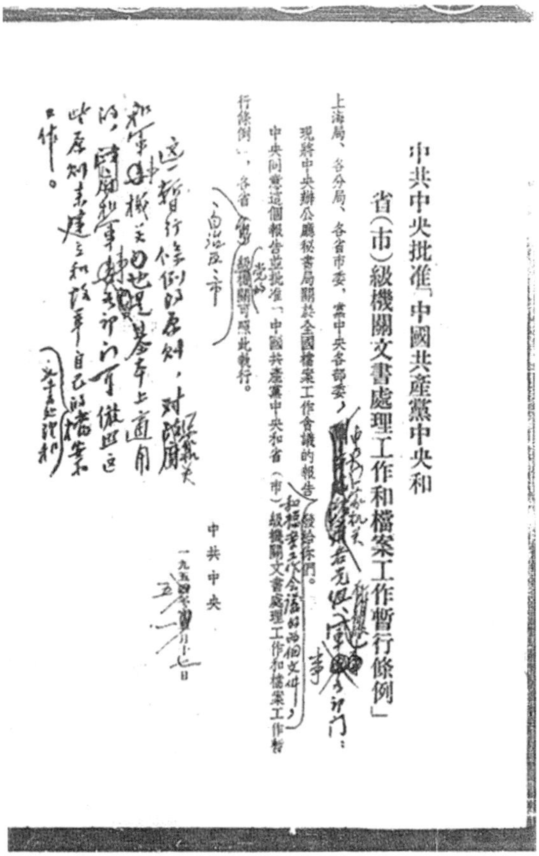

中共中央批准「中國共產黨中央和省(市)級機關文書處理工作和檔案工作暫行條例」

上海局、各分局、各省市委、黨中央各部委：

現將中央辦公廳秘書局關於全國檔案工作會議的報告發給你們。中央同意這個報告並批准「中國共產黨中央和省（市）級機關文書處理工作和檔案工作暫行條例」，各省級機關可照此執行。

中共中央

一九五四年十二月十七日

后的第五天，就将《暂行条例》上报中央了。

1955年1月17日，召开了中共中央政治局会议，参加会议的有刘少奇、周恩来、朱德、邓小平、彭真等政治局委员。曾三因担任政治局会议的记录也在座。

政治局会议在刘少奇的主持下，对《档案条例》《曾三在会议上的报告》《秘书局关于会议情况向中央的报告》三份材料逐一进行了讨论。刘少奇、周恩来非常重视，讨论过后，刘少奇兴奋地对曾三说：“这是第一次改革，还可以进行第二次改革，第三次改革。”

周恩来也接着对曾三说：“对横书和装订（指从右边装订改为从左边装订——作者）也可以试一试嘛。”

刘少奇还在《暂行条例》上作了如下批示：“这一暂行条例的原则，对国家机关和军事机关也是基本上适用的，国家机关和军事各部门可仿照这些原则来建立和改革自己的文书处理和档案工作。”经刘少奇这一批示，并以中央文件下发，这就更快地推动了全国的档案工作建设，加深了这个《暂行条例》和这次会议的历史意义。

九、成立国家档案局

1954年2月，中国人民大学档案专修科（1953年9月档案班扩大为档案专修科）主任吴宝康陪同苏联档案专家谢列兹聂夫前往华东参观档案工作回来后，向曾三汇报说：“苏联专家意见很大。”

有意见，还很大。曾三吃惊地问：“啊？！他有什么意见呢？”

吴宝康回答说：“他认为米留申1950年给周总理的一份报告被人扣压了，没有送给总理看。他说：‘米留申是苏联的中央档案管理局副局长，报告是他自己签字的，苏联总顾问还签了字。为什么有人竟敢采取这种危害国家利益的，极不负责任的轻率态度。’”

“谁敢扣压苏联顾问团给总理的报告。”曾三对这种说法很奇怪，就问吴宝康：“他怎么知道报告被扣压了呢？”

“因为米留申在报告中说：‘不管国内现在有多少困难，都必须马上建立领导一切档案工作的中央国家机关。’”吴宝康回答说。

“米留申的这个设想是对的，他是把领导全国档案工作的问题放在非常重要的地位，我们也希望能够尽快地建立这样的机构。”曾三说。

“谢列兹聂夫说：‘已经过了将近四年，却没有一点动静。不然，一个重要的建议为什么没有被采纳呢？’所以，他认为是总理没有看见报告。”吴宝康说。

“这是个误会。吴宝康同志，你跟专家好好解释一下，不解释清楚，会影响专家的情绪，影响两方面的关系，也不利于今后的教学。”

“这个我可以去做，但怎么解释呢？”吴宝康连答带问。

“你跟专家说，‘米留申的建议是非常好的，总理也非常重视。’早在西柏坡的时候，新中国还没有成立，大概是1948年吧，周总理（当时中华人民共和国还没有成立，还没有总理，这儿用的是现在的称呼）就找了十来个人座谈成立档案机构的问题，因为杨尚昆是中央办公厅主任，管秘书处的，也叫他参加了，因为我是中央秘书处处长，所以当时也在座。周总理说：他决定在党中央办公厅秘书处底下成立一个档案室或档案科，以后慢慢就成立了档案局、档案馆了。吴宝康同志，周总理是高瞻远瞩，看得很远呀！周总理在新中国成立前就有这个打算，哪能不重视呢？只是当时旧中国留下来的是个破烂摊子，千疮百孔，百业待兴，对成立档案局的问题还顾不过来。再加上当时缺乏熟悉档案业务的管理干部，各级领导对档案工作还没有重视，各地成立档案机构的单位很少，很多地方连专职的档案人员都没有，有的地方甚至连兼职的也没有，档案都分散在办理的人手中。这些情况你也是了解的。在这种情况下，过早成立国家档案局不是等于虚设吗？吴宝康同志，你怎么看呢？”

“是这样。”吴宝康点点头。

曾三接着说：“现在的情况就不一样了，国家经过了三年经济恢复之后，经济情况已开始好转，继之而来的是经济、文化建设的高潮。我们的档案事业也取得了很大的成绩。几年来，培养了一批从事档案事业的骨干力量，做了大量有关加强档案事业的宣传、思想工作，为档案事业的发展奠定了一定的基础。我已经用中央秘书处的名义给周总理送去了一份《对于整顿全国档案工作的意见》的报告。里面就谈到了建立国家档案领导机关的必要性，总理看后已表示赞同。但这也不是马上就能成立的，还需要做大量的准备工作。”

“我一定把您的这个意思转达给谢列兹聂夫，我相信他能够理解的。”吴宝康接着说：“另外，我准备给您和吴老（吴玉章）写一个书面报告。吴老是‘人大’的校长，又是中央委员，他可以将信转给中央有关领导。”

“这个主意很好。”曾三点头笑笑，表示首肯，“这样可以从几个渠道向中央呼吁嘛。”

1954年3月2日，吴宝康分别给曾三和吴玉章写了书面报告，在报告中先引用了谢列兹聂夫的话。谢列兹聂夫说：“我真不明白，中国党在许多方面，在政治、军事、经济、文化等许多问题上所采取的措施都如此英明，但为什么在档案工作问题上却如此忽视。”吴宝康在报告中接着谈了他自己的想法，他说：“目前我们在档案建设上的最主要、最中心的问题，就是首先成立中央一级的档案领导机关。有了领导机关，一切就可以开始。我作为一个档案战线上的战士来说，万分希望中央秘书处给中央的报告中所建议的几项紧急措施，能早日实现。”

吴玉章看了吴宝康的信后，感到成立中央的档案领导机关的迫切性。他就在1954年3月12日给习仲勋、杨尚昆写了一封信，信中说：“现在，各地档案机关多不健全，对档案采取分散收存的办法，管理亦极不科学，还常被随意销毁和听任遗失，往往发生泄密事件，造成严重损失……为了保守党和国家的机密，积累各种历史资料，以利国家建设，整顿和加强档案工作确是十分重要的。”吴玉章接着建议说：“目前当务之急，则正如中央秘书处的报告和专家所提出的，宜请中央发布一个关于档案工作的指示文件以督促各方的注意和重视，并在中央设立领导全国党、政、军档案工作的机关。”

周总理对成立国家档案局的事，一直是非常关心和重视的，因为周总理一直认为这是经济建设和文化建设的需要，是政权建设的需要，目前档案管理工作落后于实际工作要求的现状是亟须改变的。但他在等待一个有利时机，就是什么时候成立最为合适。时机终于来了，这就是1954年9月要召开第一届全国人民代表大会，在这次大会上，要通过中华人民共和国宪法，改组国家机关，将政务院改为国务院，国务院下面要设立一批局级直属机构，主办各项专门业务，国家档案局就是其中的一个。

1954 年 10 月 31 日，国务院在周恩来总理的领导和主持下召开了第二次会议，提出了向全国人民代表大会常务委员会请求批准在国务院设立一批直属机构的报告，其中一个直属机构就是国家档案局。

1954 年 11 月 8 日，关于成立国家档案局的报告，获得了全国人民代表大会常委会的批准。于是国家档案局就成了国务院新设立的直属机构，掌管全国的档案事务。

1954 年 11 月 20 日，国务院总理周恩来任命曾三为国家档案局局长。国家档案局的印章也于 1954 年 12 月 22 日开始启用。

当时的印章不是现在有国徽的那一种，也是圆形的，比现在的小一圈，只是沿着直径从左至右横刻“国家档案局”五个字。现在有国徽的印章，是按照《国务院关于国家机关印章的规定》重新刻制，于 1955 年 3 月 15 日由国务院颁发的。启用日期是 1955 年 3 月 21 日。为什么原先的刚启用了才一个月的印章就要改了呢？而且所有的中央国家机关的印章都要改。事情是这样的：有一天，国务院秘书处处长吴庆彤去看吴宝康，请他代向苏联专家咨询一下，苏联中央国家机关印章的设计样式。专家说：苏联中央国家机关的印章刻有国徽。大家觉得这样的设计很好，既庄重又漂亮，我们的中央国家机关也可以采用，于是就由国务院秘书长习仲勋报请周总理批准，得到周总理的同意。

国家档案局成立的消息一经传开，全国的档案工作人员都欢欣鼓舞，把档案界的这一特大喜讯，称作是我国档案事业发展史上的里程碑。

当时，无数来信来稿从全国各地、四面八方飞向北京，飞向《档案工作》（《中国档案》的前身）编辑部，汇成一个声音，一个最强音：热烈祝贺国家档案局成立！

1955 年 2 月，国务院根据国务院秘书长会议讨论结果，任命张中为国家档案局副局长。

局长有了，副局长也已任命了。现在急需的是，搭架子，搞筹备。但干部从哪里来？一个办法是，将中央办公厅秘书局的一部分干部转过来，因为秘书局现在的一部分工作将来要移交给档案局去做；再一个办法是，大区撤销时要随档案进京一部分档案干部，可以从中抽调一些来。

而当务之急，是要解决筹备小组的人员问题。曾三首先想到了王明哲，曾三对王明哲比较了解，也比较得心应手。第一次使用，是让他全程陪同米留申，第二次使用，是调他到中国人民大学档案专修班当教员，这是第三次了。曾三在征得国务院副秘书长常黎夫的同意后，就将王明哲、胡明诚从国务院秘书厅调到了国家档案局。

曾三对王明哲说："中央已决定调张中同志当副局长，他是西北局办公厅主任，最近就要来，并从西北局带一批同志到档案局工作，我们决定把你和胡明诚先调来，为张中等同志来做必要的准备，包括解决办公地点和宿舍问题，你是国务院来的，对国务院比较熟。"停了停，曾三又接着说："遇到问题，可以就近找常黎夫副秘书长和丁乃光同志（国务院秘书厅主任）他们，也可以直接找我和机关事务管理局。"

"好吧，我马上就办。"王明哲高兴地回答道。

王明哲几经交涉，秘书厅总算拿出了它南院的三间南房借给档案局作为筹备小组暂用，这总算是可以解决国家档案局筹备小组十几个人的办公地点和部分人的住宿问题。

那时，档案局筹备小组也只有五六个人，刚刚在中南海摆开摊子。12 月下旬的一天下午，日理万机的周总理突然过来看望大家。总理一进来，大家感到很突然，都喜出望外，匆忙站起来欢迎总理。总理的记忆力好得惊人，他还是在叫"政务院"的时候，在机要处见过王明哲，这次他一眼就认出来了，侧着头笑笑说："你在这里指挥一切？"

"不是"，王明哲赶紧回答说，"是曾三同志，我帮他做些具体工作。"

总理这一玩笑话，如春风拂面，直暖心窝，把大家原来的紧张、拘谨都吹得无影无踪。接着，总理就提出了一连串他极为关心的问题问大家，问了生活又问工作："人员配备得怎么样了？筹备小组的人都齐了吗？”大家都欢快、爽朗地向总理作了汇报。总理临走时还告诫大家，一定要解决好档案保管和文书部门立卷的问题。

大家向总理保证：“一定按照总理的指示把工作做好，决不辜负总理的期望。”总理的关心和慰问给了大家极大的鼓舞和无穷的力量。

总理走后，王明哲立即向曾三作了汇报。曾三听了很高兴，深有感触地说：“总理真是关心档案工作，关心档案局呀！”

到1955年2月，国家档案局成立的最初几个月内，除正副局长2人外，筹备小组的干部也只有12人。这12人是：王马力管收文，荷文管发文，周茂儒管资料，庄淑芸管文书立卷，宁敬轩做秘书，于青来、丁永华管人事，王明哲、邹步英、冯子直、屈英民负责现行档案室，胡明诚负责临时档案保管处和档案馆工作。于青来是组长，王明哲、胡明诚是副组长。从此，他们就更加紧锣密鼓地开展各自的工作。

这段时间，曾三对怎样开展国家档案局的工作问题，一再对筹备小组的同志说：“你们当前主要要做好这三方面的工作：一是，尽快调人，把机关架子搭起来，但要少而精，宁缺毋滥；二是，要边筹建边工作，不能等，可以先从调查研究入手；三是，根据国务院习仲勋秘书长和秘书长会议的指示，起草好《国家档案局组织简则》，还要起草一个《关于目前全国档案情况和工作安排向国务院的报告》，另外，还要代国务院起草一个《关于加强国家档案工作的指示》的文件（国务院在讨论的时候，周总理将‘指示’改为‘决定’。——作者）。有了这两个文件，再根据中国的国情把规划抓起来，很快就会理出头绪来。”

为了明确国家档案局的职能和任务，明确机构的大小和人员的多少，更好更快地开展工作，所以首先要制定的是《国家档案局组织简则》。而当时习仲勋首先抓的就是《组织简则》的制定工作。

《简则》怎么制定可以说是一点经验都没有。米留申在回国前帮我们起草了一个，但他根据的是苏联的经验，不完全符合中国的国情。

曾三要王明哲搜集国务院其他单位的《组织简则》，看看他们是怎么制定的，学学他们的经验。曾三还带着王明哲去了法制局、参事室等单位，听听他们有些什么意见，还带他拜访了陶希晋副秘书长等领导同志，了解《组织简则》制定的原则和内容。

然后，曾三就把起草《组织简则》的任务分别给了国家档案局筹备小组和中国人民大学档案专修科，他们在接受了任务以后，就夜以继日地工作着，并在 12 月 14 日前先后提出了初稿。曾三审阅后，就在六天后的 12 月 20 日召集了在当时可以说是中国党、政、学档案方面的专家：中共中央秘书局裴桐、田风起，国务院秘书厅陈昭，国家档案局于青来、王明哲，中国人民大学吴宝康等同志参加的讨论会。并在两天后的12月22日送国务院秘书长习仲勋审阅(同时抄送齐燕铭、常黎夫二位副秘书长）。这一天也是国家档案局第一枚印章启用的第一天。

这次报送的是由王明哲起草的经过讨论修改后的初稿，在这个初稿里工作任务提出了七条，机构的编制提出了局、处、科三级，需要 170 人。

初稿报送国务院后，由常黎夫副秘书长交给高祖文审阅，他在审阅后给常黎夫副秘书长汇报说："这个草案基本上是参照了 1950 年到我国来的苏联专家米留申所起草的《中央人民政府政务院档案局暂行条例（草案）》拟定的。"并指出了其中的一些问题。初稿被否了。

虽然曾三也一再说：米留申替我们起草的那是苏联的经验，不完全符合我国的国情，不能照抄、照搬，要走自己的路。但由于大家都是脑子空空，什么也没有，还是免不了受了先入为主的影响。

后又经过几次送审，多次修改。秘书长习仲勋，副秘书长陶希晋、常黎夫等领导同志也都提出过修改意见。

习仲勋还对《简则》应该包括哪些内容作了具体指示，习仲勋说："《组织简则》内容，主要有以下六项：（1）隶属关系；（2）工作任务；（3）组织机构；（4）人员设置；（5）会议制度；（6）简则的批准和修改权。"

对工作任务的制定，习仲勋又作了两点重要指示，一是，明确国家档案局不负责具体保管档案的工作，而是国家关于档案事务行政和业务的最高领导机构；二是，明确《简则》规定的任务，不能求全、面面俱到，只能是当前的，主要的，又是永久的。

根据习仲勋和秘书长会议的指示精神，国家档案局经过了反复的研究和修改。后来《简则》中所规定的五项任务，就是根据习仲勋的指示精神制定的。

《简则》规定，国家档案局是在国务院直接领导下，掌管国家档案事务的最高行政管理机关。它的任务是：

（1）在统一管理国家档案工作的原则下，建立国家档案制度，指导和监督各级国家机关和人民团体的档案工作；

（2）负责全国国家档案馆网的规划，并筹建和领导国家档案馆；

（3）研究和审查国家档案文件材料的保存价值，保管期限标准，并监督和审议有关国家档案文件材料的销毁问题；

（4）草拟有关国家档案工作的法规性的文件；

（5）办理国务院交办的其他有关国家档案事务。

任务确定了，人员编制也就好定了。原来计划是设局、处、科三级需要 170 人，后来根据杨放之副秘书长传达的整编会议的精神，本着精简原则减为 150 人、120 人，最后减到只设局、处两级，也就是两室三处一会。“两室”：办公室和编译室（后来改为档案工作社）。“三处”：机关档案工作指导处、档案馆工作指导处、组织处。“一会”：档案评审委员会。一共需要 89 人。

1955 年 8 月 26 日，国务院秘书长第二十三次会议上对档案局的工作作了四项决定。其中的两项是：（1）原则同意档案局的《组织简则》，修改后交由下次秘书长会议和其他直属机构的《组织简则》一并通过。（2）原则通过档案局的机构设置和 89 人的编制名额。两星期后的 1955 年 9 月 9 日，国务院秘书长第二十四次会议上作出了原则通过包括档案局在内的 8 个直属机构的《组织简则》的决定。

12天以后的1955年9月21日，习仲勋就此问题作了请周总理审阅的报告。在报告中习仲勋还详细谈了他对制定《组织简则》的深切体会。他深有感触地说："在研究各机构《组织简则》的各项内容时，最重要、最复杂也是最难决定的是工作任务一项。我们在研究过程中，体会到：真正懂得自己的业务，并不容易，必须克服两种偏向，一种是钻在事务中，抓不住要领，摸不着方向，看不到远景；一种是只顾热心于远景计划，而忽略实事求是地规划自己业务发展的具体道路。"习仲勋强调说："这两种情形都不好。只有充分地熟悉自己的工作，切合国家建设事业的需要，掌握明确的方向，又能对业务发展的具体道路和实际措施作出合理的安排，才会把自己的业务做好。用这个标准来衡量，这8个《组织简则》关于工作任务的规定，还都只能说是基本上可行的，而不是十分确切的完备的。这一点，需要在今后工作中积累经验，继续研究，并在必要的时候，对《组织简则》作适当的修改或补充。"

周总理在审阅以后觉得可行，便提交国务院常务会议讨论，并于1955年11月19日获得批准，1955年11月25日国务院就将《国家档案局组织简则》等发到全国实行。

从1954年11月14日国家档案局提交《组织简则》草案初稿算起，经过反复修改、多次送审，到1955年11月19日国务院常务会议批准为止，历时正好一年。

1955年是国家档案局可以开始大展宏图的时候了，因为《组织简则》已经被批准了，机构设置、人员编制也已经确定了，可以大批招兵买马了。原来筹备的时候借来供12人办公用的在中南海的三间南房显然是很不够了，未来的90多人（89人的编制不包括正副局长和勤杂人员）不要说坐下来办公，就是人贴着人挤着站也站不下。经过中央批准，国家档案局就将办公地点先搬到了中南海北部紫光阁北边的一座大楼中办公。1958年12月，根据周总理关于党、政档案工作统一管理的指示，国家档案局又从皇城根22号搬到丰盛胡同原中央秘书局的大楼办公。

为了加强国家档案局的领导班子，1956 年 10 月 10 日国务院又从团中央调来洛风，从中央联络部调来郝化村，从中央办公厅机要室调来邱兰标担任国家档案局副局长。（1959 年 1 月，邱兰标调离档案局，准备 10 月份去担任中央档案馆副馆长，就从中央秘书局调来王仲珊接任邱兰标的副局长职务。）

国家档案局成立后，曾三兴奋地说："这是我国政权建设、档案建设、文化建设史上的一件大事情。"它标志着我国档案事业的发展到了一个崭新的阶段，是一个新的永恒的里程碑。

在进入 20 世纪 50 年代不久，曾三就经常在不同场合提到过：要搞档案业务建设，必须先抓好这三件事：一是抓宣传（办刊物），二是抓教育（办学校），三是抓机构（成立档案局）。这就是曾三的所谓"三抓"，也就是曾三在建设新中国档案事业上的三部曲。经过几年的努力，到 1954 年以后已经初见成效，成为今后发展档案事业的核心和推动力。

十、《关于加强国家档案工作的决定》的制定

1955年，全国已经开始了大规模的社会主义经济建设，随着经济建设高潮的到来，也开始了文化建设的高潮。这就给档案工作提出了一个新的历史任务，要求尽快地把国家档案工作建设起来，为社会主义经济建设服务，为科学研究服务。

所以，在国家档案局成立以后，周总理一直关怀着档案局工作的开展，他对曾三说："你们先要调查一下全国档案工作的情况，根据全国档案工作的情况，特别是存在的问题，确定档案工作的方针与任务，制定档案工作的规章制度。"

"是的。"曾三回答道，"我们马上就进行这项工作。"

根据周总理的指示，曾三在国家档案局成立后，除了抓制定本身的《组织简则》外，作为国家档案局的任务，要抓的第一件事，就是掌握最新的第一手材料，深入实际调查全国档案工作情况，使国家档案局今后开展工作有所依据。他经常讲的话题是，不能老坐在办公室，要到各地各机关去，要当小学生，先学习了解，然后把好的经验总结起来组织推广。我们虽然是来自档案领导机关，但我们知道的还很少，仅有的一些本职知识，还是苏联的，我们尚未完全消化，还不能形成我们自己的东西。所以，下去一定要虚心学习，不要随便指手画脚。我们要宣传推广苏联的先进经验，也要重视积累和总结我们自己的经

验。在1955年这一年，他跑了河北等不少省、市，同时，国家档案局也派出了不少调查组。曾三在调查研究、分析情况的基础上，向国务院提出了《关于目前档案工作情况和今后工作安排的报告》。

周总理在听到和看到曾三反映的情况后，提出要国务院发一个加强国家档案工作的文件，并指定由曾三负责起草工作。曾三在回到国家档案局后，就与张中（常务副局长）一起组织了一个起草小组，亲自领导。经过多次讨论修改，代国务院起草了《关于加强国家档案工作的指示》的讨论稿。

1956年3月27日，在周总理亲自主持召开的国务院常务会议上，讨论了这个《指示》的草稿。在讨论中周总理一字一句地斟酌、修改了《指示》全文。周总理强调说："为了加重这个文件的分量，我的意见是，不叫《指示》，叫《决定》吧。"

听到这里，列席会议的曾三非常激动，这是他没有料到的。虽然一年多来，他一直希望国务院能发一个《关于加强国家档案工作的指示》的文件，现在周总理决定不作《指示》下发，而作《决定》下发，这就诚如周总理所说的，加重了这个文件的分量。"决定"比"指示"法律权威性更大，时效性更长。"指示"一般是管当时，有的单位还会强调具体情况，在执行时做些变通，"决定"则绝对不行，它具有行政法规的性质。

周总理在看到《决定》中对国家档案局的职责只写了"监督和指导"时，把脸转向曾三说："国家档案局对全国档案工作除负有'监督、指导'的职能外，还要加上'检查'的职能。要'监督、指导'就必须'检查'，只有'检查'出问题，才能更好地'监督、指导'嘛！"

"可不是。"曾三想，"还是周总理考虑问题全面周到，'检查'职能加得好。因为只有加上了'检查'的职能，才更有利于'监督、指导'职能的运用。"所以，曾三很高兴地回答说："太好了。"并随手在《决定》上增添了"检查"二字。

当与会同志谈到有些机关不重视档案工作，档案材料被出售、损坏、随意销毁时，周总理立即说：“你们批评嘛！”并对在座的《人民日报》副总编辑王揖说：“你们写点文章、画点漫画，批评一下这种现象。”

在讨论到加强对档案工作人员的培养时，周总理同意在《决定》中具体规定：中国人民大学历史档案系负有培养档案专业干部的任务，《决定》还要求“国家档案局和中国人民大学历史档案系对档案学及其他辅助科目应该加强研究工作，以提高科学水平”。并说：“为了培养更多的档案干部，可以把中国人民大学历史档案系扩大一点嘛！”当讨论到如何提高档案工作人员的业务水平时，周总理笑着对曾三说：“你们都要当专家、博士嘛！”曾三笑着回答说：“我当不了。”周总理不以为然地摇摇头说：“怎么能说当不了呢，要争取嘛！”

这次会议后不久，国务院就于1956年4月16日发布了《关于加强国家档案工作的决定》，接着，4月21日，《人民日报》公布了《决定》的全文，4月23日，《人民日报》又配发了《加强国家档案工作》的社论和几幅批评不重视档案的漫画。

在发布《决定》后的第四天（4月20日），国务院还转发了经3月27日国务院常务会议批准的国家档案局《关于目前档案工作情况和今后工作安排的报告》。这也是一份很重要的文件，也是经过周总理亲自修改和审定的。在《报告》中提到在全国档案工作中，仍然存在着管理不集中、制度不统一、方法不科学、机构不健全、专业人员少、业务水平低、管理不善等问题，影响了全国档案工作的发展。档案工作大大落后于社会主义经济建设的大好形势，这就充分说明了国务院制定《决定》的及时性和重要性。

国务院《关于加强国家档案工作的决定》，是新中国档案工作建设发展史上的一个极其重要的历史性文献，是国家档案工作的第一个行政法规。它确立了国家档案的范围；确立了国家档案和档案工作的管理体制；确立了国家档案工作的基本原则、基本任务和服务方向，从宏观上作出了全国档案工作的合理布局，绘出了国家档案工作建设的蓝图，集中体现了在毛主席革命路线指引下，我国档案工作的路线、方针和政策。为新中国社会主义档案事业的建设和发展，奠定了坚实的基础，指明了方向，起到了极大的指导和推动作用。直到半个多世纪后的今天，我们仍然能看到这个《决定》对全国档案事业的影响。

十一、从“芬特”到“全宗”

“芬特”是俄文“фОНд”的译音，对苏联来说也是一个外来语，“芬特”的祖先是拉丁文。把“芬特”作为档案分类中的一个重要原则，最早的是法国，法国也是采取音译的办法。接着，英国、美国也都如法炮制。

1949年底，中华人民共和国刚刚成立，苏联档案专家米留申把“芬特”带到了中国。当时担任翻译的是中共中央编译局的曹岩华，曹岩华只是搞俄语的，根本不懂档案，他遇到“芬特”这个词后，也不知道该怎么翻译好。他问搞档案工作的，搞档案工作的也不懂，他只好自己苦思冥想，思考再三，只得把它译成“分档”，“分”是音译，“档”是意译，也够难为他了。

曾三觉得这种译法既没有表达出“芬特”的本来含义，又容易使人产生错觉，既有“分档”，就必然还有“总档”。那么，什么是“总档”呢？“分档”和“总档”又是什么关系呢？

曾三苦思着，和裴桐商量，但都因为不完全清楚“芬特”的真正含义，而想不出一个很好的“词”来代替它。于是，曾三就觉得既然如此，还不如干脆完全用音译的办法，把它译成“芬特”。

“裴桐同志，你觉得怎么样？”曾三想再听听裴桐的意见。

“我看也只有暂时如此了。”裴桐接着说：“其实，音译的办法是世界上常用的，在我国也早有先例，比如‘幽默’是英文的音译；‘布尔什维克’是俄文的音译，内战时期、抗战时期同志来往书信，最后用‘布礼’的‘布’，也是用了‘布尔什维克’的第一个字。‘干部’这个词过去我们也没有，还是30年代在延安的时候从日文翻译过来的。以上这些词，现在也都习惯了，被接受了。”

“是这样，但这也不是长久之计。”曾三苦笑着，“现在我们对档案理论还不熟悉，等将来我们对档案理论熟悉了，在工作上有了经验了，我们可以创造一个完全中国化的新词来顶替它。希望能够尽快地缩短这段时间。”

后来，终于弄清楚了“芬特”的本来含义：“一定机关、团体、企业、部队或个人等在其活动中所形成的档案材料的总合。”随着，也理解了按照“芬特”进行分类，不是对单个案卷的分类，更不是对单份文件的分类，而是对形成它的全部案卷的机关（也指团队、企业、部队或个人）的分类。

1955年，时间已经过去6年了，曾三把裴桐叫到办公室，对裴桐说：“裴桐同志：‘芬特’这个词已经用了6年了，它的外国味太浓，很不好懂。前些时候，我在中南海开会时遇到谢老（内务部部长谢觉哉）。谢老说，你们发给内务部档案部门的条例、规定他都仔细看了。他对我说：你们搞的档案条例很好。只是‘芬特’的译法很难懂，是不是也要改一个呀。曾三接着说：“你看，谢老那么忙，还把档案部门的条例都仔细看了。谢老的意见是对的，对我们也是一个鞭策。你是不是广泛征求一下意见，看看怎么改比较合适？”

“我们可以集思广益，让秘书局、档案局、档案系的同志分别讨论一下，听听他们的意见。”裴桐答道。

“这是个办法。”曾三表示赞赏，“你就请吴宝康同志组织中国人民大学档案系教师，请张中同志组织国家档案局业务科干部，你就组织中央办公厅秘书局有关人员，分别讨论一下。”

经过讨论，大家提出了很多意见，有的提议叫“宗集”，有的提议叫“文档”，还有的提议叫“档案综合”和“全宗”，一共提了20多个。

曾三看了国家档案局第一业务科在1955年10月24日写的《关于"芬特"问题初步研究的意见》后，觉得"全宗"这个词比较好。"宗"字，可以理解为"卷宗"，也可以当"量词"解释，如"大宗"，指的就是大的数量，把"全"字和"宗"字并为"全宗"，既有"总数"和"总合"的意思，又有"全部卷宗"的意思。它对"芬特"含义的表述还是比较准确的。所以，曾三作了以下批示："最好的办法是把'芬特'译成'全宗'，要下决心，造一个词。"

曾三肯定后，由国家档案局报经国务院秘书长习仲勋批准。1955年12月8日，国家档案局向全国发出了《关于改"芬特"为"全宗"的通知》，在通知中说："经过多方征求意见，并经请示领导同意，决定将'芬特'改为'全宗'，并将与'芬特'相关的'芬特构成者'，改为'立档单位'，'国家统一档案芬特'改为'国家全部档案'。"

1956年4月26日，中国人民大学历史档案系在经过几个月的教学实践以后，给国家档案局去函说：在教学过程中感到把"芬特"改为"全宗"是完全可以的。但把"芬特构成者"改为"立档单位"不确切。比如："个人立档单位"就不通，"个人"怎么成了"单位"呢？另外，"国家全部档案"作为专门名称不相宜。请允许在讲课和翻译时以'全宗构成者'代替'立档单位'，以"国家统一档案全宗"代替"国家全部档案"。

曾三和张中看了档案系的信，认为这个意见基本上是对的，可以考虑。于1956年作了函复，同意他们先在教学和翻译中使用。

将"芬特"改为"全宗"，在当时，在半个多世纪以前的档案业务建设中是一件很重要的事。既学习了苏联的先进经验，又适合了中国的国情。是曾三在马列主义、毛泽东思想指导下领导档案工作的一贯思想。

20世纪70年代的一个春节，因为是农历新年，我和施淑贤去给曾三、沈义夫妇拜年。闲谈中我说："下面有一种说法，说'全宗'这个词不完全确切，还可以改一改。"

曾三一听兴奋起来，背靠着沙发笑笑说：“这很好嘛，百家争鸣嘛，他们是不是提出了改什么词比较好！”

“这倒没有听说。”我回答道。

曾三接着说：“我也希望有个更好的词来顶替它。”

我望着曾三，看着这位慈祥的老人，他的这种虚怀若谷、愿意听取不同意见的高尚品格，又一次深深地教育了我。

十二、党的第二次全国档案工作会议的召开

召开的历史背景

党的第一次全国档案工作会议刚开过半年，春的脚步虽然已经远离了大地，但盛夏还没有来临。在中央秘书局曾三的办公室里，裴桐正在向曾三汇报最近的工作情况。这是一座四方形的四层大楼，曾三的办公室在三层，坐北朝南，房门对着走廊，窗户对着花园，在这里，听不到马路上的喧哗，只能闻到从花园中送来的扑鼻清香。

曾三和裴桐正沐浴在党的第一次全国档案工作会议取得成效的喜悦的阳光中。

裴桐汇报说："《中央文件》的下达和会议精神的传达，使得全国党、政、军各系统的文书处理和档案工作的建设，有了统一的原则和明确的方向，对档案界的震动是很大的。"

曾三插话道："应该是这样。"

裴桐接着汇报说："《档案工作》编辑部收到不少关于这次会议的来信来稿，有些单位还直接给局里送来报告。很多同志都谈到'这次会议的召开是适时的，是完全必要的。更加具体生动地体会到党对档案工作的重视'。有的同志还说：'这是在档案建设事业中又一次具有历史意义的振奋人心的大事件，是继国家档案局成立后的第二件

大喜事。’还有的同志更认为：‘此次会议为档案事业的发展指明了方向，是我们党的机关工作发展的里程碑。《暂行条例》的规定，使党的档案工作进入全面的、统一的实际的革新阶段。’”

曾三笑问道：“他们有些什么具体做法没有？”

“各个地方纷纷传达、学习、讨论会议文件，贯彻会议精神。有些省、地委还分别组织了各种不同类型的业务学习班。比如，河南省委除办了有100多名档案干部参加学习的训练班外，21个县委还分别组织了695名文书档案工作人员进行学习。不少省（市）委还根据《条例》和他们的实际情况，拟定了《省（市）委文书、档案工作施行细则》和《省委机关档案集中办法》。改革了机关文书档案工作，拟制了案卷类目，推行了文书处理部门立卷，实行了文电统一管理的原则。”裴桐接着说：“像新疆自治区党委还在召开全疆档案工作会议期间，把整理好、立了卷的档案拿出来搞了一次‘展览’，有将近200名代表参观，取得了很好的效果。”

曾三习惯地“哦”了一声，接着说：“这是不错。”停了停，曾三问道：“他们对积存档案采取什么措施？有这方面的汇报吗？”

裴桐答道：“有，关于这方面汇报的情况也不少。他们整理积存档案的时候，一般都采取‘由近到远’的办法。天津市委的同志在给编辑部的来信中就说：整理不完积存的档案材料，胸口上这块石头是放不下来的。天津市委的机关积存了多少档案材料呢？”裴桐停了一下，接着说：“总共有832300多件，现在已经整理了快半年了，准备用一年的时间整理出15万多件。整理出来的比例虽然很小，但这只是一年的计划，成绩还是很大的。”

裴桐很惋惜地说：“可惜呀，春风不度玉门关。”

曾三笑笑说：“是呀，裴桐同志你这是不是指‘春风难吹到县一级’？”

裴桐答道：“曾处长（他虽然是局长了，大家还习惯叫他处长——作者），我是这个意思。”

“裴桐同志，难道你忘了？我们不是早就估计到了吗，所以，我提出‘边做边学，稳步前进’，要在开了第一次档案工作会议以后，解决了省一级的问题，就要开第二次档案工作会议解决县一级的问题嘛？”

“没有忘。只是感觉时间紧迫，时不我待，心里着急呀。”

“根据你现在掌握的情况，县一级主要存在哪些问题呢？”

“县级机关文书档案制度很不健全，大大落后于需要”，裴桐接着说道，“这表现在以下几个方面：

1. 传阅文件没有手续，文件丢失情况很严重。西安市委在 1955 年保密大检查中发现所属各单位丢失各种文件 4100 多件（其中机密和绝密文件就有 1100 多件），仅西北一土建公司丢失各种图纸就达 3025 份。

2. 什么文件由谁签发没有规定。1955 年某市组织部曾向中央请示，由某某任电业局党委书记兼人事副局长，当燃料工业部任命下达时，当地的市委组织部反而向中央组织部提出不同意见，后经中央组织部指出，他们只得作检查。这就是因为市委组织部前后两次行文是经过两个人签发的，而互相又没有通气。有些县委还有这种情况，县委农村工作部以县委名义发出的文件，县委书记还不知道。

3. 公文长期积压。有的市委根据三个处的初步统计，积压三个月以上的就有 39 件。最突出的是，中央公安部于 1953 年初转来的某某（派遣嫌疑分子，肃反中自杀）的材料积压了两年多，到 1955 年清理档案时才找出。

4. 没有统一的文书规格。纸张有大有小，行文有横有竖，装订起来非常困难。加上文件没有标题、没有单位名称，不注明年月日，有的是有月日没有年，给立卷增加了不少麻烦。某机关有一个《总结》，它是竖写的，末尾横写了 9.2.4591 一排数字。”停了停，裴桐接着说：“曾处长，你猜，这 9.2.4591 是什么意思？”

曾三想了想，说：“猜不出来，难道是密码？”因为曾三新中国成立前是搞无线电的，一下就想到了密码，所以他出此言。“你说它是密码吧，又不完全是；你说它不是密码吧，又采取了密码的手法。”裴桐附和着，并说道：“这就看你是从左边开始看，还是从右边开始看，从左往右看就稀里糊涂，从右往左看就清清楚楚。”

“啊，原来是1954年2月9日，真是一大创造。啊，对了”，曾三领悟道，“竖写的文件是从右往左看，末尾的日期，当然也得从右往左看啰。”曾三笑了，裴桐也跟着笑了。

裴桐接着汇报说：

“5. 行文关系混乱，主送抄送不分。有的一份文件好几个主送单位，不知谁是主办。有的文件不写抄送单位的名称，只说抄送‘有关单位’，‘有关者’，谁也？这就仁者见仁，智者见智了。

6. 缮印校对不细致，差错很多。吉林省九台县委将1955年第一季度印发文件的错漏字作了一下统计，错字、丢字、词不达意的竟占发文总数的70%多。有的因一字之漏，造成严重的政治影响，如把‘反非无产阶级思想’一句中的‘非’字丢掉了，成了‘反无产阶级思想’。有的因一字之多，相差几百里，如某机关把寄往化县人民委员会的公函，多写了一个‘仁’字，结果，信被送到仁化县，这两个县，一在广东之西，一在广东之北。”

“这些问题还真是够严重的，必然影响到文书处理工作，这也是我们下一次会议所要解决的。”曾三插话道，“那县一级的档案工作现在怎么样呢？”

裴桐答道：“混乱，混乱，还是混乱。这是我要汇报的第七、第八个问题。”

“7. 档案保管混乱。甘肃省皋兰县委一直是把处理完毕的文书材料一捆一包地扎起来，放进柜子里，有的放在架格里、窗台上、墙角里，有的放在家里的破柜子里，与破袜子、破鞋放在一起，尘土半寸厚。西安市委也是一捆、一包、一堆地存放着，有的甚至放在地上，鼠咬、虫蚀、潮湿发霉现象很严重。

8. 文件随便销毁情况严重。西安市未央区委的发文底稿全部焚烧了，阿房区委的‘三反’材料也烧掉了，市委宣传部1949—1950年的大部分材料焚烧了，只剩下两三个卷。江西省大部分县的早期文件（主要是双减反霸和土改时期的）已散失不全或者被烧掉了，仅南昌县委就散失和烧掉200卷左右。山东各县的电报则更是按照机要部门的规定按期清烧。”

“问题是够严重的。为什么会出现这些问题呢？裴桐同志你想了想没有？”曾三站起身来低着头来回踱着步，问裴桐道。

“我对所有的下面汇报和我们的调查材料作了一些分析研究”，裴桐仰头望着站着的曾三答道，“之所以出现以上问题是因为：一是县级机关绝大部分没有建立档案室；二是档案干部‘一少、二低、三流动’。

四川全省204个县（包括相当于县的单位）除极少县外，均未建立档案室。山东全省103个县中，只有9个专职干部。福建省各县就没有一个专职的档案人员。

而仅有的一些档案干部大部分文化水平都很低。山西省榆次、雁北两地区的县级档案人员大部分是小学程度，有的看不懂《档案工作》杂志，看不明白文件内容。河北省通县地委的同志就说，所属各县的档案干部多半不知道什么叫‘档案形成机关’，分不清什么是档案、什么是资料。

而这些人，工作调动又很频繁，陕西省洋县县委70天内就调动了5个收发员，其中一个只做了4天。有一机关的文书、档案干部在一年内被调动竟达七八次之多。档案室成了‘旅馆’，档案员有如‘过客’，他们呼吁说：‘什么时候能让我们坐上热板凳？’

再就是兼职多，往往一个人要兼做8种工作。也有个县里的同志抱怨说：‘我只是一个挂名的档案员，我经常是做些刻印文件、草拟文稿、处理人民来信、接待群众来访的工作，后来调来了个打字员，不刻印了，却又把收发工作加在我头上。大批的档案文件，成捆成叠地分散在各个科室里放着，无人管理。’我这个已经挂名三年的档案员，什么时候才能名副其实？”

裴桐在汇报中最后强调说：“所以，县级文书档案工作的现状必须从速改变，要从速改变就必须建立档案室，健全文书档案工作制度，要使县级领导懂得重视文书、档案工作的重要性。”

曾三非常赞同地说：“你说得完全对。我们去年的会议是为了解决省一级的文书档案工作中的问题，刚才你也说了已经取得了很好的成效。下一次会议就是专门为了解决县一级文书、档案工作中的问题，这你是知道的。什么时候开，怎么开，你先考虑考虑，提出个方案来，到时我得讲一讲，你也得讲一讲。另外，你再起草几个文件，文件要紧紧抓住县级机关的特点，要通俗易懂，使用方便，适合他们的文化水平。找个时间我们再具体研究一下吧。”

召开的情况

第二次全国档案工作会议是从 1956 年 4 月 5 日开始至 11 日止，共开了 7 天。出席会议的代表有 175 人，其中，中央各机关 64 人，各地 111 人。其职务有中央各部委和省（市）委的办公厅主任、秘书处处长、档案科科长，地委的秘书长、县委的秘书。代表们住在北京前门外的中共中央组织部招待所。

5 日上午在中共中央统战部礼堂召开大会，曾三在第一天的大会上讲了话，曾三说：这个会叫促进会，特别是要促进一下县级文书档案工作，使他们走向正轨。

为了真正起到促进作用，在曾三、裴桐的领导下，中共中央秘书局起草了适用于县级机关的四个文件交会议讨论通过。这四个文件是：《中国共产党县级机关文书处理工作和档案工作暂行办法》《党的机关档案材料保管期限的一般标准》《关于文电统一管理的办法》《1956—1962年党的全国档案工作规划》。

接着，裴桐在会上作了《关于几个文件的说明》的报告。裴桐特别强调制定《中国共产党县级机关文书处理工作和档案工作暂行办法》的必要性。裴桐说，1954年12月制定了《中国共产党中央和省（市）级机关文书处理工作和档案工作暂行条例》，这次为什么又要制定县级机关的呢？这是因为：一是县级机关存在的问题多；二是县级机关有其本身的特点。裴桐在分析县级机关的特点时说：县级机关是党的地方组织的基层领导机构，所管辖的是一县之地，机构小，工作人员少。有的县委只有40人，有的部只有1人。层次少，住地集中，不仅县委，甚至群众团体都住在一起，县一般领导农业，受季节性和自然条件影响很大。它本身不是决策机关，而是执行上级机关的指示。所以工作方法与省以上机关不同，更多地采用派干部直接下乡的办法，不仅一般干部要下去，领导干部也是如此。对中心工作主要是通过电话的形式。机关工作比重小，用书面材料比重小，这些特点决定了县级机关在机构制度、人员配备、工作方法上的不同。干部条件、工作水平也相对的低。因此，在制定县级机关的文书档案工作办法的时候，必须以县级机关的特点为依据。所以裴桐说，我们在起草《中国共产党县级机关文书处理工作和档案工作暂行办法》（以下简称《暂行办法》）的时候是从以下几点来考虑的：一是必须符合中央条例的原则；二是办法要写得具体一些；三是通俗化，使用方便。

《暂行办法》分“文书处理工作”和“档案工作”两大部分，共39条，在“文书处理工作”部分又包括“文书的处理程序”和“文书的立卷和归档”。在条文中对收发文怎么登记，电话记录怎么登记，怎么编号，什么样的收文送什么人批示，怎么催办，什么样的发文需经什么人签发，发出的文书要缮印清楚，校对无误，以及怎么立卷，都作了明确、通俗的规定。

《党的机关材料保管期限的一般标准》是作为制定党委机关档案

保管期限表参考的，明确规定了保管期限分：永久、10 年、5 年、3 年、1 年五种，并且具体列举了什么样的文件永久保存，什么样的定期保存，什么样的不需要保存。这就不至于把不必保存的文件全都保存下来，避免了档案材料积压过多，减轻了立卷、保管的负担。所以，没有《保管期限的一般标准》，不但档案整理不好，即便是库房也要大成问题，如果遇到特殊情况还要玉石俱毁了。在这里裴桐还特地引用了谢觉哉的一段话，谢觉哉说不要有文必档。谢觉哉还特地抄录了清朝赵翼的一首诗送给曾三，其诗云：

文人例有一篇稿，锓枣镌刻祸不少。
若都留存在世间，塞破乾坤犹嫌少。

裴桐说：曾三同志在谈起这件事的时候始终兴致勃勃，认为这首诗引用得很有意思。

这两个文件的制定就为县级机关健全文书档案工作制度、整理积存的档案材料提供了可靠的保证和有利的条件。

4 月 12 日，会议的最后一天，曾三进行了总结，讲了他对档案工作的认识、讲了全国档案工作的规划、讲了文书处理工作、讲了干部、讲了业务指导、讲了档案材料保管期限、讲了清理敌伪档案、讲了革命历史档案的收集、讲了少数民族的档案、讲了资料工作共十个问题。他在讲到制定保管期限表的时候，为了说明它的重要性，还举了一个生动的例子。他说："我们中央秘书局以前有过很苦的经验。在延安撤退的时候，档案有几十箱子，中央指示要把它分成几类，哪一种是最重要、最机密的，我们档案人员要跟它共存亡；哪一种是不太机密，也不太重要的；哪一种是重要但不机密的；等等。几万、几十万份文件，哪些是最重要的呢？结果只好一张一张来看，最重要的写一个'甲'，次要的写一个'乙'，可以烧的写一个'丙'，现在就可以烧的写一个'丁'。这样一件一件去写甲乙丙丁，写了几个月，以后敌人不来了，我们也不写了。这叫作临阵磨枪，没有办法的办法。这个经验很重要，所以要接受这个经验。现在整理档案的时候就要把‘甲乙丙丁’写好，那就方便多了。这个甲乙丙丁是什么东西呢？”曾三自问自答道：“就是现在的保管期限表。”

召开的历史意义

各省（市）委对党的第二次全国档案工作会议的召开都非常重视，由于四个文件草稿事先发到各地征求意见，大多进行了研究讨论。像四川省委在来北京开会之前，召开了重庆、成都两市，万县、江津、内江、温江、遂宁、雅安六个地委，万县、江津、仁寿、温江、蓬溪、天全六个县委的秘书长或办公室主任、秘书以及省委各部委的档案工作的同志参加的座谈会，并且为了全面实行规划拟了一个《1956—1958年四川省党（团）的档案工作简要规划草稿》。

由于文件事先征求了意见，会上又进行了充分讨论，所以一致通过。代表们说：“这四个文件是近年来全国学习档案业务的结晶，它既解决了当前建立机关档案工作的问题，也照顾到将来建立国家档案馆的工作。有了《规划》心中就有了方向，有了《办法》就知道文书、档案工作应该怎么去做，有了《保管期限的一般标准》就能加快整理积存档案的进度。这就推动了党的系统的档案工作的深入发展。”

听！春的脚步又踏上了大地，一簇簇美丽的花朵正含苞待放，“春风已度玉门关”了，档案事业发展的画卷将被点缀得万紫千红。

十三、接收在苏联的档案

1956 年，这一年天空乌云滚滚，暴雨狂风，真是“黑云压城城欲摧”。起因是，赫鲁晓夫在苏共二十大作了秘密报告，对斯大林的功过作了不公正的评价。这篇秘密报告泄露到西方世界，很快被披露了，引起了世界范围的反苏反共浪潮。也就在这一年，苏共中央向我党中央提出，要把保存在苏联的中共驻共产国际代表团的档案移交给中国。

共产国际作为国际共产主义运动的指导机关已经在 1943 年解散。可是，在它解散以前，从 1922 年开始，也就是从我党成立的第二年开始，就同共产国际的一个支部有经常的联系，并派有代表团常驻共产国际，处理我党同共产国际联系的事务，在这期间形成了大量档案。另外，当时在国民党白色恐怖统治下的上海，我党也保存了大批档案，为了避免一些重要的档案落到敌人手中，就又重抄了其中的一部分，送苏联交我党驻共产国际的代表团保存。

不管苏共出于什么动机，既然主动提出来了，我党当然欣然接受。杨尚昆在中南海的办公室里，对曾三谈到接收这批档案的问题：“总理和小平同志已同意接收，中央把组织‘接收小组’的任务交给你，你提出一个名单来，由我转送小平同志批准。”

曾三回到秘书局，立即找来王仲珊、裴桐，把这件事对他们说了，并谈到自己的想法和安排：“这是中国档案工作者第一次出国访问，又是接收这么多重要的档案，任务重大而光荣。我们准备组织一个四人接收小组，由裴桐同志负责。”曾三把脸转向裴桐问：“裴桐同志，你有什么意见？”

“我没有意见。”裴桐答道。

曾三看着他俩问道：“其他三人你们看谁合适？”可能是由于没有思想准备，一时提不出来，他俩都默不作声。稍停，曾三接着说：“我的意见，其他三人是：田风起（业务科科长）、乐尔耕（征集科科长），另外再加一个翻译。曹岩华过去在米留申来华的时候当过翻译，对档案工作还有些熟悉。”曾三转向王仲珊说：“你就和中央编译局联系一下借调曹岩华的事。”

“好，我回去就联系。”王仲珊应声道。

几天后，还是在曾三的办公室里，裴桐、田风起、乐尔耕、曹岩华四人小组的成员都来了。

“我们这次去苏联，除了接收档案外，还需要了解什么问题？”裴桐一落座就征求曾三的意见。

“你看，是不是这样。”坐在写字台旁边的曾三，通过高度的近视眼镜望着裴桐说：“我们已经成立国家档案局了，将来省、地、县都要成立档案局，可以了解一下苏联各级档案局（馆）之间是什么关系？属谁领导？苏联对借阅档案有些什么制度？哪些可以阅览，哪些不让借阅？另外，苏联在培养档案干部方面有哪些形式，有哪些经验？”随后，曾三环视大家，问道：“还要了解哪些情况呢？你们也帮助想想。”

“除了这些以外”，裴桐谈出他的想法，“我看还需要了解这样一个问题：我们有一些博物馆、图书馆也保存着档案，比如东北图书馆、湖北图书馆就保存了大批档案。苏联有没有这种情况，他们是怎样处理的？”

“裴桐同志，你这个问题提得好，这些也是需要了解的。你们可以再想想还有什么需要了解的没有？”看大家没有提出别的意见，曾三接着说：“你们到苏联后，可以到大使馆去看看刘晓同志，现在我们和苏联的关系不像过去那样了。也许你们正在苏联期间，我党要针对赫鲁晓夫的秘密报告发表一篇文章，初步表明我们对无产阶级专政的观点。所以，你们这次去的时机不是那么很好的，完成任务的难度可能大一点。任重而道远嘛。你们到苏联后，可以征求一下刘晓同志的意见，问问刘晓同志应该注意些什么问题。”

裴桐一行于1956年12月24日飞往莫斯科，于1957年1月29日回到北京，历时一个多月。

裴桐等四人回国后，当即向曾三作了汇报，裴桐在汇报中说：“这次接收的档案,共14箱,有1525个保管单位,25000多件,其中外文(俄、英、德、法、日等国文字）的有3500多件，占全部档案的14%。而以俄文的为最多，占外文档案的78%。这次接收的档案是党和国家的重要财富，内容十分珍贵，是研究党史和共和国历史极为重要的依据。”

“啊！有哪些重要材料呢？”曾三问。

“有中国共产党第一、二、三次代表大会文件，但可惜的是没有中文原件，只是俄文译件，还有第一、二次国共合作的文件、我党同十九路军的停战协定、中共和国民党代表等就筹备国民党代表大会问题联席会议的速记、旅莫和旅欧支部的材料、孙中山声明、《毛泽东传略》等。”

“这的确是一批非常珍贵的材料。”曾三很高兴，并称赞他们道：“你们的任务完成得很好嘛。你们看到这样一份材料没有？那是小平同志于1926年在法国写的一篇自传，交给了旅欧支部。”

“没有看见。”他们几乎是齐声回答。

“是不是还有些档案材料没有交给我们呢？”

“这就不知道了。因为他们给我们看的只是‘移交目录’，没有给我们看过‘馆藏目录’。”（1994年有人发现在苏联档案馆有《邓小平自传》，但不知是否是曾三说的那一件。——作者）

曾三转过话题问：“其他的一些事情都了解得怎么样了？”

“我们都了解了。”

“今天就不用一一说了，你们写书面报告的时候把它写进去就行了。啊！对了，他们对你们接待得怎么样？”

“对我们的接待还是不错的。”裴桐很满意地说，“我们到达苏联边境伊尔库斯克后，就要换苏联客机飞往莫斯科。这时田风起同志突然病了，苏方知道后，马上派了一个大夫来，这是一个中年的、高个子的女同志，她很认真地详细地对他进行了全面检查，检查后她笑笑说：‘你们放心，不是什么大病，只是患了点感冒，吃点药就好了。’她临走时又叮嘱说：‘他身体虚弱，回国后，经常吃点人参，补补身体。’”

“啊！要吃人参，还要经常。”曾三笑了。

“她认为我们东北产人参，一定很多，很便宜。”裴桐说。

“我还不知道人参是什么样啦。”田风起插话道，“我只是在看《西游记》的时候，看过对人参果的描述。”

田风起真是一语惊四座，大家都哈哈大笑起来。笑后，裴桐又接着汇报说：“到莫斯科一下飞机，就把我们送到苏共中央招待所，被安排在一个家庭式的套间里，内有餐厅、书房、卧室，一共4间，陈设很讲究，我问他们所花费用的付钱问题时，他们很热情地说：‘不用你们付，都由苏共中央招待了，正如我们的人到你们国家一样。’他们还说：‘你们这次接收的档案，我们派人送去，运费也由我们负担，你们就不必操心了。’这些情况在莫斯科时，我已向刘晓同志作了汇报，他要我回来后，建议中央领导同志接见一下苏共送档案的人员，并建议中央写封给苏共中央的致谢信。”

“好嘛，我会向杨主任汇报，你们立即整理一个书面材料。”曾三说。

十四、“以利用为纲”的提出和改变

1958年，全国出现了“一马当先，万马奔腾”的全面“大跃进”的大好形势。毛泽东的《工作方法六十条》已印发全国学习。毛泽东强调：各地、各部门都要抓主要矛盾。说主要矛盾好比“纲”，纲举则目张。很快，工业上提出了“以钢为纲”，农业上提出了“以粮为纲”。各条战线上都在根据自己的业务范围提出了不同的“纲”。

国家档案局在组织学习《六十条》的时候，并联系实际组织业务大讨论，还提出了“抱西瓜”的口号，意思是说，不要捡了芝麻丢了西瓜。目的是要研究档案工作的主要矛盾是什么，“纲”是什么，怎样紧跟这个大好形势，怎样为“大跃进”服务。

这些天，曾三一直在思索、琢磨着这个问题。这时，洛风走进了曾三的办公室。曾三由于担任中央办公厅第一副主任、中央直属机关党委副书记、中央秘书局和国家档案局的局长，有时还要担任中央政治局的会议记录，所以中央秘书局和国家档案局的日常工作就分别交给了裴桐和张中负责。后因张中生病，便由洛风担任了代理常务副局长。

洛风刚一落座，就说：“曾局长，现在全国出现了历史上前所未有的全面‘大跃进’。现在，全国各地到处都在‘举纲’，搞得热火朝天。我们档案战线上是不是也要提一个以什么为‘纲’的口号呢？”

“啊！”曾三笑了，很感兴趣地问道：“洛风同志，你是不是有所考虑？”

“事情是这样的：最近研究室（王明哲是研究室副主任）在讨论

全面‘大跃进’和学习毛泽东同志《工作方法六十条》的时候非常热烈，大家提出了一些想法。我和王明哲同志一块商量研究了一下，我是同意他的意见的。”

“你们的意见是什么呢？”曾三很关心地问。

“档案工作主要是以收集、整理、鉴定、编目、保管和利用六项具体工作组成的。”“不错，是这么回事。也就是我们平常所说的六个环节。你们认为应该以哪个环节为纲，才能纲举目张呢？”

“王明哲同志提出来说：前面五个环节都只是基础性的工作，都只是‘目’，而不是‘纲’，他们的出发点和归结点都是为了‘利用’，收集的目的是为了‘利用’，整理的目的是为了‘利用’，鉴定、编目、保管的目的也是为了‘利用’。反过来说，为了更好地提供‘利用’，也就必须做好收集、整理等五项基础性工作。所以，只有最后一个环节‘利用’才是‘纲’，是我们应该抓住的主要矛盾，我们只有抓住了这个主要矛盾，举起‘利用’这个‘纲’，就可以‘纲举目张’，就能带动整个档案工作，就能更好地为社会主义事业服务。”洛风越说越兴奋。

“啊！有道理。”然后曾三笑着问：“你们的意思是说，要‘以利用工作为纲’？”

“是这样。我和王明哲同志都认为之所以要提出‘以利用工作为纲’的方针，是因为我国的社会主义建设事业，现在出现了一个全面‘大跃进’的大好形势。我们档案工作绝不能落后，一定要紧跟这个大好形势，为‘大跃进’服务，为社会主义建设事业服务。”

“你们这些意见很好。我看，可以提‘以利用工作为纲’嘛。”停了停，曾三又对洛风说：“你是不是和王明哲同志研究一下，一块起草一个以国家档案局的名义关于这个问题给国务院的报告。不过，你们在对‘方针’表述的时候，要注意这样两点：一是要体现‘大跃进’的思想；二是要有阶级观点，要提‘为社会主义建设事业服务’。这点，刚才你已经谈到了，这个思想一定要写进去，这也是我们制定这个‘方针’的目的。”

报告送上去后，杨尚昆、习仲勋看了都很感兴趣。

1958年4月上旬和5月上旬，国家档案局分别召开了中央国家机关和各省（市）、自治区档案工作会议。就在这次会议上正式提出了档案工作的方针。它的全文是：“档案工作应该以多快好省地开展对档案资料的利用工作为纲，充分发挥档案资料在社会主义建设中的积极作用，来为本单位的各项工作和生产服务，为经济战线、政治战线和思想战线上的社会主义革命服务，为工农业生产‘大跃进’服务，为技术革命和文化革命服务，为科学研究服务。”但为了说起来方便，就简称为“以利用为纲”了。从对这个方针的表述可以看出：这个方针的基本思想就是强调服务思想，强调利用工作。

实践是检验真理的唯一标准。“以利用为纲”的方针在实施了一年左右的时间里，到底怎么样，应该怎样评价？

曾三和洛风多次听了和看了国家档案局的工作人员在这个问题上的调查汇报。

大家在汇报中说：“以利用为纲”的提出，受到了各级党政领导和社会上各方面的重视和欢迎，档案工作也因而得到了进一步的发展。这包括积极开展了档案、资料的利用工作，为党的中心工作和各项工作提供了大量的档案、资料；全国建立了13个省档案馆和1200多个县档案馆；据22个省（市）、自治区和中央机关统计，全国收集的革命历史档案、资料就有37.8万多卷又67.75万多件，等等。

在汇报中也谈到存在的一些缺点和问题。（1958年）“四月会议”上提出了一个“大办”档案的群众运动，于是，相继出现了“人人办档案”“档案为人人”“全民办档案”“大收、大编、大用”“万物档案化”的错误口号。于是，群众写的诗歌、张贴的标语和民间治病的“秘方”，也都成了档案。也有些单位为了抓档案利用，甚至提出“要什么有什么”。对于基础性的工作却很少去做。所以，不少地方和单位做了许多不应该做的事情，却又把一些应该做的事情做少了。

其实这些问题，曾三早在1958年11月（“四月会议”半年以后）去西安参加西北地区档案工作协作会议时，就开始发现了。为了统一认识，取得一致意见，曾三又组织了调查，听取了详细汇报。并在1959年的“二月会议”到6月全国档案资料工作先进经验交流会议期间，在国家档案局内部对“以利用为纲”的方针进行了一场大辩论。在大辩论中，有的同志认为这个方针给档案工作带来了“浮夸”“混乱”；有的同志认为这个方针是正确的，它抓住了档案工作的主要矛盾，发生某些偏差，是经验不足造成的。

这次大辩论是热烈的、活跃的，是各抒己见、畅所欲言的。周总理在“大跃进”期间，也听说“大办档案”的一些情况后，在一次国务院全体会议上，轮到曾三发言时，周总理抬起头来问曾三：“曾三同志，你有什么谈的？”正当曾三要说话时，周总理接着说：“你们以后不要搞那个‘大办档案’就行了。”后来，曾三感慨地说：“这件事，对我们教育很深。”

1959年6月的全国档案资料工作先进经验交流会，就是根据周总理的指示和这次大辩论的情况，对“以利用为纲”的方针，作出了全面的总结。改变了1958年“以利用工作为纲”方针的提法，改提为“进一步提高档案工作水平，积极开展档案资料的利用工作，为社会主义事业服务”的新方针。取消了“为纲”二字。

自1959年以来，曾三始终主张不要再提“以利用工作为纲”了。还因为，通过这一年的实践，他认为档案工作六个环节的关系，不是“纲”与“目”的关系。曾三一再说：利用工作是要搞的，要服务就要开展利用工作，但不能把利用工作强调到“纲”的地位，这样就把利用工作强调得过分了。整天背着包袱，挑着货郎担去“送货上门”，而不去做档案的收集、整理、保管等基础工作，那我们还要不要做好其他五个环节的工作呢？当然一定要做好，之所以要做好，不是因为被“利用工作”这个“纲”带动起来的。

所以，曾三认为，我们对利用工作是档案工作的一个主要环节，利用工作是为各方面利用档案服务的一个重要手段的认识，是没有动摇过的，但不能拔高成为“纲”。党的十一届三中全会以后，曾三还认为：1958年各条战线都在“举纲”，后来都和我们一样存在这样或那样的缺点和错误，现在都不再“举”了。而且现在中央已经指出了“以粮为纲”“以钢为纲”的片面性，而我们又有什么必要在档案工作中坚持“以利用工作为纲”的提法呢？曾三有个特点，也是他的优点，对于缺点和错误他敢面对，勇于公开承认。所以，在1962年召开的全国档案工作会议上，曾三在他所作的《国家档案局关于一九五八年至一九六二年全国档案工作的总结和今后的任务》中就说：“一九五八年‘四月会议’制定的档案工作方针，基本上是正确的，方针中强调服务思想，强调提供利用工作，是必要的，但方针中提出的‘以利用工作为纲’是不正确的。”并表示：“这些缺点和错误，主要应该由国家档案局负责。”曾三兼任国家档案局局长，当然就是承认他应该负责。

“文化大革命”中，“以利用工作为纲”被诬陷为“档案工作中的‘反党黑纲领’”，是所谓“曾三盗窃中央机密档案的舆论工具和护身符”，成为曾三的一条重要“罪状”而遭到长时间的批判。

1979年5月19日，曾三在中国人民大学档案系科学讨论会上，认为“以利用为纲”的方针的提出虽然存在一些问题，但不能说它是修正主义的，是“反党黑纲领”。他有理有据地批判了林彪、“四人帮”一伙颠倒敌我、混淆黑白、强加给档案工作上的罪名和对这一方针的诬蔑。声称：这个方针所反映的基本思想是完全正确的，绝不是“修正主义的黑纲领”，一定要为它平反。

1979年8月11日，曾三给冯子直写了一封信。冯子直当时是国家档案局办公室主任，正在为曾三起草一个讲话，即他将在粉碎“四人帮”以后召开的第一次全国档案工作会议上，要作的《关于在我国档案工作中贯彻党的十一届三中全会精神的几点意见》。曾三在对这个讲话稿提出修改意见时，在信中指出：“我想起，要在修改时把这

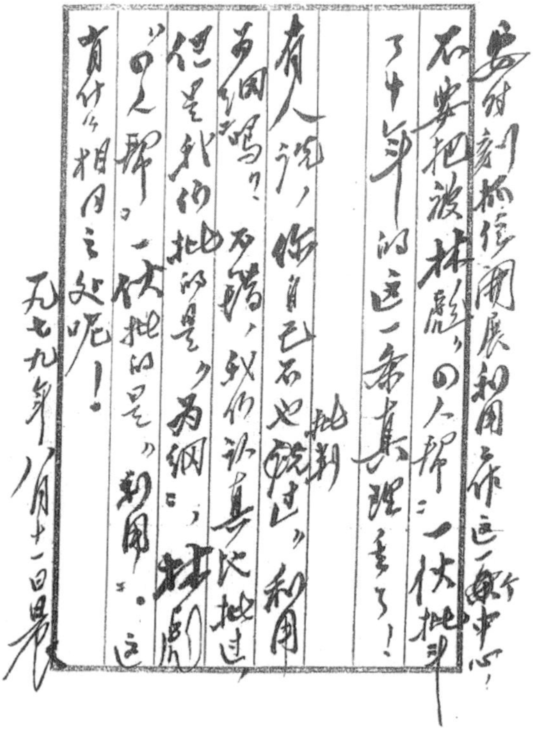

要时刻抓住开展利用工作这一个中心，不要把被林彪、"四人帮"一伙批斗了十年的这一条真理丢了！有人说，你自己不也批判过"利用为纲"吗？不错，我们认真地批过，但是我们批的是"为纲"，林彪、"四人帮"一伙批的是"利用"。这有什么相同之处呢！

九七九年八月十一日晨

两句话加进去：要时刻抓住开展利用这一个中心，不要把被林彪、'四人帮'一伙批斗了十年的这一条真理丢了！在会议上，以后在工作中都不要忘记它。'四人帮'一伙为我们'宣传'了十年，我们还流了血。我们应该记得深刻，你说对吗？"还指出："有人说，你自己不也批判过'利用为纲'吗？不错，我们认真地批过，但是我们批的是'为纲'，林彪、'四人帮'一伙批的是'利用'。这有什么相同之处呢！"在这段时间，曾三经常和大家谈起：有些同志由于长期受林彪、"四人帮"极"左"路线的影响，思想被搞乱了，处于僵化与半僵化状态，有的心有余毒，有的心有余悸。一提开展档案利用工作，就怕被扣上"扩散机密"的帽子，说什么"保密保险，利用危险"；一提档案工作要为科学研究、生产建设服务，就怕说是抹杀档案工作的阶级性，"忘记"了阶级斗争，搞修正主义。所以，曾三才在给冯子直的信中，语重心长地强调说："要时刻抓住开展利用工作这一个中心，不要把……这一条真理丢了！"

十五、建立中央档案馆

1954年12月，在北京丰盛胡同中共中央直属机关俱乐部的西边盖了一座口字形的四层大楼。这是中央秘书局和中直党委的办公新址。在三楼北侧的一个大房间是曾三的办公室。北京的冬天，即使阳光明媚，屋外还是寒风刺骨，屋内则温暖如春。

曾三坐在办公桌旁，吴宝康坐在靠墙的带扶手的硬木椅子上，曾三对吴宝康笑笑说：“今天请你来，是想和你谈件事情，中央秘书处已改为秘书局了，我任局长，王仲珊、裴桐同志任副局长，这你是知道的。”

吴宝康点点头：“是，我已听说了。”

“最近，党中央批准在秘书局下设立第三处，即党中央档案馆筹备处，这个你也是知道的。”

“裴桐同志已对我说过。”

“今天我想跟你谈的是：你原来是中央秘书处的副处长，现在想提你为第三处处长。你有什么意见没有？”曾三侧着头，笑着等吴宝康回答。

“我恐怕不能胜任，档案专修科的事还够忙的。”吴宝康也笑着回答。

“啊！我看你是能胜任的。我和裴桐同志也研究过这件事。当然，你主要的任务是办好档案专修科，这是全国唯一一个培养高级档案人才的地方，办好了影响很大，但你兼任第三处处长还是绰绰有余的，也有有利条件。”谈到这里，曾三稍微停顿了一下，接着说：“所谓有利条件，就是你通过这几年的办学，学习了新的理论，也了解中国档案的实际情况，并在和苏联专家的接触中，也知道一些苏联档案馆的情况。根据你的工作能力完全可以胜任这个工作的，你就别推辞了。当然啰，将来还要陆续调进一批局、处级领导干部的。”

“那我就听从组织安排，尽力把这个工作做好。”吴宝康表态说。

“我知道你会同意的，也已经报中央办公厅了。”

“对这项工作的开展，曾局长有什么指示没有？”

“我们要建立的中央档案馆，它的前身就是中央秘书处的材料科，成立于 1938 年。这次建馆，一个是要有丰富的馆藏，一个是要有一批管理档案的干部，再一个是要有馆址。为了丰富馆藏，准备把秘书局现在保存的中央历史档案移交过去。再就是，撤销了的各中央局的档案已经集中到了北京，将来移交给档案馆。至于干部问题，各中央局原来管理档案的干部也已经随档案来到了北京。档案和干部这两个问题，可以说是已经基本上解决了。现在剩下的是选址问题。为了战备，馆址不能在城区，最好是四面环山，但也不能离城太远，太远了对来利用档案的人太不方便了。现在我们已经开始察看了几个地方。”曾三详细地向吴宝康介绍了一些情况后，问吴宝康：“你了解什么地点，有什么意见，也可以提一提嘛。”

曾三后来还亲自率领国家档案局和中央秘书局的副局长、处长，以及人民大学档案专修科的吴宝康等，去看了几个地点。最后，曾三认为海淀区温泉这块地方比较合适，四面环山，离万寿山只有 30 华里路程，交通还算方便。经报中央同意后，就决定在这个地方建馆了。并按照南北遥遥相望的布局各建一座大楼，形成两个档案馆。这是按照苏联党、政档案分开保存的方法设计的。准备一座叫中共中央档案馆，另一座叫中华人民共和国国家档案馆。两馆面对面，中间隔一个有足球场那么大的大花园，环境宁静而优美，总面积为 200 多亩。

周总理和李富春副总理在听了曾三关于建馆情况的汇报后，马上表示同意。

1958 年 6 月，周总理带领中央国家机关各部门负责人在十三陵水库工地劳动时，见到洛风，问洛风是哪个单位的，当他知道洛风是国家档案局副局长以后，就对洛风说：“能不能把党、政档案工作统一管理起来呢？你们研究讨论一下，然后把意见告诉我。”洛风回局后，立即向曾三作了汇报。

曾三听了总理的指示以后，很快就向中央秘书局和国家档案局的工作人员进行了传达，并征求了各省（市）、自治区的意见，大家进行了热烈的讨论，认为周总理的意见很好，这样做的好处很多。

1958 年 11 月 7 日，中央秘书局、国家档案局就这个问题向中央写了报告。11 月 18 日，周总理在看到这份报告上谈到党、政档案工作统一管理之后的领导体制问题时，批了很重要的一段话，周总理的批示是：“尚昆、仲勋两同志：我认为应放在党委秘书长领导之下，不要放在政府系统领导之下，其原因有许多党的档案，不宜归政府管，而更重要的是每一份档案必须以党的政策方针为纲才好整理，故必须从每一份档案的出处立根，宜归党管。至于组织形式，也是政府的一个机构，那是可以的。”（当时，党的档案工作是由杨尚昆分工管的，政府的档案工作是由习仲勋分工管的。）

1959 年 1 月 7 日，中央根据周恩来的意见，发出了《关于统一管理党、政档案工作的通知》。于是，新建的档案馆不是原来设想的党、政分开的两座并立的档案馆，而是一座统一的档案馆。所以，决定叫“中央档案馆”，既保管党的档案也保管政府的档案，是党中央和国务院的直属事业单位，受党中央和国务院的双重领导。

党、政档案统一管理，这是新中国档案工作的一个优点，它反映了中国社会主义的特色。

中央档案馆经过了五六年的筹建，在即将正式开馆之际，曾三把此事向周总理作了汇报，周总理听了很高兴。曾三趁机向周总理提出来说：“总理，请您给中央档案馆书写个馆名。”

周总理欣然答应道：“行，中央档案馆几个字我来写。”又说：“等中央档案馆成立以后，让邓颖超同志当你们的顾问。”

周总理的这一决定，不仅加强了对中央档案馆的指导，也加强了中央档案馆与周总理之间的联系。

过了几天，周总理就派人送来了书写的馆名，这是五个闪烁着时代精神、刚劲有力的大字。曾三马上让人把它制成了牌匾，高高悬挂在中央档案馆大楼正门的上方。

这里保存的是中国的革命历史档案，是极其珍贵的党宝、国宝、无价之宝、是全党、全军、全国各族人民宝贵的历史财富。1959 年 10 月 8 日，中央档案馆正式开馆了，曾三被任命为馆长，裴桐、邱兰标被任命为副馆长。

开馆那一天，朱德、董必武、林伯渠、徐特立、吴玉章、谢觉哉、杨尚昆、习仲勋等参加了开馆典礼，他们对中央档案馆的建立非常兴奋。朱德、董必武、郭沫若（1960 年）还欣然为中央档案馆题诗填词，称档案馆是“创业扩基，前轨可迹”的宝库。

十六、技术档案工作的大连现场会议

1959年12月1日至9日，在大连召开了技术档案工作现场会议，这次会议是以东北和华北地区为主召开的，全国各省、市、自治区，以及中央各工业、交通和科学技术部门，都有代表参加，虽叫大连会议，实际上是第一次全国技术档案工作会议。

召开的背景

20世纪50年代初期，苏联对我国进行了一些技术援助，可是我们有的单位对随产品而来的技术档案资料不重视，只认为是商品说明书，随便乱放，谁要谁拿，丢失情况非常严重，苏方就这种泄密情况对我们提出了意见。周总理知道后就让中央保密委员会对国外援助的技术档案资料使用状况进行检查，并在检查报告上批示："要建立一个技术资料管理机构，以加强技术档案资料的管理工作。"周总理在新中国成立初期就第一个提出了要建立技术档案管理机构的问题。

1955年，在第一届全国人民代表大会第二次会议上，雷天觉（机械工程专家）、夏以焜、杨安定三位代表提出议案："请在适当部门领导下，建立全国性的技术资料馆。"（为了想了解雷天觉他们为什么会在当时提出这样的一个议案，20世纪80年代，我们特地去拜访了他，向他提出了这样几个问题：您当时是机械工程专家，是不是在设计工作中感到了技术档案资料的缺乏？夏以焜、杨安定现在在哪里？您在和他们联名提出议案前是不是进行过研究？是怎么研究的？由于雷天觉同志那时已经70多岁了，又事隔30多年，他都记不清，说不上来了。当然，雷天觉他们提出这个议案是因为在工作中感到建立技术资料馆的重要性，是有感而发的，这是没有疑问的。——作者）

1956年1月14日，周总理在党中央召开的关于知识分子问题的会议上所作的《关于知识分子问题的报告》中，又第一次公开提出，为了实现向科学进军的计划，政府有关部门必须提供“档案资料、技术资料”为发展科学技术研究服务。

1957年9月6日，国务院批准了一个《关于改进档案、资料工作的方案》，这个《方案》主要就是为了解决技术档案工作问题的。提出了“着手建立统一的资料管理工作”的重要性。这里所说的资料管理工作，就包括科学技术档案工作。这是党和国家为了建立和加强我国的科学技术档案工作而制定的第一个文件。

虽然中央领导同志又是批示又是发文件，但科技档案的状况并没有得到根本的改变，问题仍然很严重。还有不少单位对技术档案、资料的重要意义认识不足。有的根本没有建立技术档案和资料工作，有的没有专人负责，有的制度很不健全，没有妥善保管，使档案和生产都受到很大的损失。比如：

国防科委所属的大部分研究单位都没有技术档案工作机构，技术档案由技术情报部门当资料管理。

铁道部第一设计院档案室，1958年两次进水，大批档案在水里泡了两个多月，结果成了纸浆。

中国农业科学院在京的9个研究单位都没有专人管理技术档案，技术档案散存在各研究室和研究人员手里，很多专题都没有系统完整的档案。

中国科学院物理研究所，1958年曾试制成功人造红宝石，许多单位知道这一消息后，向他们索取技术资料，可是该所没有把这项成果整理出材料归档保存，而无法提供。

西南无线电器材厂在1958年发明创造了“九用机”“划线机”，提高工效1000多倍，但图纸和经验总结没有保存下来，机器在北京展出后，有些地方要求提供图纸和说明材料，只好重新编写和绘制。

有个同志说得好：“不留档案经验丢，大量资金似水流。”

还有甚者，宜宾造船厂，由于科技档案分散在个人手中，有一个技术员在调动工作时，趁机盗窃了1700份科技档案和资料。

二机部某研究所的一个坏人，钻工作制度不健全的空子，偷拍了一批机密的档案资料，准备逃亡叛国。

所以，在技术档案的保管和利用之间就一直存在着矛盾，特别是1958年以来，各工厂、矿山和科学技术部门由于实际工作的需要，要求提供更多的技术档案，使保管和利用之间的矛盾越来越突出，生产所受到的损失也越来越大。技术档案存在的“一多、二乱、三死（死，指活材料变成死东西）、四分散”的状况，已到了非改变不可的时候了。

但要改变这种状况，就得有办法，就得有规定，就得告诉他们怎么做。周总理就把解决这一问题的任务交给了曾三，对曾三说：“由国家档案局牵头，和科委联系一下，提出一个方案，尽快地解决这个问题。”曾三接受任务后，回到局里，立即召开了所有副局长参加的局务会议商量解决办法。

国家档案局是1954年底成立的，第三年，也就是1956年曾三就已经发现技术档案中存在的问题，但没有即时去抓这一工作。拿曾三的话来说，一是，大家都是搞文书档案或秘书工作出身的，对生产、建设、科学研究工作比较生疏，缺少这方面的知识；二是，对文书档案工作还没有搞好，抽不出手来抓技术档案工作。

现在时间已经过了两年了，已经可以腾出手来完成周总理交给的任务了。

怎么抓？曾三提出了他的想法，“不像第一次、第二次全国档案工作会议那样的抓法，而是开一个推广经验、交流经验的现场会。”

曾三接着说：“在技术档案的管理工作上，不是所有的单位都做得差，也有做得好，做出了成绩的。像辽宁省的大连机床厂、大连造船厂、大连化工设计研究分院、中国科学院石油研究所和大连海洋气象台这5个单位就是做得比较好的。”

“的确是这样。”郝化村插话道，“大连造船厂1953年就在技术科内设立了档案室，1955年8月根据部的指示把档案室改为中央资料室，同年12月决定与保密室合并成立第一科，直属总工程师领导。

中国科学院石油研究所早在1950年建所之初，就对试验工作的原始记录、研究日记本、编写研究工作报告的办法作了明文规定，还在1953年和1955年进行了两次全所规模的档案资料收集工作。十年来送给外单位的资料共有6600多份。”

曾三说：“这些单位都在大连，还是大连搞得比较好，我们就先在大连开个现场会，还准备在大连参观几个现场；同时以研究《技术档案室工作暂行通则草案》为中心，着重讨论有关技术档案的几个重要问题。”曾三稍微停顿了一下就问道：“你们考虑一下，邀请哪些地方的同志参加呢？”

有的同志提出，我们没有经验不要搞大了，范围是不是限于东北地区的单位。

曾三认为范围不要搞大了的意见是对的，但光东北地区影响太小，至少得让华北地区的参加，这样，就连在北京的中央单位也可以参加了。大家都表示赞同。

曾三说：“既然大家都同意，就叫东北、华北地区档案工作协作会议吧。”经国务院批准，协作会议定于1959年12月1日至9日在辽宁省大连市举行。

1959年夏天，在即将召开会议的几个月前，曾三为了了解更多的情况，开好协作会，特地顶着烈日，冒着酷暑去了趟大连，对上面说的五个单位作了进一步的调查，通过调查，曾三觉得这5个单位还是搞得不错的，更有信心用“以点带面”的方法，推动全国的技术档案工作。就跟辽宁省委和旅大市委的领导同志交换了意见。提出国家档案局准备在下半年搞一个《技术档案室工作暂行通则草案》，并打算以辽宁省为中心来研究和讨论这个问题，得到了辽宁省委和旅大市委领导的赞同和支持。

这次会议原先是准备以东北、华北协作区的名义召开的，参加的是协作区内的 7 个省、市、自治区的有关单位。到 8 月份经过协商，曾三主张将这次会议改成以东北、华北协作区的 7 个省、市、自治区为主，另邀请上海、山东、广东、湖北、河南、湖南、四川、陕西 8 个省、市和一机部、冶金部、煤炭部、建筑工程部、交通部、水电部、中国科学院 7 个中央主管机关参加。到 10 月份又改成为“华北、东北协作区技术档案工作扩大会议”，邀请全国各省、市、自治区派人出席。

在会议召开前的 11 月 13 日，曾三邀请了铁道部武竞天副部长、二机部何克希部长助理、建工部王大钧部长助理、科委条件局赵石英局长和一机部、化学工业部、煤炭工业部、水利电力部、中国科学院的办公厅主任开了一次座谈会。会上座谈了关于技术档案工作中的几个根本性问题。大家对于国家档案局开始抓技术档案工作一致表示欢迎、拥护和积极支持。

11 月 21 日，曾三又就技术档案工作中存在的问题和即将召开的现场会议的问题，以及会议准备情况向杨尚昆主任、习仲勋副总理作了书面报告。

会议的任务

参加会议的中央各主管机关 20 个，出席 52 人，各省、市、自治区出席 82 人，国家档案局和中国人民大学出席 11 人，因为这次是在辽宁省开的现场会，所以辽宁省出席的人员比较多，辽宁省档案局和辽宁省各市出席 61 人，共计 206 人。

这次会议的任务，是以审查、讨论《通则草案》为中心，着重解决技术档案室的工作问题。

所以，在会议的第一天，曾三在《积极地做好技术档案工作，为伟大的社会主义事业服务》的报告里，就对“为什么必须建立和健全技术档案工作”“技术档案和技术资料的区分”“归档制度”“技术档案的机构及其领导关系”“技术档案馆”等 10 个问题阐明了自己的观点，曾三说：希望能够引起与会者的讨论。

为了便于讨论《通则》，国家档案局三处作了《关于〈通则〉的说明》的报告，在报告一开始就讲到为什么要制定《通则》和制定《通则》的重要性。报告说：技术档案工作的发展极不平衡，许多根本性的问题得不到解决，和客观要求相差很远。原因之一就是缺少一个全国统一的制度办法。为了全国迅速地开展技术档案室的工作，提高技术档案工作的水平，统一认识，明确今后的方向、原则和基本做法，以便充分发挥技术档案的积极作用，为社会主义事业服务，所以起草了这个《通则》草案。

三处接着谈到他们起草的指导思想是为了妥善地解决以下五个问题：“第一，技术档案和技术资料不同，应该分别整理、区别对待；第二，必须建立和健全技术文件材料的归档制度，并对技术档案实行集中统一管理；第三，技术档案工作和技术资料工作不同，可以统一管理，但是必须划清界限；第四，技术档案工作、技术资料工作和晒图复制工作、科学技术情报工作不同，但有密切联系，应该分工合作；第五，我国的技术档案工作是一项新工作，问题很多，经验不足，加上类型多、专业性强，因此，在《通则》草案中只能规定一些基本的原则和基本的做法，解决一些根本性的问题。”

接着他又对《通则》的适用范围、技术文件、技术档案和技术资料的区分、技术档案的集中统一管理，以及技术档案的鉴定等 8 个问题作了具体详细的说明。

通过大会发言和小组讨论的形式，对曾三的讲话和国家档案局起草的《通则》草案进行了热烈讨论，一致感到在这个时候制定《通则》是必要的，再不制定，损失就会更大。并着重讨论了以下问题。

1. 技术档案和技术资料的区分

大家承认，分不清什么是技术档案，什么是技术资料，这是过去普遍存在的问题。厂矿里有些同志就认为技术部门没有档案，只有资料，把档案和资料看成是一个东西。他们有“资料科”“技术资料室”“中央资料室”等，却没有“档案室”。后来虽然也开始认识到技术档案工作的重要，也只是笼统地称为档案资料工作。

大家对《通则》草案中规定的：“凡是记述和反映本单位的基本建设、生产技术和自然科学研究等活动的，具有保存价值，并且按照一定的归档制度作为真实的历史记录集中保管起来的技术文件材料（包括图纸、照片、表报、文字材料等），都是技术档案（或称科学技术档案）；凡是为了参考的目的而收集和复制的技术文件材料，都是技术资料（或称科学技术资料）。”完全表示赞同，认为技术档案和技术资料，应该区分清楚，也可以区分清楚。听到这里，曾三忍不住插话道：“一般讲，技术档案比技术资料珍贵，技术资料损失了可以根据技术档案复制，技术档案损失了就可能缺了根了。”

2. 文件和档案的不同点

经过讨论，不少人还是不清楚文件和档案的不同在什么地方，对曾三在报告中所讲的“如果没有归档制度，就没有档案。文件材料要归档，才叫档案”不理解，讨论也比较活跃。

有的同志就说：“档案是客观存在，归档是档案，不归档也是档案，没有归档就认为不是档案，这就否定了档案的客观存在。”也有的同志说：“归档前是技术文件，放到另一个屋子里去就成了档案了，把人搞糊涂了。”

曾三在总结时特地再就这个问题谈了自己的看法，他笑笑说：“这一讨论很有意义，使大家更深刻地想了一下。”他认为这句话基本上是不错的，因为一堆一房的零散文件并不是档案。零散文件只有经过整理立卷以后才是档案。未整理立卷的只能叫作文件。这是文件和档案的不同点。曾三认为这些意见“都忽视了人的主观努力，其实建立档案正是主观作用于客观的结果”。曾三提到上一次的讲话时说：“上次的提法只是想强调归档制度，因为没有归档制度，档案就没有来源，也就没有档案。从这个意义上说，这句话是对的，但这句话还不确切。”曾三也承认是有缺点的，表述得不完善。“今天的情况不是根本没有归档制度，有些机关有些简单的规定，虽然不是完善的归档制度，也收集了一些档案。我同意把上一次的提法改为：‘没有归档制度，就没有健全的档案工作，也就不会有完整的档案。’”曾三带着歉意地笑着环顾大家：“这是不是就比上一次的提法更适合一些？”

3. 归档制度

在讨论中，有的同志提出来归档麻烦，他说：把我手上的技术文件材料归了档，我用起来就不自由。通过讨论大家认识到，这是把为机关利用、为个人利用和为国家长远利用对立起来的想法。实际上为国家保存档案就是为每一个机关的每一个技术工作者保存档案，当然首先对本机关的技术人员是便利的。不集中保管档案，把档案损失了，那才真正不自由啦。

大连机床厂在大会上的发言中就提到他们在过去的一个教训：“我厂基建科1954年撤销，由于全厂没有统一管理档案的机构和归档制度，大量的基建技术文件材料堆放在废品库中无人过问，现在已经丢失了80%。今年8月为了暖气安装问题与水暖合作社发生了争执，由于原建筑物已被拆掉，必须查看原来的设计图纸才能解决，经翻箱倒柜，始终没有找到。”

所以在《通则》第七条对技术文件材料的归档作了如下规定：“各单位都应该建立和健全技术文件材料的归档制度。一个单位的内部各机构，都必须将需要归档的技术文件材料加以系统的整理，组成保管单位（卷、册、袋、盒），根据技术档案保管期限表填写保管期限，然后按套、按专题，随时或定期向技术档案室归档。”

在第八条中还规定：“重要的和使用频繁的技术文件材料，可以根据需要，再将副本一份或者两份随同送交技术档案室，专供日常借阅使用。”这就避免了只归档一份，用烂了、污损了，再想利用或者恢复原样就困难了的情况发生。与会者感叹道：“想得真周到呀！”这样一来，技术档案就既能为今天服务，又能为长远服务。这是一个好办法，也是一项历史经验。

会议的收获

通过这次会议的报告、讨论和现场参观，以及《通则》的制定，明确了许多很重要的问题。这次会议可以说是十年来技术档案工作经验的总结，收获是很大的，曾三出色地完成了周总理交给的任务。具体讲，收获主要有以下几个方面：

1. 明确了技术档案的概念。知道要建立、健全技术档案工作，就要明确技术档案的概念，进行技术档案和技术资料的区分，也知道技术档案和技术资料有着密切的联系，所以《通则》规定：“技术档案室应该兼管技术资料工作。”

2. 懂得了对技术档案实行集中统一管理的重要性。《通则》规定：“各工厂、矿山、设计院、科学技术研究院（所）和地质、测绘、水文、气象等部门，以及工业、交通、科学技术的机关，都必须对技术档案实行集中统一的管理。”

3. 研究了技术档案的保密问题。根据技术档案资料管理散乱，造成技术失密泄露的教训，会议要求技术档案室“严格地贯彻执行党和国家的保密政策和保密制度，维护技术档案的安全和国家的机密”（《通则》）。各单位特别是军工生产、尖端科学技术研究等要害部门，必须把技术档案的保密问题看成是一个政治问题，要严肃对待。

4. 规定了技术档案业务管理体制。国务院批准《通则》的通知中指出：“国务院所属各工业、交通、科学技术研究机构的技术档案工作，都应当加强领导，注意总结经验，并相应地加强本机关的档案管理机构。国家档案局和各省、自治区、直辖市档案管理局（处），对于技术档案工作，应当加强业务指导，提高技术档案工作的水平，使之跟上生产建设和科学技术迅速发展的需要。”

几个月后的1960年2月15日，国家档案局就给杨尚昆主任、习仲勋副总理送去了《关于技术档案工作大连现场会议的报告》，并附去了《通则》。

14天以后的2月29日，国务院批准发布了《通则》，这就使得全国的技术档案工作有了一些基本的统一的做法和制度，开始把分散的技术档案工作，纳入国家规模的集中统一管理的轨道上来，初步形成了国家一项不可缺少的专门事业。特别是1964年3月，中共中央和国务院批转的《国家档案局关于进一步加强技术档案工作的报告》，这是党和国家关于我国科学技术档案工作的一个基本文件。阐明了科学技术档案工作的性质、作用和任务，提出了做好工作的一系列措施，对科技档案工作的发展起到了很大的推动作用。科技档案工作的明天将更加光明灿烂，社会主义建设事业将更加突飞猛进。

十七、学习司马迁

1959 年 6 月，北京气候宜人。国家档案局为了总结“大跃进”以来全国档案工作的成绩、经验和教训，召开了全国档案资料工作先进经验交流会，出席的代表共 1017 人。在中南海怀仁堂外面的草坪上，周总理、林伯渠、彭真、薄一波、王稼祥、黄克诚、杨尚昆等领导人接见了出席会议的全体代表。吴玉章、谢觉哉、杨尚昆还在大会上作了重要讲话。这是新中国成立后档案工作的一次空前的盛会。

周总理就是这次在去接见代表的路上，一边走，一边向曾三询问地方志的编修情况。并指示说：“你们档案工作人员应该向司马迁学习。”

其实，这不是周总理第一次向档案工作者提出的要求，而是周总理的一贯思想。早在上一年（1958 年）7 月的一天中午，他去中南海国务院秘书厅机关职工食堂吃午饭，他买了一个 7 分钱的西红柿豆腐和一小盘凉菜，两个馒头，来到一个桌子旁边坐了下来，边吃边和同志们谈话。当他得知他们是国家档案局华北档案组的几名工作人员，不久就要到中央档案馆去工作时，语重心长地说：“你们到档案馆工作不仅要整理和保管好文件，更重要的是熟悉业务，多做些索引、目录，使利用查找时方便……你们还有个重要任务，就是编写历史资料。如《资治通鉴》还有明清两朝没有续上，这是你们的责任。”周总理还问他们：“《资治通鉴》这部书你们读过没有？”这几个同志回答说：“没有读过，恐怕读不懂。”他鼓励说：“这部书是我国几千年来丰富的历史记载，你们一定要抽时间读读它，读多了自然会懂，我小时候还不是和你们一样！毛主席最喜欢多读书的人。”周总理的这些教诲，到今天仍在激励着广大的档案工作者。

一年后，周总理又直接向曾三提出档案工作者学习司马迁的问题。曾三回到局里后，就把周总理的指示精神分头向张中、洛风、裴桐、郝化村作了传达。曾三说：“这说明周总理非常重视这个问题。周总理就是要我们档案工作者像司马迁那样，利用档案，研究历史、编修史书，对祖国的历史研究做出贡献。”曾三接着说：“过去，档案工作者的重要任务，就是保管好档案，方便利用就行了，没有普遍要求大家参与编史修志。周总理对我们提出了一个更高的要求。”

1963 年 4 月 10 日，周总理在中南海西花厅接见阿尔巴尼亚档案工作代表团时，曾问在座的曾三：“中央档案馆对近代、现代的历史是否研究？”周总理在指出有的历史著作，对有些历史事件的记述不符合历史事实后，指出：“档案工作必须研究历史，要用档案印证一下历史事实。”

在这之后，曾三就把周总理的几次指示联系起来考虑，并准备在将要召开的全国省档案馆工作会议上进一步研究贯彻执行。曾三想：既然周总理号召档案工作人员学习司马迁，那就得了解司马迁与档案工作有什么关系。司马迁是文学家、史学家，那他是不是档案工作者呢？从周总理的话里似乎意味着司马迁也是个档案工作者。但这一定要搞准确，不然是要贻笑大方的。接着，曾三就打电话把冯子直叫了来。冯子直当时是曾三的秘书，曾三曾多次对他说：“你的任务就是两条：一条是读书，读马列和毛主席的书，读历史书，如党的历史、近代史、《史记》、《资治通鉴》、《文史通义》等，读古今中外档案方面的书。再一条是要熟记党中央、国务院对档案工作的决定、指示和档案工作的规章制度、重要的业务指导文件以及历次全国档案工作会议的文件，对一些重要问题是怎样提法，怎样规定的，不同时期有什么变化。我们要的时候，你不是去查档案，而是能随即回答出来。并帮助我们整理些材料，写些东西，研究些业务问题，提出你的意见，供我们参考。在这方面，你要向田家英（毛主席的秘书）学习。”这次曾三找冯子直来是要他去翻翻《史记》和有关司马迁的书，研究一下司马迁与档案工作的关系，司马迁是不是个档案工作者，给他写个书面材料。

与此同时，曾三在司马迁是不是一个档案工作者的问题上还征求了张中、洛风、郝化村、裴桐、吴宝康等同志的意见。曾三在看了冯子直给他整理的有关司马迁情况的材料后，说道：“司马迁是汉武帝的史官，而古代的史官都是负有记事和保管图籍的责任的，所以，司马迁也是一个档案工作者。”

他问冯子直：“你认为司马迁是不是一个档案工作者呢？”

冯子直回答说：“司马迁是一个史官和历官，是个文学家、史学家，‘文史星历’是他的主要职务，就是修历、记事、修史。他（太史府）掌管档案，主要是为了修史修历的需要，而不是他的主要职务，恐怕不好单说司马迁是一个档案工作者。”

“啊！你这样看？当然啰，这不只是你一个人的看法。既然大家看法不一致”，曾三对冯子直说，“郭（沫若）老和吴（玉章）老都是史学家，那就向他们请教请教。你就用我的名义起草一封给二老的信吧。”

随即，冯子直就以曾三的名义给郭沫若、吴玉章各写了一封信，请教二老，能不能说司马迁是一个档案工作者？

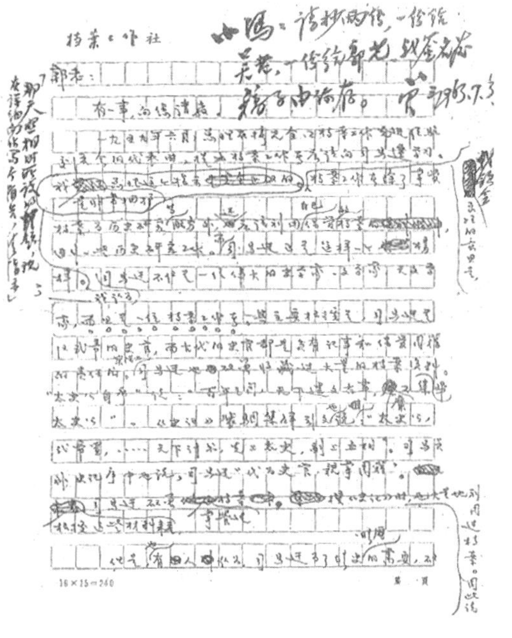

曾三看了草稿后，在信上批道：“小冯：请抄两份，一份给吴老，一份给郭老，

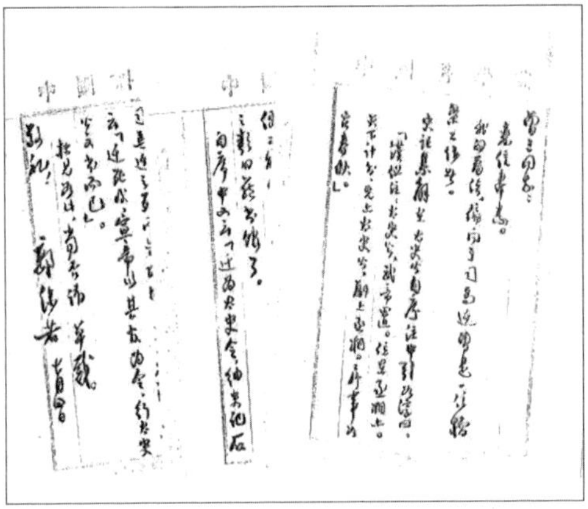
曾三同志：

敬礼！

郭沫若

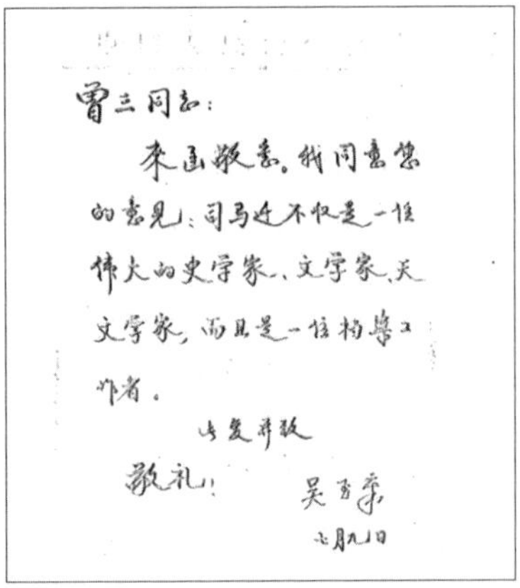
曾三同志：

来函敬悉。我同意您的意见：司马迁不仅是一位伟大的史学家、文学家、天文学家，而且是一位档案工作者。

此复并致

敬礼！

吴玉章

七月九日

我签名发，稿子由你存。”

于是，1963年7月3日，曾三就分别发出了给郭沫若和吴玉章同样内容的两封信，在信中提出：“司马迁不仅是一位史学家、文学家、天文学家，而且是一个档案工作者。”请他们“抽暇给予解答”。

郭沫若在收到信的第二天就给曾三写了回信。他在信中说：“我的看法，偏向于司马迁曾是一位档案工作者。”并举了一些史料来证实。六天以后，曾三又收到了吴玉章7月9日给他的回信：“我同意您的意见：司马迁不仅是一位伟大的史学家、文学家、天文学家，而且是一位档案工作者。”

由于得到了二老的支持，曾三就把实现周总理的这一指示，作为档案工作者今后的努力方向。

1963年12月，在国家档案局召开的全国省档案馆工作会议上，在曾三的倡议下，讨论了周总理的这一指示，提出档案馆要“熟悉档案内容，汇编档案史料，参加历史研究，以不断提高服务质量，并使档案馆能在历史科学研究中，发挥一定的作用”。曾三并指示《档案工作》（《中国档案》的前身）杂志要做好宣传配合。

一时间，要学习司马迁，要当司马迁之声响遍全国档案系统，这就加强了档案工作者，特别是档案馆工作者的使命感和荣誉感，增强了事业心，激发了积极性，对我国档案事业的发展、对档案工作者参加历史研究、提高档案工作的质量具有非常重要的现实意义和历史意义。

十八、“文化大革命”

1978 年 12 月，党的十一届三中全会的召开，是我们党又一个重大的历史转折。全会开始全面、认真地纠正被“文化大革命”颠倒了的历史，从理论上、思想上、政治上、组织上拨乱反正。

1979 年的初夏，天气还不很热，宁静的夜晚，月暗风高，已经是深夜了。曾三坐在写字台旁，看着中共中央办公厅 1979 年 5 月 26 日发出的《关于为“档案工作中反党反社会主义黑线”等错案彻底平反的通知》，热泪在眼眶中转动，曾三摘下眼镜，用手帕擦了擦眼眶，思绪万千，13 年来的情景像电影似的一幕一幕地展现在眼前。

1966 年 2 月，林彪和江青一伙为了打倒一批老干部和阴谋篡党夺权，开了一个所谓的座谈会，在会上，江青叫嚷文艺界存在着一条“反党反社会主义的黑线”。就在这个“黑线专政”论出笼仅仅四个月，林彪、“四人帮”一伙继诬陷杨尚昆、曾三“盗窃党的核心机密档案”以后，又制造了一个“档案黑线”论，于 1966 年 6 月 13 日，用中共中央办公厅的名义把《关于揭发档案工作中反党反社会主义黑线的通知》的文件印发全国。这就是“301”号通知。在 5 个月后的 11 月 15 日，又发出了“551”号通知，撤销了曾三的中共中央办公厅副主任、国家档案局局长、中央档案馆馆长等一切职务。

“档案黑线”论一出笼，如狂风恶浪，席卷全国。国家档案局、中央档案馆和中国人民大学历史档案系被诬陷为档案界的“三家村”黑店，曾三、裴桐、吴宝康成了“三家村”的黑干将。曾三也被诬蔑在档案工作上推行了一条“反党反社会主义的黑线”“盗窃扩散中央机密档案”“里通外国”，对他进行了残酷斗争和批斗。

1969 年曾三被下放到江西省进贤县“中央办公厅五七学校”监督劳动。有一次，曾三在拔草时说了句“今年拔了，明年又得长”。结果被同一小组也是受监督劳动的人告发，罪状是：“毛主席说‘野火烧不尽，春风吹又生’，是说反革命派扑灭不了革命力量。而曾三说的这句话，就是无意中流露了他死不认罪，顽抗到底，妄想翻案的心情。”于是，曾三又在被批斗后，更加加强了管理，加重了劳动。而告发他的人则被放松了管理，换得了一些自由，比如，可以到县城去走走，可以自己去买点东西，也只是仅此而已。

曾三现在想起来又好笑，当时说这句话是无心的，却被别人牵强附会，又莫名其妙地被加上了一顶帽子。

曾三一直相信党，相信总有一天党会弄清真相，给予平反的。

劳动—批斗，批斗—劳动。繁重的劳动，无情的折磨，使曾三身心受到极大的摧残。1972 年 1 月，曾三的身体实在支持不下去了。他相信周总理，他认为周总理是了解他的，他的很多工作是在周总理的支持和领导下做的。在瑞金要不是周总理同意他长征，他或许早已不在人世了。于是，他给周总理写了一封信要求回京治病，请干校军代表转呈。当时，周总理的处境也很艰难，他除了自己要承受很大的压力外，还有很多要处理的事，还有很多要保护的人。但他仍很重视曾三给他的信，并在曾三给他的信上无奈地批道：“身体支持不了，就不要劳动了。”

曾三能自己决定不劳动吗？可是周总理还能说什么呢？这是他仅能做到的了。想到这里，曾三又一次掉下了眼泪。

1973 年，曾三的眼睛突然看不清了，被两个人从江西押回北京去北医一院看病。押送人员不让大夫把病情直接告诉曾三，只能告诉他们。看完病后又押回进贤，并继续强迫劳动。没过多久，曾三的一只眼睛什么也看不见了，另一只眼睛只有零点零几的视力，面对面都看不清对方的面孔，有人去看他，就得自报家门。不然，他就不知道进来的是谁。到 1975 年，才允许他由沈义陪着回京看病，这次他没有去北医一院，而是去了人民医院看病，因为，前年当囚犯似的被押着去看病的阴影，使他的思想包袱还很重；再一个原因，就是位于白塔寺的人民医院离他住的地方比较近。他拄着手杖，由沈义搀扶着，能慢慢走着去看病。这次他是住在西四兵马司胡同的一个小招待所里，叫招待所，实际上是一座早就没有营业的破旧小楼。曾三住的是一个 13 平方米左右的小房间，里面摆了一张大床和一张小床，就没有多少空地了，大床是曾三老两口睡，小床是他的孙女或孙子或女儿间或睡在这里，好在晚上陪伴和照顾老人。曾三在这里一住就是两年多。直到 1977 年，国务院机关事务管理局在三里河南沙沟分给了他一套房子，曾三一家这才搬进了部长楼。

曾三平反以后又去北医一院看病，找了原来给他看病的女大夫，想看看眼睛到底出了什么毛病，还能不能治愈。大夫把病历拿给他看，念给他听，上面除了写了病情以外，还特别叮嘱："要继续治疗，不能劳动，不然眼睛就要失明。"可是曾三当时不了解病情，即使了解了又怎么样呢？曾三想："我算什么，对'四人帮'来说，失明，只是活该。我应该庆幸，这可以说是不幸中的万幸。"

还使曾三揪心的是，由林彪、"四人帮"一伙煽动的"打、砸、抢"曾经风行一时，许多档案馆受到冲击，国家机密遭到疯狂破坏，损失惨重，令人触目惊心。

河北省某县档案馆被武斗队占领后，房屋筑起了工事，院内建起了造弹厂，丢失档案 2000 余件。陕西省某县法院、公安局档案库房，被一小撮坏人放火烧掉 35000 多卷敌伪档案和对敌专政的档案。

化工部被抢走机密档案材料达 11 卡车 之多。

中央统战部机关的档案被一抢而光，连目录也下落不明，究竟损失多少，无从查考。交通部党组历年的档案和一些其他档案共 290 多卷，被抢走翻阅、抄写、张贴，使党和国家的机密泄露到社会上……

曾三越想越心碎，档案是党和国家的宝贵财富，档案工作是党和国家百年大计的事业，现在却遭受到空前浩劫，损失了多少无价之宝。曾三跺着脚喊道："这是犯罪呀！也对不起子孙后代呀！"

还令曾三气愤和心痛的是，"四人帮"为了反对周总理的需要，将"中央档案馆"这样一个既保管党的档案，又保管政府的档案的，中央一级的，党、政合一的党和国家档案馆，改为"中共中央档案馆"，周总理亲自题写的匾额也就被人摘了下来，扔到一边去了。

"唉！"曾三仰天长叹。继而，他紧咬着牙，用右手握着拳头，使劲地捶在桌子上，眼泪在眼眶里来回转动，最后，刷的一下掉下来了。这时，窗外已经发白，开始露出了曙光，天终于亮了。

十九、曾三同志还活着

1977年，严冬已经过去，春天已经来临。虽然北京的春天姗姗来迟，但万物已开始复苏，枯黄的树枝已在吐绿，桃花也在含苞欲放。今年春季的阳光更加明媚、灿烂。

“四人帮”被粉碎了，大地一片欢腾。现在，已经好几个月了，被“四人帮”破坏了的秩序需要赶紧恢复，被耽误了10年的时间需要赶紧补上。吴宝康到处奔走、呼吁，忙着搞两个恢复工作，一个是恢复中国人民大学历史档案系；再一个是恢复国家档案局。

吴宝康的努力，终于得到了中国社会科学院规划办公室的大力支持，他们同意搞一个“档案学规划”，由吴宝康主持起草工作。为了起草好这个“规划”，他们还委托吴宝康组织召开一个座谈会。吴宝康联系和走访了还在北京的一些有关部门的老档案工作者，并特地看望了曾三，和曾三交换了意见。

曾三很兴奋，整整10年了，噩梦将要过去，他日也盼、夜也盼的档案工作，有希望再一次走上正轨了。他谈了他的想法和意见，很感谢吴宝康为尽快地恢复国家档案局做了件大好事。

曾三说：“吴宝康同志，你的功劳不可磨灭呀！”

“哪里，这只不过都是为了档案事业。”吴宝康答道。

吴宝康告诉曾三，中国社会科学院规划办公室同意邀请他参加座谈会，曾三听了之后很激动。他想：“档案部门戴帽子最早，摘帽子最晚，档案工作和我到现在还没有平反，只有学术团体才能邀请我，才敢邀请我。这说明在许多同志的心目中，我不再是‘里通外国’的

‘反党反社会主义分子’，在他们的心目中，早已为我平反了。”所以，曾三很高兴地答复道：“到时，我一定参加。”

1978 年 3 月 13 日，在中国社会科学院规划办公室主任陈道、副主任李正文主持下，召开了在京档案界部分同志参加的档案科学规划座谈会。参加的有曾三、张中、徐思顺（中共中央档案馆副馆长）等约 20 人。

在座谈会的基础上，吴宝康主持起草的《全国档案学八年（1978—1985 年）规划》（草稿），于 7 月份顺利完成，其中一项就是要恢复国家档案局，以加强对全国档案工作的领导。

为了广泛征求全国档案工作者的意见，特地将《规划（草稿）》的摘要和包括曾三、张中等一些老档案工作者参加座谈会的消息，刊登在特地在 8 月份创刊的《档案通讯》（现在的《档案学通讯》）第一期上。这一期的《档案通讯》，在全国引起了极大的反响，一些档案工作者，有的热泪盈眶，有的奔走相告，他们都高兴地说：“曾三同志又出来了，张中同志又出来了，曾三同志还活着，他们都还活着，档案工作的尽快恢复有希望了。”

中共安徽省委办公厅档案处在给《档案通讯》编辑部的信中说：喜读《档案通讯》第一期，“我们心潮澎湃，热血沸腾”。

这一期的《档案通讯》，因为经费问题，是油印的，还只印了 100 份。不少省的档案部门，为了尽快地传递这个振奋人心的消息，竟铅印了数千份，分发到各地、县去。

吴宝康在这段时间内做了很好的舆论工作，取得了很好的效果，在档案界反应强烈，要求恢复国家档案局、要求恢复曾三工作的呼声越来越高。

1978 年 12 月，党的十一届三中全会召开以后，姚依林担任了中共中央副秘书长、中央办公厅主任的职务，恢复国家档案局、恢复中央档案馆原名的条件趋于成熟。

1979 年 1 月 13 日，在中央档案馆工作的原国家档案局的邹步英等9位同志，向“耀邦、依林、文彬同志并党中央”写了一封公开信，信中历数了国家档案局的历史、成绩，批判了“文化大革命”中林彪、“四人帮”一伙批判、斗争、打倒曾三，制造档案工作“黑线”论，撤销国家档案局，迫害档案局工作人员，破坏全国档案工作的种种罪行。提出：粉碎“四人帮”以后，全国各地区、中央各部门纷纷要求恢复国家档案局。这封信立即于1月15日登在《中共中央办公厅学习十一届三中全会和中央工作会议文件情况简报（七）》上。曾三也积极和王明哲、徐思顺（中共中央档案馆副馆长）加强了联系。王明哲和徐思顺同意曾三的意见，1979年2月4日，王明哲以中共中央档案馆的名义，起草了《关于恢复国家档案局、恢复中央档案馆原名》给中央办公厅的报告。

1979年春节前后，曾三向姚依林提出为档案工作平反，恢复国家档案局、恢复中央档案馆名称等问题，得到中央办公厅的坚决支持。根据姚依林的意见，曾三组织中共中央档案馆的一些同志，在2月26日，以中央办公厅的名义，起草了《关于恢复国家档案局、恢复中央档案馆原名》给中共中央和国务院的报告。2月27日，中共中央、国务院正式批准恢复国家档案局。4月21日，中央的批件下来了，中办、国办发出关于恢复中央档案馆名称和国家档案局的通知。从此，经过十多年磨难的国家档案局恢复了，中央档案馆的原名也恢复了，周总理题写的匾额又高高挂起来了。5月26日，中共中央办公厅发出了《关于为“档案工作中反党反社会主义黑线”等错案彻底平反的通知》，指出：“文化大革命”前十七年，国家档案局和全国档案工作成绩是主要的。《通知》宣布撤销1966年中央办公厅发出的两个错误通知。在大会上宣布了平反名单，到这时，曾三才正式彻底平反了。接着恢复了曾三的中央办公厅副主任和中央档案馆馆长的职务。国家档案局局长的职务曾三建议提升张中担任，获得中央批准。

曾三深有感慨地说：“党中央作出的这两项决定（一项是恢复国家档案局和中央档案馆名称，一项是撤销1966年中央办公厅发出的两个错误‘通知’），标志着我们党重视档案工作的优良传统得到了恢复和发展；标志着林彪、‘四人帮’极‘左’路线破坏档案工作的阴谋已经破产；标志着我国档案事业进入了一个新的历史发展阶段。”

二十、"恢复、整顿、总结、提高"

党的十一届三中全会召开以后，曾三考虑的是全国档案工作的恢复、整顿问题。而要恢复全国档案工作，首先要恢复国家档案局，他向姚依林、冯文彬、胡乔木、胡耀邦同志提出了他的建议并得到他们的同意和支持。1979年2月，党中央、国务院就已决定恢复国家档案局。曾三找张中商议国家档案局的恢复问题。

曾三兴冲冲地说："张中同志，中央已同意恢复国家档案局了。"

"这好呀！"张中也蛮高兴。

"所以，第一步是先把架子搭起来。"曾三接着说。

"这可是个空架子呀！"张中为难道。

"这我知道，现在就是要想办法把这个空架子充实起来。张中同志，你看怎么样？"曾三问。

"问题虽然不是很大，但困难却也不少。"

"是呀，困难是很多的。"曾三同意道。

"主要是因为在'文化大革命'中，国家档案局被撤销后，干部全部被发配到江西中办'五七'学校劳动了，到现在十年过去了，有的人被调回中央档案馆工作，但大部分人都分配到别的地方工作了，有的分到中央一些机关，有的分到湖北、四川、江西等地，有的在'五七'学校劳动了十年，最近才回到北京治病。"

"你看这样行不行？"曾三带着试探的口气看着张中，并接着往下说："我们先找在'五七'学校劳动了十年刚回到北京的同志，成立一个筹备小组；抓紧联系，先调干部。先从中央档案馆调回一些原来在国家档案局的同志。张中同志，在这个问题上，你是不是和王明哲同志具体协商一下？”

“可以，这个好办。”张中答道。

“对，这个好办。”曾三笑笑说：“下面的可不好办啰！你得先摸摸情况，列一个要调回来的人的名单，再分别派人到中央一些机关，并和湖北、四川、江西联系，把一些能调回来的同志都调回来。这中间要做的事就够复杂、麻烦的。”

“这个我有思想准备。曾老，我不是说困难不少吗，但困难可以克服，任务保证完成。”

“这就好嘛，这是我说的第一步。”

“第二步是不是要召开全国档案工作会议？”张中问。

“是呀！你说对了。而我们只有在做好了第一步的基础上，才能进行第二步，第二步就是要尽快地召开全国档案工作会议，解决全国档案工作的恢复问题。”

这以后，以沈义、于青来、逯苏勤、庄淑云等同志组成的筹备小组就开始了紧张的调干等工作。到6月份，已经调回韩毓虎、田风起、李凤楼、冯子直、郝存厚、邹步英、姚峰等一些业务干部。

党中央、国务院在四五月份接连发出了为档案工作的冤、假、错案平反和恢复国家档案局的两个文件后，全国已经有14个省、市召开了档案工作会议。在各省、市召开的档案工作会议上，对档案工作的方针、路线给予了拨乱反正，对工作作了初步安排。但开过会议的省、市也好，没有开过会议的省、市也好，都把眼睛瞧着中央，希望中央能开一次全国性的档案工作会议，他们还说，要是全国性的会议一下子开不了，先开个座谈会也行。他们希望听听中央的声音，听听中央对当前的工作有什么考虑和安排，有什么具体指示，以便解决他们那里的恢复、整顿问题。曾三对开这个会议也一直很重视、很着急，这不是他计划中的第二步吗？可是，国家档案局1979年4月21日才恢复，曾三到5月26日才获得正式彻底平反。那这个会什么时候开比较合适呢?

曾三把张中请到家里，商量这个问题，曾三对张中说：“现在不少省、市对召开全国档案工作会议的要求很强烈，这和我们的心情是一样的。有十多年了，没有开过这样的会。《档案通讯》上在刊登的读者来信中不是就有这样的话吗？这十多年来不要说开这方面的会，就连‘档案’这两个字也在报上见不到了，销声匿迹了。”曾三接着说：“现在党中央、国务院的两个文件已经下达，我们应该尽快召开全国档案工作会议。”

张中回答说：“是呀！我们也很着急。”

“会开得越晚，在档案工作上的损失就越大。”曾三转而笑笑说：“时不我待呀！我们只有‘只争朝夕’了。”

“是要‘只争朝夕’呀！”张中点点头，接着又说：“好在，现在已调回七八个同志了，大家辛苦点，赶快准备会议文件，完全可以早点召开。”

“是这么回事。”曾三同意张中说的，并问道：“那你看什么时候能开呢？”张中答道：“现在已是6月份，两个月时间准备，争取8月份召开。曾老，您看行吗？”曾三高兴地说：“可以。”接着，就和张中集中研究了全国档案工作会议的主题和任务。

曾三的意见是：“这次全国档案工作会议总的内容和任务，就是贯彻党的十一届三中全会精神，批判林彪、‘四人帮’一伙破坏档案工作的罪行，澄清被他们搞乱的档案工作的思想、理论、路线是非，重申党中央、国务院关于档案工作的原则、体制和方针，恢复、整顿全国档案工作。”他瞧着张中问道：“你的看法呢？”

“我完全同意您的意见。”张中回答说：“林彪、‘四人帮’对档案工作进行了一场浩劫，破坏是非常严重的，真是一场可怕的噩梦呀！但是粉碎‘四人帮’两年多了，档案工作中的问题一直没有解决。直到党的十一届三中全会后的今天，才得到平反。我们要补上这一课，要拨乱反正，要把被他们颠倒了的是非颠倒过来，要为全国档案系统的‘小曾三’平反。”

“对。”曾三同意道：“全国档案系统，也还有一个平反问题，不能再拖了，是急需解决的。”

“我有个想法。”

“你说说看。”曾三关心地问。

张中说：“‘文化大革命’前十七年，档案工作中是毛主席革命路线占统治地位，党中央、国务院过去发的几个主要文件，实践证明，那都是正确的，我们要重申和坚持。我看是不是这样：在这次会上，我们把党中央、国务院过去发的几个主要文件，像《中央关于统一管理党政档案工作的通知》《国务院关于加强国家档案工作的决定》等，重新印发给大家。”

“对。”曾三同意道：“这就是告诉大家，这些文件虽然受到‘四人帮’的批判，但它完全是正确的，是要继续坚决贯彻执行的。”

“我还有个想法。”

曾三又习惯地“哦”了一声。

“我看还应该吸取‘文化大革命’的教训，建议国家制定一部《档案法》，以确保党和国家档案的安全，确保档案人员的职责不受侵犯。这次政协会议上，我要提一个建议制定《国家档案法》的提案。曾老，您看怎么样？”

“你这个提案很好，我举双手赞成，是到了应该着手制定《档案法》的时候了。”曾三接着又回到召开全国档案工作会议的问题上，他问张中：“你看当前档案工作的方针、任务怎么提比较合适，是否就提恢复、整顿？”

张中答道：“我看除了提恢复、整顿之外，还要提总结、提高。”

曾三点点头，同意道：“你说得对，那就叫恢复、整顿、总结、提高吧。”停了停，曾三又说：“张中同志，你把我们今天研究的这些，找韩毓虎、田风起、李凤楼再研究一下，看看他们有什么意见。如果他们同意，你就组织人赶快起草一个向党中央、国务院关于开会的请示，包括会议主题、召开时间、出席人员、人数、经费等，并准备一下开会的文件。”

张中临走时，曾三又关心地叮嘱一句：“张中同志，你身体不好，可要注意劳逸结合呀！”

张中笑笑说：“曾老，请您放心，我会注意的。”

1979 年 8 月 18 日，全国档案工作会议召开了，会议进行了 12 天，到 8 月 29 日结束。参加会议的有各省、市、自治区档案局（处）的负责人共 300 多人。国务院副总理、中共中央副秘书长、中央办公厅主任姚依林和中共中央办公厅副主任冯文彬、曾三出席了会议并讲话。（冯文彬同志在讲话一开始就说：“本来耀邦同志、乔木同志都要来看望大家，见见面。耀邦同志、乔木同志临时有事，不能来了，很抱歉，向大家表示问候。”）

曾三在会上作了题为《关于在我国档案工作中贯彻党的三中全会精神的几点意见》的讲话，新任命的国家档案局局长张中作了《加速档案工作的恢复与整顿，积极开展档案的利用工作，为社会主义现代化服务》的工作报告。

会议根据党的十一届三中全会和五届全国人大二次会议制定的路线、方针、政策，揭发批判林彪、“四人帮”破坏档案工作的罪行，澄清了档案工作的思想、理论、路线是非，重申了党中央和国务院关于档案工作的原则、体制和方针，提出了“恢复、整顿、总结、提高”的方针和任务。曾三在讲话中还进一步对这八个字进行了阐述。曾三特别强调说：“不积极开展档案的利用工作，就搞不好‘恢复、整顿、总结、提高’；不搞好‘恢复、整顿、总结、提高’，也不能更好地开展档案的利用工作。这也可以说是我们档案工作着重点转移后的第一个战役吧！”

1980 年 2 月 14 日，中共中央、国务院批转了国家档案局《关于全国档案工作会议的报告》，并在批示中指出：“档案工作是一项很重要的专门事业，是实现社会主义现代化建设，开展历史研究，进行各项工作的必要条件。做好档案工作，不仅是当前工作的需要，而且是维护党和国家历史真实面貌的重大事业。”其中，“维护党和国家历史真实面貌的重大事业”，是胡耀邦同志亲自加上的。这一批示，高度概括了档案和档案工作的重要性，是发展档案事业的一个非常重要的指导性文件。全国档案工作会议的召开和党中央、国务院的指示，对建设我国社会主义现代化档案事业起到了极大的推动作用。

二十一、开放历史档案

党的十一届三中全会的召开和社会主义经济建设、科学文化事业的日益发展，使社会各方面，如历史学家、经济学家、党史研究工作者，纷纷提出了利用、开放档案的要求，呼声很高，要求很急，责之甚严。

1979 年 1 月，中国社会科学院近代史研究所副所长黎澍在中央召开的理论务虚会上给档案部门提出意见说，历史学家得不到必要的历史档案，借阅档案批准手续过严。1979 年 5 月 17 日，中国人民大学党史系主任胡华在该校档案系举办的科学讨论会上的书面发言中，要求档案部门为党史教学提供更多的党史资料，更多地给他们利用档案的方便条件。档案系的老师们也在这方面提出了不少的意见和要求。有的还给曾三写信，国家计委原副主任薛暮桥在信中说：他现在在一个机关负责经济研究工作，今年主要是集中精力写一本书（《中国社会主义经济问题研究》），同时编写中国经济史，遇到一个难题，就是很难利用档案资料。有的还在政协会上，提出要求开放历史档案的提案。

很显然，这些意见就是要档案馆不再处于封闭、半封闭状态，要档案馆的工作来个大突破。特别是在经过“文化大革命”以后，有些人对档案工作中的拨乱反正心有疑虑的时候，要支持这个意见，要有过人的胆识和勇气。曾三支持了这个意见，并且非常重视，认为不能再拖了，到了必须解决的时候了。

1979 年 8 月，曾三在全国档案工作会议上说：“档案是有机密和极机密的部分，我们在任何时候都应该保护党和国家的机密，这是无疑义的。但是，我们不能因为保密，而把所有的档案都严密封锁起来，不发挥档案的作用。如果是那样，档案工作还有什么存在的必要呢？既然怕失密，干脆把档案烧掉，不是更能保密吗？所以说，保密绝不是档案工作的根本目的，提供档案为党和国家各项工作服务，才是档案工作的根本目的和任务。问题是我们要把保密和利用统一起来，而不能对立起来。”

与此同时，曾三和裴桐（中央档案馆常务副馆长）、王明哲（副馆长，1982 年被任命为馆长）进行了商量和研究。曾三说：“我们不仅要积极提供档案为党和国家的各项工作服务，而且还要开放历史档案，向社会服务。我们不要前怕狼后怕虎嘛，不要心有余悸，谈虎色变。”

裴桐和王明哲都很同意曾三的意见，并表示：“这个意见是符合三中全会精神的，应该逐步使档案馆向开放型转变，我们完全赞成。”

“当然！”曾三补充道：“开放历史档案，并不是门户大开，任何人都可以随意进出档案馆。我们认为档案馆应该为利用者服务，但档案馆毕竟和图书馆不同，还有个保密问题。借阅图书还有个制度嘛，开放历史档案就得有开放历史档案的制度，档案馆和利用档案的人都要遵守这些制度。”曾三又接着说：“我们是既强调开放，又强调控制，既强调开放可以开放的，又强调控制必须控制的。不能只讲开放，不讲控制，或只讲控制，不讲开放。”

裴桐说：“曾老说得对，这就是我们的指导思想，开放和控制都是要服从党和国家的利益。”

王明哲接着也补充道：“外国国家档案馆也不是无条件开放的。就拿资本主义国家来说，到现在为止，我们还没有发现有哪一个资本主义大国的政党，对社会也好，对国外也好，开放他们的档案，即使是政府的档案，也是既有开放，又有控制，绝没有忘记保守他们的机密。”

“是呀！我们将要做的这些，是资本主义国家都没有做和不敢做的事。当然啰！我们也会有一些历史档案、革命历史档案，暂时还不能对任何人都开放。这不是什么人为的限制、封锁和垄断，而是为了保护档案资料的安全，保护党和国家的政治、经济利益。”停了停，曾三又接着说："我以个人的名义，起草了一份关于开放历史档案问题给党中央、国务院领导的报告，你们看了没有？有什么意见？"

王明哲说："这报告我看了，我认为很好。鉴于国家档案局已经恢复了，是不是以国家档案局的名义上报更好一些？"裴桐说："我也是这个意见。"曾三同意说："啊！你们这个意见很好，这样更正式一些，就以国家档案局的名义上报吧。"他又接着对裴桐、王明哲说："你们另外以中央档案馆的名义，主持起草一个《关于立即开展档案资料工作的请示报告》，还要以中央办公厅的名义起草一个《关于利用中央档案馆保存的档案资料的暂行规定》。"

裴桐、王明哲同声答道："好，我们立即去办。"

"你们起草的时候要注意这么几点，要谈档案在编辑、出版《毛泽东选集》和中央其他领导同志'文集'，以及在为他们撰写传记中所起到的作用；要谈档案在为落实党的各项政策和平反冤、假、错案中所起到的作用；要谈档案在研究政治史、经济史、文化史、军事史、民族关系史、对外关系史等方面所起到的作用；要谈档案在编修地方志和发展国民经济建设中所起到的作用；等等。"曾三详细叮嘱着。

曾三又接着说："我这篇以国家档案局的名义送给党中央、国务院的报告同你们那两篇以中央档案馆的名义和以中央办公厅的名义送给党中央、国务院的报告，实际上，都是关于开放历史档案的问题，是相互呼应的姐妹篇。"

1979年9月，曾三把他们起草的《关于开放历史档案的几点意见》的初稿交给张中，请他在定稿后，以国家档案局的名义送给党中央、国务院领导。曾三并向张中强调指出："历史档案与革命历史档案不要放在一个概念之内，至少在目前是这样。1949年以前的档案称'历史档案'，'旧政权档案'这个词可以不用了。如把'革命历史档案'放在'历史档案'这一概念之内，麻烦很多，不知你的意见如何？这样一分，我们就可以写两个具体办法。"

随即，由张中局长主持，韩毓虎、田风起、李凤楼副局长（1983

年 1 月，韩毓虎被任命为局长）参加的国家档案局局长办公会议和局务会议，经过多次讨论、修改，并听取几个中央级档案馆的意见，国家档案局于 1979 年 10 月 30 日向党中央、国务院领导上报了《关于开放历史档案的几点意见》。曾三于 1979 年 11 月 1 日在这个文件上附言道："此件酝酿了好久，我也参加了讨论。这个原则定下来，各馆才可能着手各种准备工作，请你审阅。"这个文件经胡乔木等党中央、国务院领导同志审批后，国家档案局于 1980 年 3 月 17 日向各省、市、自治区档案局、档案馆、中央档案馆，中国第一历史档案馆，中国第二历史档案馆发出了《〈关于开放历史档案的几点意见〉的通知》，要求他们分别制定出历史档案与革命历史档案开放利用的施行办法，以适应各方面对历史档案迫切利用的需要。

1980 年 5 月 29 日，中央书记处讨论《关于立即开展档案资料工作的请求报告》和《关于利用中央档案馆保存的档案资料的暂行规定》，胡耀邦邀请曾三列席会议，曾三把裴桐、王明哲也带了去。会议由胡耀邦主持，首先发言的是胡乔木，接着发言的是姚依林，曾三在会上对《报告》和《暂行规定》作了说明。会议同意上面两个文件，认为中央档案馆做了很多工作，收效很大，应该继续发挥中央档案馆的重要作用，历史档案可以开放，作出了关于开放历史档案的决定，同意下发《中共中央批转关于档案资料利用的两个文件》，并作了以下重要批示："中央档案馆保存的档案资料，许多都是党和国家宝贵的历史文献记录，既要充分发挥其作用，又要注意其政治性和机密性，严格按照规定手续进行借阅和使用。"这就既强调了开放的重要性，又强调了控制的必要性，以确保党和国家的利益在利用中不受损害。会后，曾三、裴桐、王明哲和胡耀邦、中央书记处与会成员共进午餐。

国家档案局随即在北京召开了全国省以上档案馆工作会议，着重研究了开放历史档案的问题，提出了开放历史档案的办法。这就为档案利用工作开辟了广阔的道路,使档案馆成为名副其实的科学文化事业机构。

二十二、中国档案学会的成立

1979 年 8 月，全国档案工作会议闭幕以后，9 月 7 日，外交部美大司给国家档案局转来了国际档案理事会主席、美国国家档案和文件管理局局长詹姆士·罗兹先生 8 月 24 日致中国国家领导人的信函。信函指出：1979 年秋季，国际档案理事会将在全世界范围内举办国际档案周的活动。世界上有许多国家档案部门正计划召开各种会议、举办展览和出版各种出版物，以表彰档案工作对他们国家和人类文化遗产所发挥的重要作用。罗兹先生希望中国政府和中国档案部门能参加国际档案周的活动，并通过参加这一活动，促进本国以及世界对档案文化遗产和档案机构的重视和了解。

张中在接到这个信函后，和局里的其他领导韩毓虎、田风起、李凤楼作了初步研究，就立即转报曾三，并向曾三汇报说："曾三同志，我们看了这封信后，都感到很高兴。这是自 1960 年我国应国际档案理事会的邀请，派出中国档案工作代表团（该团是以洛风为团长，王明哲、李凤楼为团员的 3 人组成——作者）以观察员身份，赴瑞典斯德哥尔摩参加第四届国际档案大会（在这次大会上，国际档案理事会一致通过决议，接纳中国档案组织为会员——作者）以后，国际档案理事会和我们的又一次联系。这说明国际档案理事会对我们还是很重视的。"

曾三一边看张中给他的罗兹的信，一边对张中说："从 1960 年 8 月到现在整整 19 年了，如果单按年份计算的话就是 20 年了。20 年，其中'文化大革命'就是 10 年，我们封闭得太久了。现在党的十一届三中全会召开了，我们又接到罗兹先生的信，可以考虑和国际档案理事会接上关系了。你们几个人研究了没有，有什么想法和意见？”

张中说：“我们几个人的意见是，接受国际档案理事会的建议，参加国际档案周活动。”

“这好哇，我同意你们的意见。”曾三连说带问，“那我们应该举办些什么活动呢？”还没有等张中回答，曾三又接着说：“我有这么一个想法，你看，我们是不是也来个‘借东风’？”

“借东风？要为谁借东风呢？”大家一愣，不知曾三是什么意思。

曾三看着大家吃惊的目光接着说：“就是借这个国际档案周的东风，把中国档案学会成立起来。”

大家一听都高兴起来，张中说：“您这个主意很好，我们就借这个东风，把中国档案学会成立起来。大家对成立中国档案学会都很关心，8月份召开的全国档案工作会议上，不少代表就提出，应该成立一个中国档案学会，作为一个群众性的学术研究团体，开展群众性的档案学术活动。曾三同志，我完全同意您这个意见。”

曾三略微歪着头，回忆往事说：“张中同志，你还记得不？‘文化大革命’以前，我曾和你，和洛风、郝化村同志就多次谈到过，想成立一个中国档案学会的事，吴宝康同志也一直有这个意思。但后来‘文化大革命’一来，这件事就无法考虑了。这一耽误就是十多年，白白浪费了多少宝贵时光呀！这就更加拉长了我国档案工作与先进国家档案工作在科学技术水平方面的差距。”

“是呀！林彪、‘四人帮’一伙，真是祸国殃民，罪该万死呀！”张中应声道。

“所以，我们需要快马加鞭，急起直追，尽快改变这种落后局面。”曾三接着说：“我们就先着手准备成立中国档案学会的事，把它作为参加国际档案周的一项活动。除此以外，中央档案馆到今年10月也正好成立20周年了，10年一大庆嘛，也应该举办一次庆祝活动了，这也是我们参加国际档案周的一个活动内容。另外，还可以和吴宝康同志商量一下，能不能由中国人民大学档案系举办一次档案科学讨论会。”

张中同意道：“您这个意见很好，我们可以把这三项活动作为参加国际档案周的主要活动。”张中接着提问说：“曾三同志，我有这么一个想法，不知道行不行？”

“啊！你说说看。”曾三很感兴趣地扶了扶眼镜，上身略微往前倾斜，等着张中往下说。

“我是这么想的：一个是，举办一个电影周，放几部与档案有关的电影；再一个是，和邮电部商量一下，发行一套纪念邮票，以皇史宬石室金匮、中央档案馆等建筑作为图案。”

曾三听后很感兴趣地说：“你这个意见很好嘛，这样一来，内容就丰富多彩了，既隆重，又活泼。但是，时间已经很紧了，张中同志，你们赶快以国家档案局的名义，向党中央、国务院写个请示，争取批准后就可以从10月份陆续开始活动。”

1979年9月20日，国家档案局向党中央、国务院送上了关于我国参加国际档案活动周的请示，很快得到了批准。

这之后，就开始了紧张的准备工作，除了其他几项活动按计划陆续开展以外，从9月底开始就着手进行《中国档案学会章程（草案）》的起草工作。10月份发到全国档案部门征求意见，并进行修改。同时成立了中国档案学会筹备委员会，并于11月12日召集在京的委员举行了第一次筹备会议，讨论了中国档案学会筹委会成立问题，还进一步讨论修改了《章程（草案）》，以及其他一些有关档案学会的筹备事务问题。

11月19日，在中国人民大学档案系举行的科学讨论会上，张中宣布了中国档案学会筹备委员会正式成立，宣读了以曾三为主任委员，张中、裴桐、吴宝康、韩毓虎为副主任委员，共21人组成的委员名单。并提出了《中国档案学会章程（草案）》，征求大家的意见。

曾三在会上作了重要讲话，他说：“这是十一届三中全会之后，我国档案事业中的一件大事，对中国档案工作理论与实践的发展，将起到更大的促进作用。我们应该热烈地表示祝贺！”“这也是中国档案工作者献给国际档案周的一份最好的礼物。”

曾三在讲话中特别强调中国档案学会所肩负的任务的重要性。曾三为了引起大家的注意，提问道：“中国档案学会是个什么样的组织呢？”停了停，他接着回答说：“它是在中国共产党领导下的学术性的群众团体，是党和政府发展我国档案事业，进行档案工作现代化建设的有力助手。它的任务是组织、团结广大档案工作者开展档案学的理论、方法与技术的研究；普及档案学的基础知识；推广国内外档案学的研究成果；同时，也是同国外档案工作者进行友好联系，开展学术交流的重要渠道。”

为了更好地完成这些任务，曾三在讲话中提出了三点意见：第一，以马列主义、毛泽东思想为武器，从实际出发，实事求是总结自己的实践经验，形成一套中国式的档案学理论；第二，批判地学习前人的经验，执行毛主席“古为今用”的方针；第三，从我国实际出发，认真地、批判地吸收外国先进的档案理论和先进技术，执行“向先进学习”“洋为中用”的方针。曾三的这三点出自肺腑的意见，对此后我国档案学理论的研究和发展，起着非常重要的指导作用。

中国档案学会筹备委员会，除了于 11 月 12 日召开了第一次筹备会议以外，还开了四次筹备会议。曾三在主持会议时，针对讨论的情况，着重强调了这样两个问题：一个是，为使中国档案学会的成立有一定的群众基础，可以先成立省、市、自治区的档案学会。同时决定，不论是中国档案学会，还是省、市、自治区档案学会，筹备期间，都应逐步开展学术研究活动，以便使档案学会从开始筹备就对档案学术研究起到积极的推动作用。再一个是，档案学会是一个群众性的学术团体，其工作性质、活动方式和工作方法不同于行政管理机关。省、市、自治区的档案学会不是中国档案学会的下属机构，没有领导关系，只有业务上和学术上的联系。所以，省、市、自治区应称“档案学会”，不应称“分会”。

对地方上成立档案学会的问题，各地的情绪都很高，积极性都很大，经过一年时间的紧张筹备，先后已有 13 个省、市、自治区成立了档案学会或学会筹备机构。

经过两年的积极筹备，1981 年 11 月 23 日至 30 日，中国档案学会成立大会暨全国第一次档案学术讨论会在北京召开。在成立大会（一次会员代表大会）上，来自全国各地的 250 名代表经过充分讨论，通过了《中国档案学会章程》，产生了学会领导机构，推举曾三、于光远为名誉理事长，安庆洙为理事长，裴桐、吴宝康、张中、韩毓虎、李凤楼、罗文、郑汉浩、贾丕绩、盛彦为副理事长，冯子直为秘书长，共 79 人组成的第一届理事会名单。曾三在会上作了《在马列主义、毛泽东思想指导下，大力开展档案学术研究，推动档案事业的发展》的长篇讲话，就成立档案学会的必要性和重要性、档案学会的性质及任务、开展档案学术研究的方针方法等问题，提出了重要意见，这对以后中国档案学会及各地档案学会工作的开展，起到了重要的促进作用和推动作用。

通过这次参加国际档案周的活动，不仅促进了中国档案学会的成立，而且恢复了我国档案部门与国际档案理事会的交往合作与交流。

这次大会收到了许多地区、单位和个人发来的热情洋溢的贺信、贺电和贺诗，充分表达了广大档案工作者以及各方面的同志，对成立中国档案学会的热情期望，这就说明成立中国档案学会这样一个群众性的学术团体，有着广泛的群众基础，符合广大档案工作者（当时，在全国，专门搞档案室、档案馆工作的同志约有 20 万——作者）的希望和要求。她的成立，标志着我国档案科学研究将进入一个新的历史发展阶段，并将载入我国档案工作和档案学发展的史册。

二十三、开展新地方志的编纂工作

1981年7月25日至8月1日，中国地方史志协会成立大会暨首届地方史志学术讨论会在山西太原市举行。这是新中国成立以来第一次规模盛大、意义深远的全国性地方史志工作会议和学术会议。协会的成立，将进一步推动地方志事业的发展和繁荣，将会使得这块中华民族优秀瑰宝更加鲜艳夺目。

新中国是在1949年成立的，为什么这样一个重要的协会经过了32年的漫长岁月才提到议事日程上来，才成立呢？难道中央领导同志当时没有认识到这个问题的重要性，还是无暇顾及？都不是。

我们党非常重视继承我国编史修志的优良传统，毛泽东也有许多亲身实践和论述。在江西中央苏区、在长征路上，每打开一个县城，他就要让人去找当地的地方志阅读，以了解当地的社会历史情况。

1941年，那是新中国成立前8年，中共中央在发布《关于调查研究的决定》时，就明确规定要“收集县志、府志、省志、家谱，加以研究”。新中国成立以后，虽然百业待举、百废待兴，但毛泽东、周恩来、刘少奇、朱德、邓小平、董必武等领导同志仍再三亲自关心修志事业。

1958年3月，毛泽东在成都主持中央工作会议期间，专门调阅《四川通志》《华阳国志》《蜀本纪》等一批志书，并选辑其中部分内容，转发给到会的领导同志，提倡利用方志，提高领导水平。同时，他还倡议：全国各地要编修地方志。从此拉开了编修新志的序幕。

1958年8月9日，周恩来指示：“要系统整理县志，把关于各地地方志中的经济建设、科学技术资料整理出来，做到古为今用。”

中央领导同志之所以这样重视地方志的编修工作，是因为旧方志中记载了大量的历史上的政治、经济、军事、文化、地理、人物、矿产资源、天文气象等方面的资料，对我们的建设事业有很大的好处，也是研究历史的宝贵史料。编修新方志则有资治、存史、教育之功效。

正是由于党和国家领导人的关心和重视，1957 年，国务院科学规划委员会把编写新的地方志列为《十二年哲学社会科学规划方案（草案）》的 12 个重点项目之一。1958 年 6 月，国务院科学规划委员会成立了地方志小组；同年下半年，科委的社会科学部分即并入中国科学院，地方志小组也转到中国科学院。

随着全国修志工作的全面展开，为了加强领导，中国科学院和国家档案局于 1959 年联合成立了中国地方志小组，曾三任组长。

1959 年 6 月上旬，国家档案局召开了一次全国档案资料工作先进经验交流会议。周总理在中南海怀仁堂外的草坪上接见会议代表时，向陪同接见的曾三询问了地方志的编修情况，并指示说："曾三同志，你们国家档案局一定要抓好修志工作，你要主持这件事。"

后来中国科学院把地方志小组的工作转给了档案局。到 1960 年，全国已有 20 多个省、自治区、直辖市的 530 多个县开展了修志工作，其中有 250 多个县编写出了初稿，形势一片大好。

可是，1966 年风云突变，"文化大革命"来了，地方志的编修工作同样受到林彪、"四人帮"一伙的破坏，"歪曲篡改历史""泄露党和国家机密"等种种罪名。许多同志因为领导或参加了编修地方志的工作，而横遭打击和迫害，地方志的编修工作停顿了。

"文化大革命"过去后，有些人还心有余悸，谈虎色变，这就至少耽误了 10 年多一点时间，为什么多一点呢？因为还要有一段复苏时期，这多一点，也就多上几年了。一个人的工作年限有多少个 10 年多一点呢？充其量也只有 4 个吧。

1976 年，阴云终于消散，艳阳普照大地，万物开始复苏了。特别是十一届三中全会以后，社会上关于恢复编修地方志工作的呼声很高，通过各种方式，提出要求恢复并开展地方志的编修工作。

这就回到了文章一开头提到的召开中国地方史志协会成立大会上来了，那是 1981 年，经过曾三他们的几年努力和操心，成立大会终于开成了。

曾三在大会上作了重要讲话，他高兴地说："这次大会邀请了很多的方志学老专家，有很多热心方志工作的领导同志参加，还有不少历史工作者和图书档案资料工作者参加。它将为编修出一批具有我们这个伟大时代特点的新型地方志进行一次动员，将为我国方志学的发展写下新的一页。"

曾三表示："目前，地方档案馆工作虽然刚刚恢复，力量薄弱，为着迎接这一新的形势，除了为历史研究和科学研究服务外，也可以根据不同情况采取三种方式参加地方志的编修工作：一、为编修地方志收集和提供档案资料；二、参加地方志的编写工作，如有必要，也可以承担更多的工作；三、从此建立起一套经常的工作制度，使县档案馆同时起到类似章学诚设想的'志科'的作用，能随时积累资料，供编修新的地方志之用。"曾三的这一措施，就为编修地方志的工作在人力和资料上提供了有力的保证，使得这项工作能更好、更快地顺利开展。

在会前曾三还向梅益（中国社会科学院党组书记）建议："要由全国政协、社科院、国家档案局，联合向中共中央和国务院写一报告，建议恢复和重建'文化大革命'以前的地方志领导小组，以加强对全国地方志编修工作的领导。"曾三认为这是编修工作能不能尽快地正常开展的头等重要的事情。梅益听后说："曾三同志，你这个建议很好。"梅益采纳了这个建议，并在大会上通过了给党中央、国务院的建议书，建议书中提出，要恢复地方志领导小组。

大会推选了王首道、曾三为名誉会长。

曾三在大会上讲了话，他兴奋地举起双手喊道："这是社会主义文化建设新高潮到来的标志之一，我们应该举起双手迎接这一新高潮。"

自从 1959 年周总理要曾三抓地方志工作以后，曾三就勤奋地搜读有关书籍，并亲身进行调研，他在经过了长期的实践活动以后，总结出了一些经验和必须掌握的几条原则。

1. 新编地方志必须坚持马克思主义、毛泽东思想的指导。就是要运用马克思主义的立场、观点、方法，依据党的路线、方针、政策，认真研究志书的体例、结构、篇目、内容，仔细审核和分析所掌握的事实材料，编写出能够真实地反映当地社会、历史实际的志书。因此，对于新编地方志的主要领导者和编纂者来说，应该认真学习马克思主义，要把对马克思主义理论的学习，同党的路线、方针、政策的学习结合起来。

2. 新编地方志应该具有科学性和时代性。首先表现在它所占有的资料的翔实、系统和准确上面，这是一部好的地方志必不可少的基础；同时也表现在志书组织结构的科学、合理和内容深刻、丰富上面。

再就是要有鲜明的时代性。要着重记述我国亿万人民在党的领导下，为探索建设具有中国特色的社会主义道路所经历的曲折路程和光辉成就，反映我国社会主义革命和建设的经验和教训。因此，应当把记述的重点放在新中国成立后这 30 多年的社会主义革命和社会主义建设上来，特别是要着重记述粉碎“四人帮”以来这十多年来的伟大变革。

还有，就是要充分反映我国是一个统一的多民族国家这个特点，这也是体现地方志科学性和时代性的需要。

3. 要把新编地方志工作与档案工作（要把档案工作同编修地方志的工作）结合起来。其方法有三种：为编修地方志提供档案；参加地方志编修工作；甚至主持地方志的编修工作，使其互为因果，相得益彰。

这是曾三总结出来的三条重要经验，他非常重视，经常在不同场合反复强调，影响很大，效果很好。

1983 年 1 月 26 日，中国社会科学院向邓力群（中央书记处书记）呈送《关于恢复地方志小组工作的请示报告》，并提出了以曾三为组长，以梁寒冰、韩毓虎为副组长的全体成员名单，邓力群圈阅同意。这时，曾三已经快 80 岁了，还要肩负如此重任，真是“老骥伏枥，志在千里。烈士暮年，壮心不已”呀。

1983 年 4 月 8—9 日，中国地方志指导小组（根据 1983 年 1 月中国社会科学院的建议，改名为“地方志指导小组”）在北京召开成立会议，第一届中国地方志指导小组宣告成立，曾三任组长。1984 年 10 月 18 日，中国社科院党组向中宣部呈送的《关于加强全国地方志编纂工作的报告》（这个报告主要是采纳了曾三的意见）。经国务院同意后，中国地方志指导小组于 1985 年颁布的《新编地方志工作暂行规定》对此予以确认。

1985 年 4 月 19 日，经国务院同意，国务院办公厅印发了中国社科院《关于加强全国地方志编纂工作领导的报告》，并通知各省、自治区、直辖市人民政府和国务院有关部门，要求各地对地方志工作“进一步加强领导，充实人员，加强队伍建设，切实解决地方志编纂工作中的问题”。

曾三看到这里高兴地对冯子直说：“小冯，你看，这太好了，说明我国地方志的编纂工作将进入一个新的历史发展阶段。”冯子直笑道:“是呀！曾老，这正是春色满园、百花争艳的时候了。”曾三满脸春光，笑笑说：“春暖花开了，金秋的收获季节也快来了。”

到 1986 年，先后在 28 个省、自治区、直辖市 300 多个城市中的三分之二的市、2000 多个县（旗）中的 1800 多个县（旗），建立了专门编修地方志的机构；开始形成了一支具有一定专业水平的、约有 10 万人的修志专业队伍；在许多省、市、县，开始了对旧方志的搜集、整理工作，编辑、整理出一大批专题资料，为现实服务，古为今用。

到 20 世纪 80 年代初、中期，已正式出版了十几部县志、几部省志专业志和一部市志，还有上百部县志、市志和省志专业志已完成初稿或接近定稿，有些正在组织评审。

从此，我国社会主义时代新地方志的编纂工作迈出了更大的步伐，取得了新的更大的成就。

赖世鹤附记：冯子直同志在审阅《曾三传》的过程中提出说：“开展地方志的编纂工作，也是曾三做的一项重要的工作，意义很大，在传记里面不能没有。”我说：“我手上关于这方面的材料很少，来不及了。”他就把他刊登在《档案学研究》2015 年第 1 期上的《曾三同志主持编纂我国社会主义时代新地方志的实践和思想观点》一文和一些有关材料让谢丽荣送来给我看。我原想就用他那一篇，注明一下就行了。但读后，觉得它是论文不适合，经他同意，只好用改写的办法。我改写完后，马上送给他了，他也带到医院去了。可惜呀，冯子直同志还是没有来得及最后审定，就与世长辞了。

冯子直同志在文章第一段有一句话说：“我曾在他（指曾三——作者）身边做过十多年的秘书工作，一直被他称作‘小冯’的我，现在也是将届八旬的老人了，来日无多，时不我待。”他在文章的最后一段更明确地写道：“本文是我 2014 年 6 月写的，准备在 2016 年纪念曾三同志诞辰 110 周年时发表。因考虑到届时我是否还能参加这一纪念活动，也未可知，故先予发表。”看到这里，我心头一紧，不安起来。对人说，他还比我小几岁啦，身体也不错，怎么会出此言？但却不幸，被他言中。难道真是先兆！？

二十四、捧上《文集》献曾老

曾三快85岁了，这也是个大寿。他大半辈子献身于档案事业，为了档案事业，他尝尽了甜酸苦辣。

冯子直1954年到国家档案局工作的时候才19岁，从办事员、秘书、办公厅主任、局长，是曾三手把手培养的，他忘不了这位老前辈、老领导对他的教诲和帮助。拿什么来献给85岁的大寿星呢？冯子直想来想去，认为最好的礼物就是给他出一本书。学习他的革命精神和高尚品德，学习他的坚定的事业心和工作作风与工作方法，研究他在档案学思想上的宝贵财富。那出什么书呢？出全集是来不及了。因为很多文章是分散在报刊上，曾三自己也没有留存，还有一部分是他起草的却用的是单位的名义，有的是用《人民日报》社论的名义，有的更是用中央《决定》的名义，这只有靠他自己去回忆了。还有的是工作报告、会议讲话，这就得到档案里去找了。

曾三的文稿涉及面很广，有他对干部进行革命传统教育的论述，有他关于20世纪二三十年代搞无线电和进行二万五千里长征的回忆，还有他在20世纪50年代初期，用曾习三的笔名专门给《中国青年》杂志写的对青年进行思想教育的文章，再还有就是他那触景生情的诗篇。冯子直考虑来考虑去，准备首先出一本能反映曾三是新中国档案事业的开拓者和杰出的领导人这方面的文集。这将影响深远，对全国档案工作者的教育意义也是很大的。根据这个思路，冯子直就派了专人进行搜集整理工作。

1989年春天，风和日丽，没有往年那么多风沙。冯子直去看望曾三，向他汇报了文集编辑进展情况。

曾三说：“我在档案工作方面的情况你是了解的，选哪些文章你去考虑。”停了停，曾三接着说：“小冯，你给我的书写篇序言吧！”书是由国家档案局编辑出版，冯子直是国家档案局局长，曾三提出由冯子直写序言也是合情合理。

冯子直却说：“曾老，我是‘小冯’，怎么能给您的书写序言呢？我就写一篇后记吧！介绍一下您领导档案工作的活动和档案学思想理论的发展脉络。”

曾三笑笑说：“这样也好。”

冯子直接着说：“我准备请杨尚昆主席或习仲勋副委员长写序言，题写书名和题词。”

曾三的意思是，他们都很忙，写序言是很费时间的事，至少得把文集中的每一篇文章都看一遍吧。他对冯子直说：“小冯，就算了吧。”

1989年7月，在那烈日炎炎的夏天，冯子直冒着酷热写完了《书后》，他就请曾三的秘书张文广念给曾三听，看曾三有什么意见。

不几天，张文广对冯子直说：“曾老听了以后让我转告你，写得很好，评价太高了。”

冯子直答道：“那是历史，是实事求是。”

后来曾三还给冯子直打过一次电话，说全宗的原则一定要坚持。冯子直也觉得，全宗的确是个很重要的问题，它是档案的灵魂，没有它整个档案就散架了，看不清文件形成的来龙去脉，成了零散文件了。想到这里，冯子直就赶紧补充了这方面的内容。

1989年10月中旬，冯子直给习仲勋副委员长写了封信，请他给《曾三档案工作文集》题书名、写序言，并送去了供他写序言所需要的有关参考资料，以及为他代拟的序言初稿。信送去不久，就得到习仲勋的应允，约他去面谈。11月16日上午，冯子直应约来到人民大会堂习副委员长的办公室。习仲勋和蔼可亲、平易近人，没有一点架子。

他先和他谈家常，谈他过去在中央西北局工作的情况，谈他在 50 年代和 60 年代初期任国务院秘书长时，周总理让他分管过国家档案局工作的情况。习仲勋说：“那时曾三同志是国家档案局局长，并兼中央档案馆馆长。因此，我们在工作上有较多的接触。曾三同志是我们党内的一位老同志。他对建立全国档案工作，有很多好的设想和建议，经常向我提出或要我向周恩来总理反映，并都得到了周总理和国务院的同意。”

停了停，习仲勋转过话题向冯子直问道：“《文集》收集了多少篇文章，想反映一个什么样的中心思想？”

冯子直已不再像来时那么紧张了，答道：“一共搜集了 71 篇，有讲话、有报告、有文章，还有书信。他们记述和反映了曾三的档案学思想和理论。习老，可以这样说吧，这些思想、理论，许多都是带有创造性和开拓性的。”

习仲勋既了解国家档案局，也了解曾三，所以在听冯子直说话时，直点头，表示认可。他要冯子直回去后，根据他今日所谈的情况整理一下，把序言修改一下。冯子直回到局里以后，就马上着手整理，并很快送他审阅。11 月下旬，习仲勋就将他审阅修改后的序言和题写的“曾三档案工作文集”的书名送来了。习仲勋认为这本《文集》“既反映了曾三同志从事档案工作的实践活动，也反映了这一时期我国档案事业发展的许多情况，是一本有历史价值的好书”。

题书名、写序言已经解决了，那怎么请杨尚昆主席给《全集》题词呢？杨尚昆自从担任中华人民共和国主席以来，当然更忙了，业余时间更少了。后来冯子直想到了曾三的女儿晓前，晓前小的时候在延安就认识杨尚昆，叫他伯伯，她可以到他家里去看望他。1990 年春，冯子直就把请杨尚昆给《文集》题词的任务交给了晓前，晓前不辱使命，很快就带回了杨尚昆书写的“总结历史经验，为建设和发展我国档案工作服务”的题词。

1990 年 7 月 21 日，是曾三 85 岁生日。在他生日的前一天 7 月

20 日，国家档案局局长冯子直和档案出版社的负责同志带着刚印好的《曾三档案工作文集》样书去医院看望他，向他表示生日的祝贺。冯子直说：“曾老，您的文集已经印好了，杨尚昆主席题的词，习仲勋副委员长写的书名和序言，是精装本，今天给您送来了，作为给您 85 岁生日的礼物。”曾三用手抚摸着书，就像母亲抚摸着刚生下的宝宝，脸上挂着温情的微笑。冯子直告诉他，全书有多少字，印数是多少。冯子直还告诉他，准备在《档案工作》（《中国档案》的前身）、《档案学研究》上发消息，还想搞一个首发式。曾三听后微微笑道：“那么大的规模啊！”接着，他随口问了一下，“那诗呢？”说明曾三很关心和在乎他的那些诗。冯子直说：“您的诗真不错，有的我还记得，还能背下来呢。”曾三高兴地“啊”了一下。冯子直接着说：“那是10年前，您75岁生日的时候写的一首人生感言。”冯子直低声地背诵道：

课堂密室牢房，草地牛棚会场；
何谓人生幸福，酸甜苦辣都尝。
生于伟大时代，分担天下兴亡；
七五蹉跎有愧，应争晚节无伤。

冯子直背完后说道：“这首诗真好，虽然只有 48 个字，却真实地概括了您奋斗了半个多世纪的极不平凡的经历。始终关心天下兴亡，要确保晚节无伤。这充分展现了您的伟大抱负和高尚的革命情操。是我们晚辈学习的楷模。”

曾三的女儿林中在旁说道：“爸爸，您也是我们学习的楷模。书印得很好，是您生日最好的礼物。爸爸，这是《文集》，以后再出版《诗集》。”曾三高兴地说：“冯子直同志，谢谢你，谢谢同志们。”

前些时，我们给晓前去了电话，问及她爸爸诗的事情，她说，她爸爸所有的诗稿她都放在一个箱子里了，她现在身体不好，又动了手术，准备将来身体好些再整理出版。

二十五、曾三，离我们而去了！

1981年秋天，曾三76岁的时候，他退居二线，担任中央顾问委员会委员。我们到他家里去看他，为他担任顾问而高兴。曾三却突然问道：“你知道什么是顾问吗？”还不等我们回答，他就接着说：“顾问，就是既照顾又慰问。”

曾三1924年参加革命，在党的领导下工作了57个年头，现在突然离开了原来热爱并为之奋斗了几十年的工作岗位，不免有些不习惯。

曾三虽然如此说，但他仍心系革命，心系档案事业，勤勤恳恳地尽他的顾问职责。一如既往地关心党和国家的大事，关心党风建设，关心档案事业和地方志工作的建设和发展。他经常询问国家档案局和中央档案馆的工作进展情况，提出自己的看法和意见：在中央顾问委员会讨论国民经济五年计划的时候，曾三提出在“计划”里，增加“加强档案工作”“加强档案馆建设”等内容的建议，并被采纳。

为了北京市档案馆新馆建设问题，1984年10月15日，他给北京市当时的领导写信，坦诚相告：“北京市建都历史悠久，革命历史又很长，今后的发展更无可估量；她的历史档案之重要性，是有正反两方面的经验教训可以证明的。所以必须妥为收集与保护。”他建议：尽快“建设一个能安全保管档案而又比较先进适用的北京市档案馆”。曾三的信立即引起了北京市领导的重视，他们指示有关单位认真落实，新馆舍的建设当即立项。

其实，早在1980年，曾三还在位的时候，就一直关心北京市档案工作的发展和繁荣。1980年5月15日，国家档案局在给北京市档案局的信中就说：希望“北京市在档案工作方面也成为全国的模范”，要“把北京市的档案馆建设成收存有北京市历史档案的基地，成为全国第一流的档案馆”。

曾三对北京市档案馆的关心也一直引起中央领导的重视。1978 年 12 月 13 日，曾三在给谷牧（国务院副总理）的报告上写道：“城市档案是很重要的，不搞好是要吃亏的，我们已吃了很多亏，但都各自吞下去了，此件请您一阅。”谷牧阅后即刻批给了当时的北京市委书记林乎加：“这是个很好的意见，应予支持，请乎加同志指定人抓一下这方面的问题。”林乎加当即批给了有关同志，要求建立此项工作。

时间过去这么多年了，现在北京市档案工作的发展情况怎么样呢？拿北京市档案局原副局长黄玉竹的话来说：“如今，北京市的档案工作取得了可喜成就，一座投资 7000 万元，建筑面积 18300 平方米的设施齐全、技术先进的、现代化的北京市档案馆新馆，已于 1995 年 10 月落成。当时的馆藏已达 112 万卷。据 1995 年统计：全市有县团级以上机关、企事业单位档案室 3530 个，各级各类档案馆 23 座，全市专职档案干部 5100 多人，全市共保存档案 2400 万卷（件）。还有相当数量的声像、照片、缩微胶片档案及资料。全市各档案部门大力开展提供利用工作，使档案信息在机关查考、经济建设、科学研究、历史研究等工作中发挥了重要作用。”

1987 年 9 月 28 日，已经 82 岁高龄的曾三，还专程到远郊的密云县档案馆视察，该馆新楼于 1985 年建成，是他题写的馆名。这次他来视察，听了县长和县档案局负责人的汇报后很高兴，一定要去库房看看。他颤巍巍地站起来，大家忙着搀扶他慢慢地走向库房。他眼睛看不见，就用手摸摸档案柜，摸摸案卷盒，连库房的门、窗都抚摸到了。他对档案事业的这种深厚的感情和深切的关怀，在场的人无不为之动容。

曾三在他退下来担任顾问期间，还是继续关心年青一代档案工作者的造就和培养。1984 年 9 月 13 日，他亲临北京市最早创立文秘档案职业高中班的119中学视察。1986年6月30日，北京市西四中学首届文书档案职业高中班学生毕业，他又来到了他们中间，为他们送行。他深情地回忆道：“周总理曾多次嘱咐我，要办档案系，也要办档案中专。”停了停，曾三又接着说：“我年纪大了，已离开档案馆了，但对这个事业很有感情，看到档案专业有这么多学生，我很高兴，希望你们长期干下去，我们没有干好的由你们去干好。”

我们有几次在曾三的家里，碰到中国人民大学档案学院即将毕业的学生请他题词，他都欣然命笔，因为他关心他们，他爱他们，他爱这些档案事业的接班人、未来的骨干。

他还担任《中国大百科全书·档案学卷》《当代中国的档案事业》编委会的顾问，关心、指导编写、出版工作，他要为世人、为后代留下一部档案方面的科学信史。他非常关心档案学理论的发展情况和重大的学术争论．他的眼睛已经不行，看不见了。对于这方面新发表的文章，每次他都让秘书张文广读给他听，他听得很认真，时而点头，时而气愤，十分投入。他在档案事业上真是呕心沥血，是个还在继续吐丝的春蚕。

终归年龄大了，岁月不饶人呀！曾三的身体一天不如一天。特别是在1988年右手腕因腱鞘炎动了手术以后，右手颤抖而不听使唤，他的身体也每况愈下，说话和动作都表现迟钝，过去那种闪烁着智慧的机警和敏捷已一去不复返了，我们痛苦地意识到这个残酷的现实。

1989年冬，曾三感冒了，继而得了肺炎，去北京医院看病时被留下住院了。

曾三这次住院，一住就是一年多，病情一天比一天严重。我们最后一次去看他，是他逝世的前几天。我们走进病房，见他正仰卧在床上，盖着白被，闭着双眼。怕惊醒他，我们就悄悄地向他的夫人沈义询问他的病情，他的秘书张文广却匆匆走向他的病床。我们忙阻止说：“不要叫醒他。”

张文广答道：“没事，他是醒着的。”张文广走到他床前，低下头，对着他的耳朵说："曾老！您知道是谁来了吗？"

曾三立即用微弱的声音回答说："赖世鹤。"

赖世鹤的心像是被什么给揪住了，再也抑制不住眼睛发潮。赖世鹤想："曾三病得这么厉害，虽然他的眼睛看不见，但他的听觉还是很灵敏的，脑子还是很清醒的，还能分辨出我的低微的声音，他是在用他的耳朵洞察他周围发生的一切呀。"

赖世鹤赶紧走到曾三的床前，低着头，用近乎哽咽的声音说："曾老，我和田真同志来看望您了，祝您早日恢复健康。"并告诉他，《曾三传》（新中国成立前部分），一个多月后（1991 年 1 月）将开始在《北京档案》连载，裴桐写的序。他微微张开嘴，似乎是笑了笑。

1990 年 11 月 28 日 5 时 35 分，曾三走完了自己 85 年的生命旅程，离我们而去了。噩耗传来，他的战友，他的同事，他的部下，他的学生……一个个怀着悲痛的心情，顶着初冬的冷雨和刺骨的寒风，纷纷奔向北京南沙湾他的住所，向他的遗像鞠躬默哀。

12 月 13 日，曾三的遗体告别仪式在北京八宝山革命公墓礼堂举行。整个礼堂布置得庄严肃穆，礼堂正中墙上悬挂着曾三的大幅遗像，礼堂四周摆满了中央领导和党政机关敬献的花圈。曾三静静地躺在鲜花翠柏丛中，脸上露着微微的笑容，身上覆盖着中国共产党党旗，曾三以从未有的安详沉睡着。下午 3 时整，在哀乐声中，党和国家领导人江泽民、杨尚昆、乔石、宋平等参加遗体告别仪式并献了花圈。献花圈的还有邓小平、李鹏、陈云、万里、李先念、彭真、邓颖超、聂荣臻、薄一波等领导同志。中共中央、国务院、中央军委、中顾委、中央办公厅、中组部、国家档案局、中央档案馆等单位也献了花圈。

曾三的逝世是我党的一个重大损失，是我国文书档案部门的一个重大损失，全国的文书档案工作者无不满脸阴云，心绪沉郁地怀念他、哀悼他。

我们怀念他、哀悼他，是因为我们痛苦地失去了一位我党我军无线电事业的先驱；

我们怀念他、哀悼他，是因为我们痛苦地失去了一位新中国档案事业的开拓者和杰出领导人；

我们怀念他、哀悼他，是因为我们痛苦地失去了一位久经考验的忠诚的共产主义战士，无产阶级革命家；

我们怀念他、哀悼他，是因为我们痛苦地失去了一位慈祥的长者和亲密的战友。

曾三同志，您的音容笑貌将永远活在我们心中。您不求名，不求利，勤勤恳恳，无私奉献的精神将永远激励着我们。我们将踏着您的足迹，永远献身于新中国档案事业；我们将一代一代往下传，使新中国档案事业不断创新、不断发展和壮大。这是可以告慰您在天之灵的。

安息吧！曾三同志。

回音壁

写在《曾三传》发表后

车丹军
（《北京档案》记者）

《曾三传》在《北京档案》上已连续登载一年了，我代表编辑部走访了曾三的家人，想听听他们对这部传记的意见。一间很普通的会客室，摆着几张老式沙发，正面墙上是镶黑框的曾三彩色照片，四壁的书法作品，完全是照曾三在世时的样子悬挂着。

曾三夫人沈义，今年80岁了，她出院不久，确已恢复常态。我说："看不出您是刚刚动过手术的。"她讲："我从小两担米卖给人家做童养媳，1930年参加赤卫队……"由于长期革命斗争的锻炼、艰苦生活的磨砺，所以现在她才能经受住疾病、手术和丧失亲人的痛击。

沈义1938年在新疆与曾三结识，50年来，他们一直在一起工作。沈义离休前任国家档案局机关党委书记。她说："每一期《曾三传》我都反复看好几遍，很真实。曾三最怕有水分，这么多年，我了解他。有人对我说，曾三这么老的同志，才做到档案局局长的职位。我说，他搞了一辈子文件、文书、文字工作，他是为党工作，一辈子给了党，快断气时，还直说，自己的工作没有搞好，对不起党……"

女儿曾晓前在接受采访时也认为《曾三传》用白描的方式最好，"像讲故事一样讲父亲的经历，读着感到真实可亲。晓前说，其实我们远不如作者对父亲的了解，因父亲在世时，从不在我们面前谈及他的工作，这与他多年在中央首长身边做机要、文秘工作养成的保密习惯有关。记得小时候，一位熟人请父亲吃饭，他非要坚持把手中的文件包送回办公室后再去赴约。这次他们花很多时间整理撰写的《曾三传》，也使我们兄弟姐妹对父亲的一生有了更清晰的了解，从中得到鼓舞和教育。

晓前说："父亲一辈子都是做着平凡的事，他是把对党、对共产主义的信念融汇到平凡的工作中，不管做什么都一丝不苟，尽最大努力。他是我们后代工作、生活的榜样。"

（摘自《北京档案》1992 年第 2 期）

读《曾三传》引起的回忆与思考

（2000 年 12 月 21 日凌晨 2 点）

王明哲（中央档案馆原馆长）

今天夜里醒来，再也睡不着了，看了看表刚 1 点半。于是起来漱洗后进了书房，继续回忆与思考。因为，11 月份就看过第一次稿，曾经作过一些回忆。12 月 10 日，作者，我的老朋友赖世鹤教授，又把《曾三传》新中国成立后部分的修改稿第二次寄来。当时，我正在准备 12 月 15 日中共组织史资料中央卷出版座谈会的发言稿，故拖至 17 日（星期三）才细看。这次修改得更好了。特别是国家档案局成立以前的部分，改得更好，我很高兴。昨天我去看望了我的老朋友，提了三点意见：一是国家档案局的成立尚需作些补充修改；二是“以利用为纲”方针的提出也应作些补充修改；三是此传是第一部，很重要，应力求把事实核准，要经得起历史的检验。我愿全力支持。

我想再说一下的是，国家档案局的成立是新中国档案事业的大事。通过这件事，要反映出我国社会主义建设事业发展的客观需要，以及党中央和国务院对档案工作的关怀和重视。也要写出曾三同志对此极为重视的言行。不宜过于简单。因为，这是新中国档案工作的一个转折点，一个发动机和火车头。

曾三特别重视调查研究国家档案局一成立，曾三抓的第一件大事就是深入实际，要我们甘当小学生，不要指手画脚，要重视积累和总结自己的经验。我还会随时写些回忆与思考给你送去。

赖世鹤附笔：我前后几次收到我的老朋友王明哲同志送来的他认真的、无保留的、密密麻麻地写了几十页纸的回忆与思考。他从1950年开始就在曾三身边工作，整整40年了，很多事情都是他参与和经历过的。他的回忆与思考对我的启迪和史料的补充都是帮助很大的，我再一次谢谢我的这位老朋友。

附 录

“活档案”裴桐

赖世鹤　毕嘉瑞

裴桐，现代档案学家。1938 年赴延安参加革命。1940 年在中共中央办公厅秘书处材料科做档案工作。1947 年参与组织转移中央档案。中华人民共和国成立后长期从事档案工作，任中央档案馆常务副馆长，中国档案学会副理事长、理事长等职，为中国档案事业做出了突出贡献，被誉为“活目录，活档案”。

1979 年，杨尚昆同志在广东省档案工作会议上讲话时说：“中央档案馆有个裴桐，从延安起就管中央文件，是相当熟悉党的历史资料的一位同志。我在中央办公厅工作的时候，毛主席找一个什么文章，找他一问，有没有，他马上可以回答。我经常说他是专家。”1981 年杨尚昆同志在接见全军干部训练队时又说：“裴桐是一个无名英雄。”

1960 年中共中央在北戴河召开会议，要查找中苏两党关系方面的文件、资料，而且要得急。裴桐同志立即带领中央档案馆的几个同志，迅速、准确地查出了整整一箱文件、资料，其中有共产国际和中国共产党的来往电报等，由裴桐同志亲自送到北戴河。周总理看了满意地说：“我要的东西你们都给我找到了。”

有一次，郭沫若同志要给毛主席在 1929—1931 年填的几首词作注释，到中央档案馆查找填词的具体时间、地点和历史背景。裴桐同志亲自帮他查，和他一块研究，使郭沫若同志顺利地完成了《喜读毛主席词六首》的文章。文章中有这样一段话：尽管这六首词中有几首我已能暗诵，对于各首词的写作的时候和环境，平时并没有做过深入的研究，我费了几天工夫，并且还靠着好几位同志的帮助，特别是中央档案馆的同志们的帮助，总算把这六首词写作的情况弄出了一个初步的眉目。郭沫若同志把这篇文章送毛主席审阅时主席作出了重要修改，将“特别是中央档案馆的同志们的帮助”改成“很大的帮助”，这是主席对中央档案馆和裴桐同志的工作的最好的肯定。

裴桐同志就是这样非常熟悉中央档案馆馆藏档案与资料的，是中央档案馆的“活目录”“活档案”。裴桐同志是怎样练就这样一身硬功夫的呢？裴老是这样讲的：

要熟悉档案并不难，但首先要做的是服从组织分配，甘做默默无闻的无名英雄。党和国家事业的发展，有多少人在默默无闻地奉献，又有多少先烈默默无闻地为党、为革命捐躯，有的连姓名也没有留下，能说他们的牺牲就没有价值吗？我们档案工作就是要提倡兢兢业业、默默无闻地工作，一定要看到我们的工作与党和国家的事业与四个现代化建设的密切联系，看到我们工作的价值，这样才能心甘情愿地去无私奉献。档案管理也是一门科学，这项工作也有广阔的天地。

要谙熟党的历史，也就是要了解党的历次会议的背景、历次会议解决了哪些重大问题，形成了哪些重要文件。裴桐同志为熟悉党的历史，更好地提供利用，在延安时，他就亲自抄电报，做卡片，撰写了《中国共产党组织史提纲》，整理了中共历次代表大会、中央委员会工作会议的详细材料。

裴桐说，在整理档案中，要把档案学理论灵活地运用到实际工作中去。裴桐同志在开始管理档案时，借用了图书分类法，起草了《党务材料管理法》，第一次把图书管理的十进分类法运用到档案工作中来。裴桐同志就是这样逐渐地把自己锻炼成为一个名副其实的“活档案”。

长江后浪推前浪，在拥有100万专职、兼职工作人员的档案战线上，不仅有裴桐这样的老战士，还有刚刚取得博士学位就举家回国的王良城，有摘取恢复历史墨迹桂冠、荣获中国科协第二届青年科技奖等数项殊荣的李玉虎等一大批中、青年档案新兵。档案事业正在蓬勃发展，愿兰台之花更加绚丽多彩。

（本文发表在《中国改革报》1994 年 9 月 9 日第 8 版）

一代宗师——吴宝康

谢丽荣　赖世鹤

为了写这篇文章，10 年前我们就对吴老进行了几次专访，并作了录音。后来因故给搁下了，这一搁就是 10 年。今年是吴老 85 岁生日，为了庆祝吴老的华诞，几个月前我们又去作了一次专访。现在将我们耳闻的、亲眼所见的、吴老自己说的，整理在下面，以表我们对前辈的祝贺。

吴宝康，1917 年 9 月 4 日生于浙江湖州南浔镇。原名吴庆荣，小名福宝。父亲是个破落公子哥，好吃懒做，不务正业，于 1924 年 30 多岁时在南浔家中死于伤寒。由于祖上两代无人经营和工作，又是两代妇人守寡度日，其主要经济来源靠祖母在一所小学的工资和一些亲戚的接济。因为吴宝康是男孩老大，祖母在他 6 岁时，靠亲戚帮忙，带他到上海读书。由于家里日益贫困，吴宝康读到初中毕业就被迫失学。于 1933 年 9 月，16 岁时走上社会谋生，先是在上海附近的松江电灯公司当练习生，后又经亲戚帮忙，在两年后的 1935 年 9 月转到上海汇丰银行当了练习生，这几年正是他思想处在急剧变化的时期。这是由于从 1935 年的“一二·九”运动到 1936 年的西安事变；从 1937 年 7 月 7 日的卢沟桥事变，抗日战争爆发，到“八一三”后的上海、江苏、浙江的大片江南土地被日军占领，他看到了山河破碎，国人遭蹂躏的悲惨情景，激起了他的爱国热情，使他明白了要保家就得救国，要救国就得参加革命的道理。

1938 年 2 月，他参加了上海市银钱业联谊会（这是共产党的外围组织）。党组织发现他是个对旧社会不满、对日军仇恨、要求进步的青年，就派人接近他、引导他。1939 年 1 月，22 岁的吴宝康终于提高了对共产党的认识，秘密参加了上海地下党，成为洋商银行中第一个中共党员，走上了革命的道路，这是他人生旅途上的一次大转变。

同年 7 月，吴老响应党的号召，离开了繁华的上海，去到无锡乡下的梅村，参加了新四军，在《江南》半月刊做编辑工作。以后历任无锡各界抗日联合会战地服务团团长、《大众报》编辑、苏（州）常（熟）太（仓）地区董滨办事处主任、《前进报》社长、新四军六师政治部宣传干事、华东局政策研究室资料室主任等。所以吴老在这近十年的时间里，主要是从事编辑、宣传和研究工作，在这方面积累了比较多的经验，有一定的理论水平和工作能力，并深知档案材料的重要性。

新中国成立以后的 1951 年 5 月，吴老升任华东局办公厅秘书处副处长，1952 年 7 月兼做档案室主任工作。从此，他开始总结他在档案工作上的认识，比如：在对档案和资料的区分、档案机构的设置和上下级之间的关系等问题上，他都首先提出了自己的看法，并在工作上做出了成绩。

1951 年，华北地区召开档案工作会议，他在会议上介绍了华东地区档案工作的经验，讲述了档案工作几个环节的相互关系，这对促进全国档案工作的发展影响深远、反映强烈。曾三听后，除了请他到中央秘书处材料科（材料科分整理、保管、资料三个组，是档案科的前身）介绍他的经验外，还约他为《材料工作通讯》（《中国档案》的前身）撰稿，请他把他的认识和经验写出来。

1952 年 4 月，中央决定委托中国人民大学开办档案专业，谁来做班主任呢？曾三慧眼识千里马，首先想到的是吴宝康。曾三在得到中央办公厅主任杨尚昆的批准后，又亲自和华东局秘书长魏文伯商量，最后由中央组织部将他调到北京，任中国人民大学档案专业的班主任。不久，又根据曾三的建议，他接着被任命为中央秘书处副处长。

一、白手起家，创建新中国的档案教育机构

1951 年，在周总理的直接关怀下，中央组织部、中央宣传部、中央办公厅决定委托中国人民大学开办档案专业，并得到中国人民大学校长吴玉章的大力支持。但当时要办档案专业是很不容易的，它是新中国，也包括旧中国在内的，第一个有关档案的高等教育机构。既是第一个，所以是处在“三无”状态：一无教员、二无教材、三无经验，困难是很大的。拿教员来说，从全国也调不出一个能讲档案课的，很多人对什么是档案，档案怎样整理、立卷，怎样分类都不清楚，怎能马上走上讲台？所以只有聘请苏联专家了，为了聘请苏联专家，不仅惊动了周总理，还惊动了毛主席。

1952 年 8 月 15 日，周总理（兼外交部长）率中国代表团到苏联访问的时候，就特地向马林科夫（当时马林科夫兼管文教）提出了这个要求，得到马林科夫的答复后，周总理立即给毛主席拍回电报说：“苏联方面已决定派谢列兹聂夫来档案系讲课。”

解决了教员问题，还有教材问题。新中国成立后，根本就没有办过档案方面的学校，哪来的教材。解放前，虽然有人先后在武昌、在重庆办了两所这方面的私立学校，但都是中专性质的。教材更是陈旧落后，不能作为主要教材使用。所以，在教材上只能“一边倒”，全部使用苏联的。

怎样办档案专业？大家是一点经验都没有，真是脑子空空，白茫茫一片。别无他法，只得摸索着“从头越”了。

吴老在接受这个任务的时候，压在他肩上的担子是很重的。曾三在吴老临离上海前给他去了个长途电话。曾三说：“欢迎你来北京工作，欢迎你来‘人大’创业。”曾三很准确地用了“创业”这个词，这的确是一次“创业”，是一次伟大而艰难的“创业”。吴老也是“明知山有虎，偏向虎山行”。他当时很激动、很爽快地答道：“我很高兴去北京，我很愿意去‘人大’工作。”

同年 11 月 5 日，新中国的第一个档案班正式开办。当时叫档案

专修班，吴老任班主任兼教研室主任，教员有王明哲、田风起、李凤楼、韦庆远。又从中央编译局调来韩玉梅、吕洪宇、苏秀云做随堂翻译。由苏联专家给教员讲，教员再给学员讲。对于学员提出的问题，大家一块儿研究，解释不了的，下来再请苏联专家辅导，真是现买现卖，困难重重。

吴老对每个教员的教案都要仔细看过，并加以修改，教员讲课他也堂堂听，专家辅导他也参加，以便从中发现问题，思考问题。他就必然要比一般教员付出更多的时间和精力。

当时，根据苏联专家的意见，开设了苏联档案工作的理论与实践、苏联档案史、苏联机关文书处理工作、苏联文件公布学4门课。当然，这全部是苏联的理论与实践。

吴老不满足这种现状，当时这样做是不得已而为之，并没有把它作为长久之计。吴老一直认为，要学习苏联，但不能教条主义地生搬硬套，一定要理论联系实际，适合中国的国情。一定要总结中国自己的经验，讲中国自己的东西，建立中国自己的档案学。

最近，我们去看望吴老的时候，他还兴致勃勃地谈到当时对教材的改革问题，他说："就拿《苏联文件公布学》来说，中国从古至今从来不作'文件公布'，只有'文献编纂'，孔老夫子就是我国最早利用历史档案进行编纂的专家。'文件公布'，那是苏联和欧美的事，不符合中国的国情。经过大家的反复商讨、研究，最后才把它改为现在的《档案文献编纂学》。"另外，在对《中国档案史》中的古代、近代、现代的历史时期划分问题上，吴老不同意苏联专家提出的，按世界史和按苏联史的划分方法。在当时"一边倒"的年代，吴老勇于提出反对意见，坚决要按中国自己的历史时期来划分，最后得到了大家的支持，事实证明这个意见也是非常正确的。

档案专业的课程，就是这样在吴老的领导下，一门课、一门课地改造，终于开设了档案管理学、文书处理学、中国国家机关史（以后发展成为中国政治制度史）、中国档案史、苏联档案史（后改为世界档案史）、档案保护技术学、档案文献编纂学、科技档案管理学（后改为技术档案管理学）8门课程，每一门课程都渗透着吴老的大量心血和他的远见卓识。这就基本上完成了中国化的档案教学体系，开创了一条具有中国特色的档案专业的办学道路。

吴老一直认为档案是一门科学，这对带动和提高档案教学是个至关重要的大问题。但当时系内系外，校内校外，从档案系的教员到社会上的档案工作者，有很多人都不同意这种观点，持反对态度。有的人就认为档案工作只是一种行政工作，是做具体事儿的，有的人则认为档案工作只是负责保管废纸堆的工作，所以谈不上是一门科学，也有的人说："档案学没有大部头著作，够不上一门科学。"一个档案系的学生更非常激动、气愤地说："如果档案学是科学，那扫马路也是科学了。"由此可见，吴老当时是处在一片反对声中，遭受着各个方面的嘲笑和讥讽，压力是非常大的。他就是这样顶着校内和社会上的巨大压力，勇往直前，从几个方面反反复复地、苦口婆心地详细阐述自己的观点。他一再强调，大声疾呼："档案学是一门新的科学，它以自身的产生、发展以及具有独特的研究任务与对象，证明是属于社会科学范畴的一门独立科学。它应该与其他任何科学一样，在科学领域里有它一定的地位，随着社会的发展、文化科学的发展得到不断的丰富和发展。为什么不是一门科学呢？！"吴老并且认为："但从其发展来看，档案学还应是属于社会科学和自然科学之间的边缘学科或综合性学科。"

经过几年的交锋、商讨、研究，吴老终于赢得了支持，得到了普遍的赞同。中国人自己提出来的，"档案学是一门独立的科学"的观点深入人心，不再有人怀疑了。

二、团结两派，为重建档案系辛勤操劳

档案专修班在1952年成立后的十几年还是一帆风顺的，1953年扩大为档案专修科，1955年成立历史档案系（"文革"后，复系时改

为档案系），1957年还准备成立档案学院，并得到周总理的同意。后因国家遇到经济困难，周总理对曾三说："成立档案学院的事儿就暂时放一放吧。"

1966年的"文化大革命"，国家遭到了极大的灾难，历史档案系也遭到了灭顶之灾。中国人民大学已奉命停办，多数系带建制划归到别的大学，唯有历史档案系没有学校收留，决定解散。

20世纪50年代创办的中国档案专业，怎么就这样解散了呢？不，决不能！吴老怀着对中国档案事业前途的关心和忧虑，毅然以一个共产党员的名义，以一个原历史档案系主任的身份，分别向周总理、中央办公厅、北京市委写信，建议由某大学暂管，以后再作研究打算。由于吴老的努力，市委很快作出决定，历史档案系暂由北京师范大学按原建制代管。但好景不长，终于逃脱不了"四人帮"的进一步迫害。1974年6月，北京市委科教组同国务院科教组以及中央有关机关商定，作出历史档案系停办的决定。至此，一个花了一代人的心血、创办了20多年的历史档案系被彻底解散了，中国档案事业蒙受了重大的损失。

直至粉碎"四人帮"以后，轰轰烈烈的复校活动开展起来了，吴老再次为复系而奔波。吴老的努力终于得到了中国社会科学院规划办公室的大力支持，他们同意搞一个"档案学规划"，由吴老主持起草工作，并委托吴老于1978年3月13日组织召开一次座谈会，邀请了曾三（尚未解放）、张中（国家档案局原局长）、徐思顺（原中央档案馆副馆长）等20多人参加。

在座谈会的基础上，吴老主持起草的《全国档案学八年（1978—1985）规划（草稿）》于7月份顺利完成，其中一项就是向社会大声疾呼：要恢复国家档案局、恢复档案系。

1978年4月，党中央批准恢复中国人民大学及原有各系，档案系也同时恢复。在复系工作中，吴老常想："妈妈也有错打小孩的时候，'文革'就像妈妈错打了孩子一样，现在党已经为此平反道歉，还有什么不可放下的呢？"

在这期间，曾三曾去吴老家里看望他，对他说：“国家档案局正在恢复，需要重新组建局的领导班子，有人建议调你到档案局做副局长，我很同意，你的意见呢？”

吴老对国家档案局是很有感情的，当年，为了及早成立国家档案局，他在 1954 年 2 月就奔走呼吁，给曾三、吴玉章写信。吴老当时在信中说：“目前我们在档案建设上的最主要和最中心的问题，就是首先成立中央的档案领导机关。有了领导机关，一切就可以开始。我作为一个档案战线上的战士来说，万分希望中央秘书处给中央的报告中所建议的几项紧急措施，能早日实现。”

在粉碎“四人帮”以后，吴老又在 1978 年为恢复国家档案局四处奔波。前面已谈到，在他主持起草《全国档案学八年（1978—1985）规划（草稿）》的时候，就向社会大声疾呼：要恢复国家档案局，以加强对全国档案工作的领导。

所以，吴老是深知国家档案局在中国档案事业上举足轻重的地位的。吴老在档案界德高望重，完全可以胜任这一职务（1952 年创办档案班的时候，他手下的 4 名教员，就有 3 名后来分别担任了中央档案馆馆长、国家档案局副局长）。当时，吴老还只是处级、副教授（1985 年才评为教授），如从名、从利出发，他应该是欣然接受，走马上任的。但他沉思了片刻后，却用肺腑之言很诚恳地对曾三说：“从工作考虑，我不想离开档案系，特别是现在这个时候，‘文化大革命’中的两派积怨太深，如果别人来主持档案系的工作，很难把两派的人团结在一起，有的教员也就不会回来了。我不求当官，历来以能在档案教育和科研方面当好你的助手，就心安理得了。”

曾三的助手，在国家档案局是张中，在中央档案馆是裴桐（曾三当时是中央办公厅副主任兼国家档案局局长和中央档案馆馆长，张中是副局长，裴桐是副馆长），在档案系是吴宝康。这三家一直是曾三在领导中国档案工作上的三大支柱。所以曾三始终强调：“局、馆、系三家是一家”（在“文化大革命”中，这三家被“四人帮”诬蔑为“三家村”黑店）。曾三听了吴老的意见后，点了点头说：是呀！档案教育和档案科研是一块很重要的阵地呀！在这块阵地上不能没有吴宝康，根据吴宝康的档案理论水平和教学水平，让吴宝康继续留在档案系比调到档案局发挥的作用更大，吴宝康不能走。所以曾三支持了吴老的选择。

不求当官，只希望做曾三的助手，帮助曾三搞好档案教育和科研工作。这就是吴老为档案事业无私奉献的、崇高的思想境界和闪闪发光的无产阶级世界观。但要做好这方面的工作是困难重重，并不容易呀！这首先要做好档案系的恢复、重建工作。

吴老面对在教员被遣散，资料被毁，图书、实验设备被转走的困难情况下，一方面积极做复系后的教学准备，另一方面做教员的工作，争取教员回校复教。他不计前嫌，不管是在“文化大革命”中支持过他的，还是反对过他的，他都一视同仁，一个个登门拜访，动员他们回来教学。档案系要复系了，这是大家早也盼、晚也盼，盼望了十年的事，怎么会不想回来呢？原来支持他的当然没有问题；而那些揪斗过他的、那些到外地和外单位去搜寻打倒他的证据的，就显得顾虑重重，有的在等待，有的在观望。吴老就苦口婆心、肝胆相照，向教员反反复复地明确表态说：“你过去要打倒吴宝康也好，批斗吴宝康也好，我都不怪你们，账要算在‘四人帮’身上。我吴宝康决不报复，决不给小鞋穿，决不抓小辫子。如果你们发现我吴宝康有这种行为，可以上告。”大家终于为吴老的真情所感动，“文革”中两派的人大部分都回来了。就连在 1957 年被错划成“右派”的，虽然当时是学生，毕业后分配到外地去了，时隔 20 多年，还是把她找了回来，让她教书。但也有这么几个人，感到结怨太深，心里老不踏实，回来了又想走，走了又想回来，几经反复。吴老并不责怪他们，而是完全理解他们的这种心情，为了消除他们的顾虑，一再在会上、会下强调说：“大家放心，我们是来者欢迎，去者欢送。我们一定坚持这个原则。”这样，在他的虚怀若谷、豁达开朗的人品感召下，档案系的两派重新团结起来了，重新为一个共同的目标携手前进。

原国家档案局副局长田风起在我们采访他时，曾这样评价吴老："吴宝康同志不计个人名利地位，不计前嫌，品质好。他在专业上精益求精，是认真做学问的人。"

三、甘当铺路石，为中国档案事业培养人才

吴老最初并不真正了解档案，只是由于工作关系有一些感性认识，觉得要搞研究离不开材料，所以材料很重要。后来才了解到什么是材料，知道材料里面包括档案。吴老说："由此我就开始认识到档案和档案工作的地位、作用及其重要性。从此我就热爱档案工作。调到中国人民大学以后，我就下决心一定要把档案教学工作搞好。我的态度是：干一行，安一行，钻一行，爱一行，要爱到迷恋的程度，我一定要执着地坚持下去，一定要把档案教学工作搞好，非把它建成一个专业、一门科学不可。"

吴老只经过一两年的刻苦学习和努力钻研，在档案教学和档案学研究上就做出了较大的成绩，对档案管理学、文书学、中国档案史几门课程能够亲自讲授或编写教材。

自 1982 年起，吴老作为硕士研究生导师，先后直接指导了三届共 8 名研究生，奠定了档案系硕士点的基础。

吴老对研究生的要求非常严格，他对学生既有指导原则，又有具体要求。他特别强调要加强学生的理论与实践的联系，要每一个学生在理论学习与工作实践中多发现问题，进行理论思维的锻炼。他还要求学生贯彻继承与创新的原则。他说："学生一定要懂得，继承与创新是相互联系的、结合在一起的辩证关系。不能只继承不创新，那是故步自封，必然停止不前，那样，档案学理论就不能向前发展。所以，既要创新，又不能抛开继承，继承时一定要取其精华，去其糟粕，要在这种继承的基础上去创新。"

他指导研究生写论文时很具体，从选题到框架，从提纲到全文，

他都一一详细审阅。他一再强调："论文写作一定要在'百花齐放，百家争鸣'的方针指引下进行，一定要允许学生超越老师，青出于蓝胜于蓝嘛！学生就应该超越老师，不然中国的档案学理论怎么向前发展，中国的档案事业怎么向前发展。在学术问题上一定要讲民主，不能有霸气，没有学术民主，没有学术自由的气氛，就不能使大家敞开思想，畅所欲言，独到的见解和创新的思想是难以发芽的。"

他对研究生去档案局、馆实习都非常操心。他只要身体还行，时间又挤得出来，他就不怕旅途劳累亲自带学生去，每一次待几个月时间。吴老在我们采访时，高兴地对我们说："我愿意当铺路石呀！"

吴老从 1952 年来到中国人民大学到 1988 年离休，一直担任行政领导和教学工作。在这 38 年中，由于吴老的循循善诱、诲人不倦，他为中国档案事业培养出了几代新人。这些学生有的留在系里成了学科的学术带头人、教学上的骨干，有的担任了国家档案局和地方档案局的领导，有的成了兄弟院校档案专业的台柱，可说是硕果累累，桃李满天下。

下面我们抄录在吴老 70 寿辰时，8 个研究生送给他的一副祝词，在祝词中可以看出吴老在学生心目中的地位，以及学生对他那呕心沥血、潜心育人的崇高的敬意，也表达了学生在他的教诲下受益匪浅的感激之情。这条幅是：

教书育人千秋事，
传道授业一代宗。
先生桃李满天下，
学子长坐春风中。
横幅：树惠滋兰

中央办公厅主任王刚在《中国人民大学档案学院建院四十五周年暨吴宝康教授八十华诞庆祝大会上的讲话》中，称赞吴老"十分注意培养中青年档案学者，为他们的学习和发展甘当铺路石"。

四、愿为“春蚕”，笔耕不止

吴老来到“人大”以后，一是办学，培养档案专业人才；二是搞科研，抓档案学学科的理论建设。吴老一直认为要以教学带科研，以科研促教学。所以，吴老对档案学理论始终是深入钻研，积极探讨，保持着对学术的偏爱，对理论的崇尚。在20世纪50年代初，全国档案界还分不清什么是档案、什么是资料，不知道怎么立卷的时候，他就根据自己在工作中的经验，上升到理论，写下了《重新认识档案与资料的区分》《文书立卷实验工作的初步研究》等论文。接着他又针对当时很多人不重视档案工作、轻视档案工作的思想，写了《论档案工作的意义及目前存在的问题》《文书档案工作人员向科学进军时应该学些什么》等论文，分别发表在《材料工作通讯》和《档案工作》上，这些论文无论对档案工作还是档案工作人员的思想意识，都具有极其重要的指导性，在档案界反响强烈。

1980年，他加紧和加快了他的写作速度，这是因为1979年12月他去昆明开会的时候，突然咯血不止。云南省档案局马上电告曾三，曾三得此情况后，立即让张中向中央办公厅主任姚依林汇报，要求以中央办公厅的名义与中央卫生部联系，请其派医疗组前往急救，得到姚依林的首肯和卫生部的同意后，派出了两人的医疗组飞往昆明。为了与省档案局联系方便和便于协调几方面的关系，曾三并派国家档案局副局长李凤楼陪同前往，要李凤楼每天给他来一次电话，汇报吴老的病情，曾三就守在电话机旁。经过40天的抢救，吴老才转危为安。

当时吴老已经60多岁，经过这次重病以后，自认为自己的时间也许不多了。吴老并不是怕死，并不是要在死亡面前悲观、等待，作为一个共产党员他早已把生死置之度外了。他一定要像“春蚕”那样，“至死丝方尽”，不浪费一点时间，要在有限的时间里，为党、为人民、为中国的档案事业再做最后的贡献。他下定决心，一定要“只争朝夕”，把他对档案学理论与历史研究的心得和认识整理出来。那时，吴老还没有出院，还在疗养期间，也顾不得身体虚弱没有完全康复，就开始伏案写作了。只用了一年多的时间，于 1982 年 2 月完成了这部 30 多万字的巨著：《档案学理论与历史初探》。吴老在书中阐明了档案学的研究对象、任务、性质和特点；总结了我国档案学说的形成和发展的历史，以及我们在研究工作上的主要经验。这一巨著的出版，无论在理论上，还是在实践上，都具有非常重要的价值和深远的指导意义。

接着，吴老又撰写和主编了《中国大百科全书·档案学卷》《档案学概论》《论档案学与档案事业》《当代中国档案学论》《档案学简明教程》《档案学词典》等档案学专著和大批论文，提出了档案学要善于吸取其他相关科学的知识，来充实和发展自己的内容，一定要实现档案、图书、情报、资料、文献等的一体化；提出了档案已经不是过去概念狭隘的档案了，现在的档案可以说是包罗万象。在这些问题上，吴老都表明了他的独特见解。后来，吴老又提出和阐述了要建立“国际档案学”的新论点。这都充分说明，吴老为中国的档案事业留下了多么宝贵的思想财富。

裴桐同志曾经深有感慨地对我们说：“吴宝康同志就是这样孜孜不倦、坚韧不拔。他做的都是一些开创性和奠基性的工作。”

国家档案局在给档案学院举行创办 35 周年庆祝大会的贺信中，对吴老的评价是：“吴宝康教授是新中国档案学教育和档案学研究的奠基人之一，在几十年的档案学教育中，靠着锲而不舍的顽强奋斗精神，努力发展档案学，发展档案教育事业。档案学院从无到有，从小到大，以及档案学教育和档案学的发展，都与吴宝康教授在党的领导下所做出的努力是分不开的。”

最后，在吴老八五华诞之际，我们衷心地祝愿我国档案界的一代宗师——吴老健康长寿！

二〇〇二年八月

（本文发表在《浙江档案》2003 年第 1 期，第 22—25 页）

后　　记

为迎接中国共产党成立100周年，2018年5月，中共益阳市委决定编纂出版《益阳红色基因文库》。由赖世鹤、田真著，中国文史出版社于2016年1月出版发行的《曾三传》作为重点书目入选。确定重印任务后，中国文史出版社及原作者高度重视，由原执笔人牵头对稿件进行了个别修改。

《曾三传》分上、下两卷，上卷为新中国成立前曾三的革命生涯，由曾三讲述，赖世鹤录音，田真整理、撰写；下卷为曾三与新中国档案事业，由赖世鹤撰写。全书由赖世鹤统稿。本书原稿在编纂过程中得到了冯子直、王明哲、裴桐、吴宝康等同志以及国家档案馆、中央档案馆等单位的大力支持和热心帮助，有些章节还经过曾三、裴桐、吴宝康同志的亲笔修改。

此次修订，中国文史出版社詹红旗、李晓薇等对原稿件进行了文字修改和校对，中共益阳市委党史研究室陈金梁、李立章进行了组织协调和文稿审核工作，曾锐、熊雄等进行了大量事务性工作。由于时间跨度大，此次修订难免存在错漏之处，敬请广大读者批评指正。

编　者

2021年3月